职业教育财务会计类专业教学用书

新编商品流通企业会计
（第4版）

主编　卓茂荣　梁华炜

电子工业出版社

Publishing House of Electronics Industry

北京·BEIJING

内 容 简 介

本书针对职业院校会计事务专业学生的就业需求，依据最新的会计法律制度、税收法律制度、结算法律制度的规定编写而成，全面反映了新时代商业领域最新的会计理论成果和最新的会计实践经验。本书包括走进商品流通企业会计、商品流通概述、数量进价金额核算法的运用、售价金额核算法的运用、超市的核算与管理、连锁经营的核算与管理、商贸领域电商业务的核算与管理、其他业务的核算、商品流通费用的核算、税金的核算、利润的核算、财务会计报告12个项目，每个项目又包括若干任务，内容翔实且与时代同频共振。

本书既可作为职业院校会计事务及相关专业的教学用书，又可作为在职人员的会计岗位培训教材。

未经许可，不得以任何方式复制或抄袭本书之部分或全部内容。
版权所有，侵权必究。

图书在版编目（CIP）数据

新编商品流通企业会计 / 卓茂荣，梁华炜主编.
4 版. -- 北京：电子工业出版社，2024. 6. -- ISBN 978-7-121-48108-6

Ⅰ．F715.51

中国国家版本馆CIP数据核字第2024502NM5号

责任编辑：王志宇　　　特约编辑：田学清
印　　刷：河北迅捷佳彩印刷有限公司
装　　订：河北迅捷佳彩印刷有限公司
出版发行：电子工业出版社
　　　　　北京市海淀区万寿路173信箱　邮编：100036
开　　本：880×1 230　1/16　印张：14.75　字数：350千字
版　　次：2012年5月第1版
　　　　　2024年6月第4版
印　　次：2024年10月第2次印刷
定　　价：49.00元

凡所购买电子工业出版社图书有缺损问题，请向购买书店调换。若书店售缺，请与本社发行部联系，联系及邮购电话：（010）88254888，88258888。
质量投诉请发邮件至zlts@phei.com.cn，盗版侵权举报请发邮件至dbqq@phei.com.cn。
本书咨询联系方式：（010）88254523，wangzy@phei.com.cn。

前　言

商品流通企业会计是一门理论性和实践性都很强的会计专业课程。本书以最新的会计法律制度、税收法律制度、结算法律制度为指导，以新时代商品流通企业实际发生的会计业务为载体，系统介绍了商品流通企业会计的基础理论、基本业务、主要技能及核算方法。

本书具有三大亮点。

1. 问题导入、任务驱动

本书将商品流通企业会计理论的重点、难点提炼成问题，吸引学生主动学习；将商品流通企业会计的实务操作部分分解成学习任务，驱动学生深入探究。《新编商品流通企业会计》（第4版）在保留《新编商品流通企业会计》（第3版）"工学结合、理实一体"等优点的基础上，更关注青年读者的求知心理、学习模式，增强了教材的可读性和吸引力，体现了以学生（读者）为中心的服务理念。

2. 中高职衔接、职教特色

本书的编者分别是中职学校和高职院校的双师型优秀人才，他们既有长期的教学经验，又有丰富的实践经验，在编写本书时充分考虑到中高职衔接的需要，力争做到内容与程序并重、理论与实务融合、文字简练、图表丰富。本书有利于培养学生的实践能力和职业判断能力，体现了新时代职业教育的特色。

3. 课程思政、时代情怀

本书的每个项目中都有明确的思政目标，将社会主义核心价值观，以国内大循环为主体、国内国际双循环相互促进的新发展格局，商业命运共同体，以及党的二十大报告强调的钉钉子精神、主动精神、斗争精神、社会主义法治精神等新时代思政元素与专业知识、专业技能有机地融为一体，强化课程思政和时代情怀。

本书由卓茂荣、梁华炜担任主编，具体的编写分工如下：卓茂荣编写了项目一至项目七，梁华炜编写了项目八至项目十二，全书由卓茂荣负责统稿工作。

编者在编写本书的过程中得到福建省职业技术教育中心、晋江市教育局、黎明职业大学、晋江职业中专学校的大力支持,在此表示深深的谢意!

为了方便教师教学,本书还配有教学指南、电子教案,请有此需要的教师登录华信教育资源网注册后免费进行下载,如有问题,请在网站留言板留言或与电子工业出版社联系(E-mail:hxedu@phei.com.cn)。

由于编者的水平有限,书中难免有疏漏与不足之处,敬请读者提出宝贵的意见,以便再版时加以改正。

编 者

目 录

项目一　走进商品流通企业会计 ……………………………………………………… 1
　　任务一　商品流通企业会计概述 ……………………………………………………… 1
　　任务二　商品流通企业会计的工作规范 ……………………………………………… 3
　　任务三　商品流通企业会计工作的组织 ……………………………………………… 5

项目二　商品流通概述 …………………………………………………………………… 7
　　任务一　商品流通渠道 ………………………………………………………………… 7
　　任务二　商品流通的环节和商品购销的交接货方式 ………………………………… 10
　　任务三　商品流通的核算方法 ………………………………………………………… 12

项目三　数量进价金额核算法的运用 …………………………………………………… 15
　　任务一　批发企业商品购进的核算 …………………………………………………… 15
　　任务二　批发企业商品销售的核算 …………………………………………………… 25
　　任务三　批发企业商品储存的核算 …………………………………………………… 36

项目四　售价金额核算法的运用 ………………………………………………………… 44
　　任务一　零售企业商品购进的核算 …………………………………………………… 44
　　任务二　零售企业商品销售的核算 …………………………………………………… 52
　　任务三　零售企业商品储存的核算 …………………………………………………… 63
　　任务四　鲜活商品的核算 ……………………………………………………………… 67

项目五　超市的核算与管理 ……………………………………………………………… 71
　　任务一　单品进价核算制 ……………………………………………………………… 71
　　任务二　自营经营的核算 ……………………………………………………………… 74
　　任务三　专柜经营的核算 ……………………………………………………………… 77
　　任务四　柜位出租经营的核算 ………………………………………………………… 82
　　任务五　超市促销活动的核算 ………………………………………………………… 83

项目六　连锁经营的核算与管理 … 90
任务一　连锁经营概述 … 90
任务二　直营连锁的核算 … 92
任务三　特许连锁的核算 … 100
任务四　自愿连锁的核算 … 103

项目七　商贸领域电商业务的核算与管理 … 105
任务一　电子商务在商贸领域的应用 … 105
任务二　商贸领域电商业务的账务处理 … 109
任务三　跨境电商业务的账务处理 … 114
任务四　外币业务的核算 … 120

项目八　其他业务的核算 … 126
任务一　代购、代销商品的核算 … 126
任务二　出租商品的核算 … 134
任务三　周转材料的核算 … 136
任务四　包装物的核算 … 137
任务五　低值易耗品的核算 … 142

项目九　商品流通费用的核算 … 144
任务一　商品流通费用概述 … 144
任务二　销售费用的核算 … 146
任务三　管理费用的核算 … 148
任务四　财务费用的核算 … 151

项目十　税金的核算 … 155
任务一　税金概述 … 155
任务二　增值税的核算 … 157
任务三　消费税的核算 … 162
任务四　城市维护建设税及教育费附加的核算 … 165
任务五　房产税、城镇土地使用税、车船税和印花税的核算 … 166

项目十一　利润的核算 … 170
任务一　利润核算前的准备工作 … 170
任务二　利润形成的核算 … 172
任务三　所得税费用的核算 … 176

任务四　利润分配的核算 ……………………………………………………………… 183

项目十二　财务会计报告 …………………………………………………………… 188
　　任务一　财务会计报告概述 …………………………………………………………… 188
　　任务二　资产负债表的编制 …………………………………………………………… 191
　　任务三　利润表的编制 ………………………………………………………………… 207
　　任务四　现金流量表的编制 …………………………………………………………… 215

项目一 走进商品流通企业会计

 学习目标

知识目标

熟悉商品流通企业会计的概念、对象及会计工作的组织形式；理解商品流通企业会计的职责、特点；掌握商品流通企业会计的工作规范。

能力目标

能够以会计法律制度为标准，初步判断会计行为和会计工作是否违法违规；能够根据商品流通企业的具体情况选择合适的会计工作的组织形式。

思政目标

熟悉并领会商品流通企业会计的法律规章，敢于同违反会计法律制度的行为做斗争，坚持社会主义法治；熟悉并领会商品流通企业会计的职责，树立责任意识，增强使命感，把会计工作当成事业来追求，在会计岗位上守正创新，为民族复兴贡献会计人的力量。

任务一 商品流通企业会计概述

 问题导入

近年来，网络型商品流通企业大量涌现，其会计核算除了具有商品流通企业会计的共性，还有什么特点？

【知识准备】

一、商品流通企业会计的概念

商品流通企业会计是商品流通企业经济管理的重要组成部分，是以货币为主要计量单位，以合法的凭证为依据，运用一系列专门方法，对商品流通企业已经完成的资金运动进行全面、系统的核算与监督，生成与商品流通企业的财务状况、经营成果、现金流量相关的会计信息并提供给使用者（包括外部使用者与内部使用者）使用的一种经济管理活动。

二、商品流通企业会计的对象

商品流通企业会计的对象是商品流通企业的资金运动，包括资金投入企业、资金的循环与周转、资金退出企业 3 个环节。商品流通企业的资金始终沿着"货币→商品→货币"的轨迹不断地循环与周转。

三、商品流通企业会计的职责

1. 加强经济核算，如实反映经济业务，及时提供准确、完整、有用的会计信息

核算是会计的基本职责之一，商品流通企业会计应当认真做好会计核算，全面、连续、系统地记录企业发生的各项经济业务，如实反映企业经营活动所引起的各项会计要素的增减变动及其结果，正确计算企业的经营成果，定期编制财务报告，及时向企业的经营管理者、投资人、债权人、国家经济管理部门（如税务部门、财政部门等）提供准确、完整、有用的会计信息。

2. 遵守财经法规，强化会计监督，维护企业、债权人、投资者的合法权益

监督是会计的基本职责之一，商品流通企业会计应以会计法律、会计行政法规、国家统一的会计制度、地方性会计法规为标准，审核各项经济业务的合法性、合理性，与一切违法、违规、损失、浪费现象做斗争。此外，商品流通企业会计还应督促和协助企业内部商品物资保管部门建立账目，健全物资收发手续及盘存制度，定期盘点，以便保护企业资产的安全。

3. 建立健全企业财务会计管理制度，积极参与企业管理

商品流通企业会计应当根据企业财务收支计划、会计核算信息和其他有关资料，及时分析企业的财务状况和经营成果，考核企业经营目标的实现情况，正确评价企业在经营和会计工作中取得的成绩和存在的问题，找出产生问题的原因，提出改进措施，健全相关制度，积极参与企业管理，不断提高企业的经营管理水平。

4. 预测经营前景，参与经营决策，为企业的科学发展与长远发展贡献力量

商品流通企业会计应积极参与企业的经营决策。会计数智化能够将会计人员从繁杂的日常核算中解放出来，也使得企业会计信息系统可随时随地提供企业所需的各类会计信息。这一切都为会计人员参与预测企业的经营前景、参与企业的各项经营决策创造了更多可能。会计人员理应顺应新时代的变化，把分析、预测和参与经营决策作为会计的重要职能，当好参谋，为企业的科学发展与长远发展贡献力量。

四、商品流通企业会计的特点

商品流通企业不生产商品，其主要经济活动是商品购销。商品流通企业的独特性决定了商品流通企业会计在保有财务会计共性的同时，又拥有自己的特点。

1. 反映与监督的主要内容是商品购进、商品销售及营销费用

与工业企业不同的是，商品流通企业可直接将商品采购费用计入商品的进价成本，也可以设置"进货费用"账户，单独核算。管理费用不多的零售企业，还可以将管理费用计入销售费用进行核算。

2. 不计算商品生产成本，但对库存商品的管理较严格

由于商品流通企业不制造商品，因此不需要计算商品生产成本。由于商品流通企业的库存商品在总资产中占比较大，库存商品的品种和规格又特别多，因此商品流通企业对库存商品的管理较为严格。

3. 不同类型的商品流通企业适用不同的商品核算方法

商品流通企业的类型丰富，有大、中型商品流通企业，也有小型商品流通企业；有批发企业，也有零售企业；有综合商品流通企业，也有专营商品流通企业等。一般来讲，大、中型批发企业采用数量进价金额核算法，鲜活商品零售企业采用进价金额核算法，一般商品零售企业采用售价金额核算法，贵重商品零售企业采用数量售价金额核算法。

【问题解答】

网络型商品流通企业大量涌现，其会计核算除了具有商品流通企业会计的共性，还要兼顾网络业务的特性，具体表现如下。

1. 广泛使用电子原始凭证

网络型商品流通企业的商品交易是在网络平台上完成的，因此产生了大量的电子原始凭证，如电子收货单、电子发票等。合法合规的电子原始凭证与合法合规的纸质原始凭证一样，具有同等法律效力，都可以作为会计核算的原始依据。

2. 设置专用明细账

网络型商品流通企业通过第三方支付平台（如支付宝平台、微信支付平台等）进行货款结算，需要在"银行存款"或"其他货币资金"总账下设置专用明细账加以反映。第三方支付平台结算手续费直接计入财务费用。

任务二　商品流通企业会计的工作规范

问题导入

目前，我国仍存在有法不依、执法不严等问题。请问：商品流通企业的负责人不得有哪些违法违规的会计行为？商品流通企业的负责人和会计人员对这些违法违规行为应承担什么样的法律责任？

【知识准备】

商品流通企业会计如何处理各种经济业务，不仅会对本企业的财务收支、利益分配产生影响，还会对国家、其他经济组织及企业员工产生影响。因此，商品流通企业会计处理各种经济业务必须符合具有约束力的规范。

我国的会计工作规范主要有会计法律、会计行政法规、会计部门规章、地方性会计法规等。值得一提的是，我国的很多企业正逐渐走向世界舞台，在遵守国内的会计工作规范的同时，还要遵守外国当地的法规及国际相关法规。

一、会计法律

会计法律是全国人民代表大会及其常务委员会经过一定立法程序制定的有关会计工作的法律，包括《中华人民共和国会计法》（以下简称《会计法》）和《中华人民共和国注册会计师法》（以下简称《注册会计师法》）。

1985年1月，第六届全国人民代表大会常务委员会第九次会议通过了《会计法》，自1985年5月1日起施行。从1993年至今，《会计法》经历了3次修订。2017年11月4日，第十二届全国人民代表大会常务委员会第三十次会议对《会计法》进行第三次修订，新修订的《会计法》于2017年11月5日起施行。

《会计法》是会计法律制度中层次最高的法律规范，是制定其他会计法规的依据，也是指导会计工作的最高准则。

1993年10月31日，第八届全国人民代表大会常务委员会第四次会议通过了《注册会计师法》。2014年8月31日，第十二届全国人民代表大会常务委员会第十次会议公布了《注册会计师法》通过修订的决定。《注册会计师法》是规范注册会计师及其行业行为的最高准则。

二、会计行政法规

会计行政法规是由国务院制定并发布，或者由国务院有关部门拟定并经国务院批准后发布，调整经济生活中某些方面会计关系的法律规范，主要有《总会计师条例》和《企业财务会计报告条例》。

《总会计师条例》主要规定了总会计师的职责、权限、任免、奖惩等。

《企业财务会计报告条例》规定了企业财务会计报告的构成、编制和对外提供的要求、法律责任等。它是对《会计法》中有关财务会计报告规定的细化。

三、会计部门规章

会计部门规章是指中华人民共和国财政部（以下简称财政部）及其他相关部委根据法律和国务院行政法规、决定、命令，在本部门权限范围内制定的，调整会计工作中某些方面内容的国家统一的会计准则制度和规范性文件。会计部门规章包括国家统一的会计核算制度、会计监督制度、会计机构和会计人员管理制度、会计工作管理制度。

会计部门规章主要有《会计基础工作规范》《企业会计准则》《小企业会计准则》《会计档案管理办法》《财政部门实施会计监督办法》等。

四、地方性会计法规

地方性会计法规是指省、自治区、直辖市、计划单列市、经济特区的人民代表大会及其常务委员会在与《中华人民共和国宪法》、会计法律和行政法规不相抵触的前提下，根据本地区的情况制定、发布的会计规范性文件。

五、外国当地的法规及国际相关法规

我国的很多企业正逐渐走向世界舞台，经营越来越国际化，成为人类命运共同体的先锋和践行者。我国有不少企业在海外设有分公司或分支机构，这些分公司和分支机构在海外经营时也必须遵守当地的法规及相关的国际法规，在向当地政府与税务机关提供会计报告时，必须遵守当地的会计准则与制度。同样，在海外上市的我国企业也应按照海外上市地的会计准则与制度，提供符合上市地证监机构监管要求的会计报告。

【问题解答】

商品流通企业的负责人对本企业会计工作和会计资料的真实性、完整性负责，对会计人员的任用应符合《会计法》的规定。商品流通企业的负责人不得授意、指使、强令会计机构和会计人员违法办理会计事项；伪造、变造会计资料，提供虚假的财务会计报告。对于违反者，应按情节轻重给予罚款和行政处分；构成犯罪的，应依法追究其刑事责任。

若会计人员有不依法设置账簿，未按规定取得、填制原始凭证，以未经审核通过的会计凭证登记会计账簿，随意更改会计处理方法，不能如实提供会计资料或所提供的财务会计报告编制依据不统一，损毁、灭失会计资料，未按规定建立并实施单位内部会计监督制度等行为，则应按情节轻重给予其罚款和行政处分；构成犯罪的，应依法追究其刑事责任。

任务三　商品流通企业会计工作的组织

问题导入

如果你是一家商品流通企业的会计负责人，应如何组织本企业的会计工作？

【知识准备】

商品流通企业必须根据国家法律、法规的有关规定，结合本企业的具体情况，如规模、业务特点、管理要求等设置会计机构，配备德才兼备的会计人员，在不与会计法律、法规及国家统一的会计制度相抵触的情况下，制定本企业的各项财务会计制度，开展会计工作。

一、会计机构和会计人员

大、中型商品流通企业或业务繁多的商品流通企业应单独设置会计机构，配备会计机构负责人和会计人员。其中国有大、中型商品流通企业，以及国有资产控股的大、中型商品流通企业必须设置总会计师。

会计业务比较简单的小型商品流通企业，在相关机构中设置会计人员并指定会计主管人员。会计主管人员相当于会计机构负责人。

不具备设置会计机构和会计人员条件的小型企业，可以选择具备代理条件的记账机构代理记账业务。

二、会计工作的组织形式

1. 集中核算

在集中核算形式下，会计核算工作由商品流通企业的会计部门集中统一进行，商品流通企业内各门店、各柜组、各职能部门在经济业务发生或者完成时不对其进行会计核算，但必须进行原始记录，做好原始凭证的取得、填制和初步审核工作。

集中核算减少了核算的中间环节，有利于商品流通企业的会计部门及时且全面地掌握会计核算的各种情况，提高了工作效率。实行会计电算化的企业一般采用集中核算形式。

2. 分散核算

分散核算也叫非集中核算，在分散核算形式下，商品流通企业内各门店、各柜组、各职能部门对自身发生的各项经济业务进行比较全面的会计核算，商品流通企业的会计部门在每个会计期末，综合各门店、各柜组、各职能部门的会计核算资料，编制并定期报送企业各种会计报表。

分散核算有利于提高商品流通企业内各门店、各柜组、各职能部门的成本意识和财务管理意识，有利于各门店、各柜组、各职能部门及时利用会计核算提供的信息加强内部管理。

【问题解答】

商品流通企业如何设置会计机构、配备会计人员，采取哪种组织形式，不是由会计部门单独决定的，而是需要与企业管理层及有关部门相协调。总之，会计工作的组织既要依法进行，又要符合企业的实际，还必须有利于企业明确经济责任、优化内部管理。

由于问题导入中没有涉及具体的商品流通企业，因此此处无法给出明确的答案。

项目二 商品流通概述

 学习目标

知识目标

熟悉商品流通、商品流通的渠道体系、商品流通的环节、商品流通企业的概念或内容；理解商品流通的特征；掌握商品购销的交接货方式；熟悉商品流通核算方法的种类及适用范围。

能力目标

能够根据营销环境和条件，选择合适的商品流通的渠道；能够根据商品流通企业的类别或商品的特性选择合适的商品流通的核算方法。

思政目标

熟悉我国商业新业态的发展现状，特别是电商的发展前景，树立自信心；熟悉、理解并支持我国以国内大循环为主体、国内国际双循环相互促进的新发展格局，深度学习商业命运共同体，领会商业命运共同体是人类命运共同体的有机组成。

任务一 商品流通渠道

 问题导入

党的二十大报告指出："我们提出并贯彻新发展理念，着力推进高质量发展，推动构建新发展格局，实施供给侧结构性改革，制定一系列具有全局性意义的区域重大战略，我国经济实力实现历史性跃升。"请问：在以国内大循环为主体、国内国际双循环相互促进的新发展格局中，商品流通的渠道体系可以发挥哪些作用？

【知识准备】

一、商品流通的概念

商品流通是指商品或服务从生产领域向消费领域转移的过程。商品流通是第三产业的基础产业和主导构成部分。

二、商品流通的特征

（1）商品流通必须以商品实物的转移为前提。
（2）实物流通必须通过货币收付。
没有实物转移的货币收付，或者没有货币收付的实物转移，都不属于商品流通。

三、商品流通的渠道体系

1. 商品流通的直接渠道

商品交换没有中间人介入，产销一体，形成了商品流通的直接渠道。这种渠道的典型表现形式是生产者→消费者。

商品流通的直接渠道可以降低流通费用，节省流通时间。

在简单商品生产条件下，商品流通的直接渠道适用于生产者与消费者有条件直接见面的狭小市场范围，适用于当地生产、当地消费的农产品和手工艺品等。

在社会化大生产条件下，经常出现集中生产对应集中消费或者大规模生产对应大规模消费，以及完全按用户要求甚至在用户监督下进行生产的高科技商品，此时，商品流通的直接渠道是最为经济、合理的流通渠道。

在信息时代、智能时代，生产者和消费者的接触可以不受空间的限制，这使得生产者完全可以按消费者的需求进行小批量生产，从而代替大批量生产。商品流通的直接渠道减少了中间环节，能更精准地满足消费者的需求。

2. 商品流通的间接渠道

商业介入商品交换，形成了产销分离的商业渠道，即商品流通的间接渠道。商品流通的间接渠道的形式丰富，主要有以下几种。

（1）生产者→零售商→消费者。
（2）生产者→批发商→零售商→消费者。
（3）生产者→产地采购批发商→中转批发商→销地批发商→零售商→消费者。

生产力的提升、商品市场的形成与发展、人们对美好生活的追求，使得商品种类越来越多，销售范围越来越广，流通规模越来越大，生产与消费在时间和空间、品种、规格、档次、数量等方面的矛盾越来越突出，既促使商业形成并独立于生产存在，又进一步促使商业内部批零分工，批发商业独立于零售商业存在，从而产生了形式多样的商品流通的间接渠道。

3. 电子商务渠道

电子商务渠道是一种依托现代信息技术和网络技术，融商贸信息网络化、金融电子化、管理信息化为一体，将物流、资金流与信息流有机统一的新型商品流通渠道。

电子商务渠道可以是直接渠道，如农民在田间地头直播销售自产农产品；也可以是间接渠道，如进出口贸易商建立了跨境电商平台，在跨境电商平台上进行商品销售。

商品流通线下渠道与线上渠道的建设，是我国市场经济健康发展的基础。建设和完善高效数智化的现代商品流通的渠道体系，是构建以国内大循环为主体、国内国际双循环相互促进的新发展格局的必然要求。

四、商品流通企业的类型

商品流通企业是商品流通业务的组织者、经营者，从事商品购进、销售、调拨和储存等经济业务，是具有法人地位的独立经济组织。

我国的商品流通企业具有数量众多、投资主体多元化、流通业态多样化、发展加速等特点。对商品流通企业进行分类有助于对企业进行精准管理。

1. 按在流通中所处的环节划分

按在流通中所处的环节划分，可将商品流通企业分为批发企业、零售企业和批零兼营企业。

（1）批发企业，是指将从生产者或其他企业处成批购进的商品成批供应给零售企业、其他批发企业或其他生产企业的商品流通企业。批发企业处于商品流通的起点或中间环节，是商品交换的纽带。

（2）零售企业，是指将从生产者或批发企业处购进的商品直接供应给个人、企事业单位等最终消费者的商品流通企业。零售企业直接服务于生产和生活，处于商品流通环节的终点。

（3）批零兼营企业，是指一些既经营批发业务，又经营零售业务的商品流通企业，也叫混合经营企业。批零兼营企业一般以批发为主，以零售为辅。

2. 按业态划分

按业态划分，可将商品流通企业分为百货商场、超级市场、连锁店、专卖店、便利店、网店等。

（1）百货商场，是指在一个建筑物内，向消费者提供品种繁多、规格齐全、多个档次的商品和服务，且明码标价的综合性零售服务形态。

随着超级市场、仓储商场、网络购物的迅猛发展，传统的百货商场受到巨大的冲击，有的开始转型，有的面临倒闭，曾一度是龙头的零售业态似乎走到了发展的尽头。

（2）超级市场（简称超市），又称自选商场，是以消费者自选方式进行经营的大型综合性零售商场。超市以销售生活用品为主，能满足消费者一次性购买多种商品和服务的需求，是我国主要的商业零售组织形式。

（3）连锁店，是指在总部的统一领导下，众多使用同一品牌，分散经营同类商品和服务的小规模零售店。连锁店采取共同经营方针、一致营销行动，进行集中采购、分散销售，通过规范化经营实现规模经济效益。

（4）专卖店，也称专营店，是指专门经营或授权经营某个主要品牌（制造商品牌和中间商品牌）的商品的零售业形态。专卖店可以满足消费者的品牌偏好和对某类商品多样性的需求，能为消费者提供更专业、更全面的服务。

（5）便利店，是指以经营即时性商品为主，以满足便利性需求为第一宗旨，让消费者进行自选式购物的小型零售店。便利店包括传统型便利店和加油站型便利店。传统型便利店一般位于居民区附近。

（6）网店，是指一种能够让消费者在浏览的同时下单，并通过各种在线支付手段进行支付，最终完成商品交易的网站。2021年，我国网络购物用户规模达到8.42亿人，全年网上零售额达到13.09万亿元，是世界上最大的网络零售市场。

【问题解答】

在以国内大循环为主体、国内国际双循环相互促进的新发展格局中，商品流通的渠道体系建设大有可为，其地位和作用也更加重要。

第一，在国内大循环中，完善、高效、数智化的商品流通渠道体系可以发挥其服务、引导生产与消费的功能作用，改善市场秩序和市场环境，促进形成国内统一市场。

第二，完善、高效、数智化的商品流通渠道体系有利于打破国内市场与国际市场的边界，统一国内市场与国际市场，构建全球供应链，形成商品流通共同体。

第三，完善、高效、数智化的商品流通渠道体系有利于商品流通企业的成长和壮大，培育强大的有国际竞争力的商品流通企业和电商平台，有利于打造消费主导的产销体系。

任务二　商品流通的环节和商品购销的交接货方式

问题导入

甲企业向乙企业购进一批商品，双方协商采用送货制。请问：在送货过程中发生的费用和商品损耗应由哪家企业承担？

【知识准备】

一、商品流通的环节

商品流通的环节如图2-1所示。

在商品流通的环节中，购进环节和销售环节是关键环节，储存环节、运输环节、调拨环节都是为购进环节和销售环节服务的。

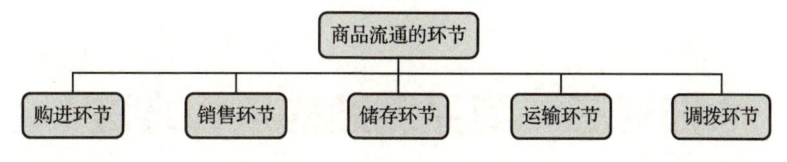

图 2-1　商品流通的环节

二、商品购销的交接货方式

商品购销双方根据商品的特点和运输条件，协商确定交接货方式。目前，商品购销的交接货方式有以下几种。

1. 送货制

送货制是由送货方将商品送到购买方的仓库或指定地点，在送货过程中发生的费用和商品损耗一般由送货方承担的方式。

2. 提货制

提货制是购买方到供货方的仓库或指定地点提取所购商品，在提货过程中发生的费用和商品损耗一般由购买方承担的方式。

3. 发货制

发货制是供货方委托物流部门，按照合同规定的日期，将符合合同规定的商品运送到购买方指定地点的方式。在发货过程中发生的商品损耗，在商品交接前由供货方承担，在商品交接后由购买方承担。在发货过程中产生的费用则由双方协商确定承担者或各自承担的比例。

4. 门市收购制

门市收购制是收购方委托有关门市收购农副产品或废旧材料的方式。收购方付款后的商品损耗及商品储存费用、将商品运送到收购方指定地点的费用由收购方负担。

5. 自选商品货款两清制

自选商品货款两清制是消费者到商场或超市自行选购商品，一手提货、一手付款的方式。

6. 网店零售，销售方通过第三方物流企业送货上门

网上购物正成为新时代商品零售的主流。网店在接单后，通过第三方物流企业将商品送到消费者手中。物流费用由双方协商，可以由销售方承担，也可以由购买方承担。但运输过程中的商品损耗由销售方或第三方物流企业承担。双方通过第三方支付平台进行货款结算。

【问题解答】

采用送货制，在送货过程中发生的费用和商品损耗应由送货方承担，由于本题的送货方是乙方，因此在送货过程中发生的费用和商品损耗应由乙方承担。

任务三 商品流通的核算方法

问题导入

小张毕业后到一家新成立的小型商品流通企业从事会计工作。该企业应采用哪种核算方法？在思考这个问题时，小张想起了以前学过的商品流通的核算方法。

【知识准备】

商品流通的核算方法即商品购进、销售、储存的核算方法。商品流通的核算方法主要有4种，分别是数量进价金额核算法、数量售价金额核算法、售价金额核算法和进价金额核算法。

一、数量进价金额核算法

1. 数量进价金额核算法的定义

数量进价金额核算法是指对于库存商品的金额，无论是总账还是明细账，均按进价反映，同时明细账必须反映商品实物数量的核算方法。

2. 数量进价金额核算法的内容

（1）库存商品总账：按进价金额反映库存商品的收入、发出、库存情况。

（2）库存商品明细账：按库存商品的品名、规格或等级分户，同时运用进价金额和实物数量两种量度记账；采用永续盘存制确认库存商品的数量。

（3）库存商品类目账：在库存商品总账和明细账之间，按照商品大类分户设置库存商品类目账，记载商品的购进、销售、储存金额。

（4）商品保管账和商品调拨账：在业务部门和仓库部门设置，分户方法和库存商品明细账相同，但只记数量，不记金额。

（5）根据不同商品的特点，采用不同的方法确定发出商品的进价成本，定期计算和结转已销商品的成本。

3. 数量进价金额核算法的适用范围

大、中型批发企业的经营规模和业务量都比较大，同时企业的内部分工协作体系相对完善，各项管理制度也比较健全，适宜采用数量进价金额核算法。

二、数量售价金额核算法

1. 数量售价金额核算法的定义

数量售价金额核算法是指对于库存商品的金额，无论是总账还是明细账，均按售价反映，同时明细账必须反映商品实物数量的核算方法。

2. 数量售价金额核算法的内容

（1）库存商品总账：按售价金额反映库存商品的收入、发出、库存情况。

（2）库存商品明细账：按库存商品的品名、规格或等级分户，同时运用售价金额和实物数量两种量度记账；采用永续盘存制确认库存商品的数量。

（3）商品保管账和商品调拨账：在业务部门和仓库部门设置，分户方法和库存商品明细账相同，但只记数量，不记金额。

（4）设置"商品进销差价"账户，反映库存商品售价金额与进价金额的差额。

3. 数量售价金额核算法的适用范围

小型批发企业和经营贵重商品的零售企业需要对库存商品的数量与售价进行双重控制，适宜采用数量售价金额核算法。

三、售价金额核算法

1. 售价金额核算法的定义

售价金额核算法是一种建立在实物负责制基础上的核算方法。商品流通企业库存商品的总账和明细账都只反映库存商品的售价，而不反映其实物数量。

2. 售价金额核算法的内容

（1）建立实物负责制。按商品经营的品种和地点，划分出若干柜组，并由各柜组的实物负责人对其所经营的商品的数量、质量承担全部责任。

（2）售价记账、金额控制。库存商品的总账和明细账均按售价金额反映，不记数量。库存商品明细账按柜组或实物负责人分设，详细反映各实物负责人所经营商品的购进、销售、储存售价金额，通过总账控制，落实各实物负责人的经济责任。

（3）设置"商品进销差价"账户，核算商品进销差价，并定期计算和结转已销商品应分摊的进销差价。

（4）健全商品盘点制度。每月月末盘点库存商品，并按售价计算出每个柜组各种盘存商品的价值总和，通过与每个柜组的账面金额进行核对，加强对库存商品的实物管理，并落实每个柜组的岗位责任制。

（5）建立健全各业务环节的手续制度。商品流通企业应建立健全商品购进、销售、调价、盘点、损耗等各业务环节的手续制度，填制业务凭证，加强物价管理、商品管理和销售款管理。

3. 售价金额核算法的适用范围

商品流通零售企业一般具有经营网点多、商品品种丰富、交易频繁的特点，柜位和在库商品基本上是由同一实物负责人经营的，因此适宜采用售价金额核算法。

四、进价金额核算法

1. 进价金额核算法的定义

进价金额核算法又称进价记账、盘存计销核算法，即库存商品的总账和明细账都只反映商品的进价金额,不反映实物数量。

2. 进价金额核算法的内容

(1)库存商品的总账和明细账(按商品的大类或柜组设置)只记进价金额,不记数量。对于需要掌握数量的商品,可设置备查簿。

(2)在购进商品时,按进价登记"库存商品"账户。

(3)平时按商品的销售收入登记"主营业务收入"账户,不转已销商品成本,也不注销"库存商品"账户。对于日常销售发生的一般损耗、等级变化等,财务部门不进行账务处理,若发生非常损失,则应及时查明原因,分清责任,按规定处理。

(4)月末采取以存计销的方式,一次性计算和结转本月已销商品的进价成本,相关计算公式如下:

$$期末库存商品的进价总额 = 期末库存商品的盘存数 \times 单位进价$$

$$本期已销商品的进价成本 = 期初库存商品的进价总额 + 本期进货的进价总额 - 期末库存商品的进价总额$$

3. 进价金额核算法的适用范围

经营鱼、肉、菜、果等鲜活商品的企业,由于经营过程中的损耗量较大,数量不易掌握,其售价会随着商品的新鲜程度经常调整,因此宜采用进价金额核算法。

【问题解答】

该企业采用哪种核算方法,应根据企业的类型、所经营商品的特点及管理的需要来确定。一家企业也可以采用两种以上的核算方法,如综合零售超市应采用售价金额核算法进行核算,但对其中的鲜活商品柜组可采用进价金额核算法进行核算,并辅以售价控制。

【知识延伸】

商业命运共同体

所谓商业命运共同体,是指以商业组织和消费者的相互作用为基础的经济共同体,是供应商、生产商、销售商、市场中介、投资商、政府、消费者等以生产商品和提供服务为中心组成的商业生态系统。虽然每一位商业命运共同体的参与者、建设者在商业生态系统中承担着不同的职能并各负其责,但他们形成了互相依赖、资源共享、合作共赢的紧密关系。

在商业命运共同体的建设中,我们既要关注参与者、建设者的个体利益,又要关注商业生态系统的整体效益;既要重视商业生态系统的经济效益,又要重视商业生态系统的社会、环境等综合效益;既要关注商业生态系统的眼前利益,又要关注商业生态系统的可持续发展。

商业命运共同体是人类命运共同体的有机组成部分。在现代商业社会中,没有哪一家企业、哪一位消费者可以脱离商业命运共同体而独立存在和发展,每一家企业、每一位消费者最终都会以不同的方式参与商业命运共同体的建设,一起维护商业命运共同体的健康,一起促进商业命运共同体的发展和壮大。

项目三 数量进价金额核算法的运用

学习目标

知识目标

熟悉数量进价金额核算法的含义、适用范围；掌握批发企业的商品购进、销售业务的流程，熟悉批发企业的商品购进、销售业务的应设账户及其核算内容；熟悉批发企业购进商品的成本计算；熟悉销售收入确认的条件；熟悉批发企业商品储存中三账分设、两账合一、三账合一的内容及适用范围，熟悉各种发出商品成本计算方法的内容、适用范围及优缺点。

能力目标

能够完成对批发企业商品购进（包括正常采购、农产品采购、采购溢缺、购进拒收、进货退补价、进货退出等）业务、商品销售（包括正常销售、销售退回、销售退补价、直运商品销售、现金折扣、销售折让等）业务、商品储存（包括发出商品成本的计算、存货溢缺、存货减值损失等）业务的核算。

思政目标

熟练掌握商品购进、销售、储存业务的会计核算，在会计核算中践行爱岗敬业、提高技能、强化服务等会计职业道德；对商品溢缺、购进拒收和退补价等业务，应做到公正和诚信，让社会主义核心价值观内化于心、外化于行。

任务一　批发企业商品购进的核算

任务驱动 1

2023 年 6 月 5 日，大型批发企业厦门海西商城股份有限公司收到厦门飞翔针织股份有限公司送来的 V 领男 T 恤 2 000 件。请进行相关的账务处理。

【业务单据】

业务单据包括福建省增值税专用发票的发票联（见图 3-1 和图 3-2）等。

福建省增值税专用发票 发票联

开票代码：035057102393
开票号码：0928351783
开票日期：2023 年 6 月 5 日
校验码：8831588758912833325
机器编号：380100952143

购买方	名　　称：厦门海西商城股份有限公司 纳税人识别号：350582003137 地址、电话：厦门飞翔路 18 号　0592-85208128 开户行及账号：中国工商银行翔安支行　350256912347651	密码区	1+6*+03193<-9-2>0-390=2… 3*9>+12-1+1238>>08<613%%% ?-9300←62-65>0/-136=9### <1234>>>>2/3>>3><942%0@@@

货物或应税劳务、服务名称	规格型号	单位	数量	单价	金额	税率	税额
*服饰*V 领男 T 恤		件	2 000	60	120 000	13%	15 600
合　计					¥120 000		¥15 600

价税合计（大写）　※壹拾叁万伍仟陆佰元整　　（小写）¥135 600

销售方	名　　称：厦门飞翔针织股份有限公司 纳税人识别号：350582004356 地址、电话：厦门翔安工业园区　0592-83208102 开户行及账号：中国工商银行思明支行　350256162463567	备注	

收款人：　　　复核：　　　开票人：刘文儒　　　销售方：（章）

图 3-1　福建省增值税专用发票的发票联 1

福建省增值税专用发票 发票联

开票代码：035071002985
开票号码：0248511785
开票日期：2023 年 6 月 5 日
校验码：3341577859102372445
机器编号：380110195239

购买方	名　　称：厦门海西商城股份有限公司 纳税人识别号：350582003137 地址、电话：厦门飞翔路 18 号　0592-85208128 开户行及账号：中国工商银行翔安支行　350256912347651	密码区	1+6*+03193<-9-2>0-390=2… 3*9>+12-1+1238>>08<613%%% ?-9300←62-65>0/-136=9### <1234>>>>2/3>>3><942%0@@@

货物或应税劳务、服务名称	规格型号	单位	数量	单价	金额	税率	税额
*运输服务*运费		标准箱	40	12.5	500	9%	45
合　计					¥500		¥45

价税合计（大写）　※伍佰肆拾伍元整　　（小写）¥545

销售方	名　　称：厦门意通物流股份有限公司 纳税人识别号：350583008946 地址、电话：厦门湖里区金山路　0592-89208188 开户行及账号：中国工商银行湖里支行　350256162463153	备注	

收款人：　　　复核：　　　开票人：杨益通　　　销售方：（章）

图 3-2　福建省增值税专用发票的发票联 2

【知识准备】

数量进价金额核算法是指对于库存商品的金额，无论是总账还是明细账，均按进价反映，同时明细账必须反映商品实物数量的核算方法。该核算法适用于大、中型批发企业。

一、账户设置

（1）设置"材料采购"账户，借方登记购进商品的实际采购成本，贷方登记已验收入库商品的实际成本；期末余额在借方，反映在途商品的实际采购成本。

（2）设置"库存商品"账户，借方登记已验收入库的购进商品、加工商品、销售退回商品及盘盈商品的实际成本，贷方登记销售发出、进货退出、加工发出及盘亏商品的实际成本；期末余额在借方，表示结存商品的实际成本。

"库存商品"账户按商品种类、名称、规格和储存地点设置明细账。

（3）设置"库存商品——进货费用"账户，借方登记采购过程中发生的运输费、装卸费、保险费等可归属于存货采购成本的进货费用，贷方登记已销商品应分摊的进货费用；期末余额在借方，表示结存商品应承担的进货费用。如果进货费用金额较小，那么可以在发生时直接计入当期销售费用。

二、账务处理

（1）单货同到或者单先到货后到。这里的"单"是指增值税专用发票、结算付款凭证等单据。无论是单货同到，还是单先到货后到，均应编制两笔会计分录。

① 根据增值税专用发票、结算付款凭证等单据编制记会计分录。

借：材料采购——某供货方或某商品
　　库存商品——进货费用
　　应交税费——应交增值税（进项税额）
　贷：银行存款（或应付账款、应付票据等）

② 在所购商品验收入库后，根据收货单及有关单据编制会计分录。

借：库存商品——商品类别（商品名称）
　贷：材料采购——某供货方或某商品

（2）货到单未到，编制的会计分录如下。

① 平时暂不入账，若在月末结算时单据仍未到达，则估价入账。

借：库存商品——商品类别（商品名称）
　贷：应付账款——暂估应付账款

② 在下月初用红字冲销估价入账（金额用红色墨水笔书写）。

（3）在完成冲销后，等单据到达时再进行账务处理，处理过程与单货同到一致。

【任务完成】

一、业务流程

本业务属于本地商品购进，采用送货制，购买方各部门应进行如下账务处理。

（1）业务部门将供货方提供的增值税专用发票与销售合同进行核对，在确认所购商品的规格、品名、数量、单价、金额无误后，填制一式多联的收货单，并留下存根联（见图3-3）。

收 货 单

供应商：厦门飞翔针织股份有限公司　　　2023年6月5日　　　存放仓库：第2仓库3号货架

货号	规格、品名	单位	数量	单价	金额	税率	进项税额
#602	M号1 000；L号600；XL号400	件	2 000	60	120 000	13%	15 600
合计			2 000	60	120 000	13%	15 600
价税合计（大写）壹拾叁万伍仟陆佰元整					¥135 600		
件数	100箱	发票号码：增值税专用发票00856712			合同字20115号		

业务主管：　　　　　　　　　开票人：丁海亮　　　　　　　　收货人：

第一联：存根联

图3-3　收货单

（2）仓库部门根据收货单的收货联验收商品并登记商品保管账。

（3）财务部门（出纳员）根据收货单、增值税专用发票等单据开具转账支票（见图3-4和图3-5）。

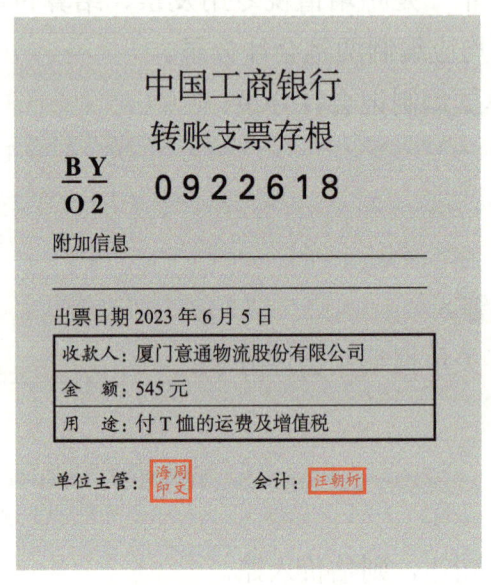

图3-4　转账支票1

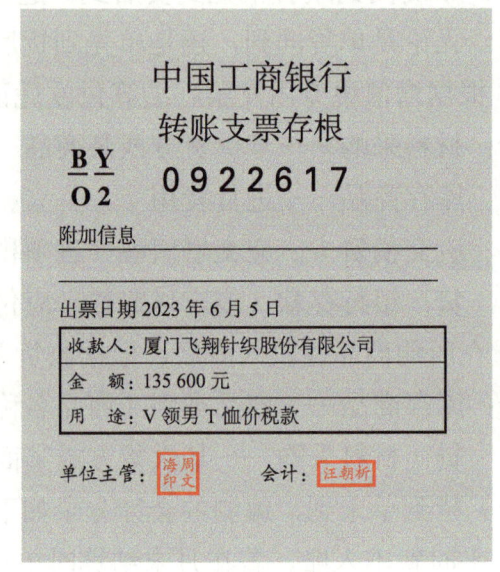

图3-5　转账支票2

二、账务处理

（1）根据增值税专用发票、转账支票存根联等编制记账凭证（以会计分录代替）。

借：材料采购——厦门飞翔针织股份有限公司　　　120 000

　　库存商品——进货费用　　　　　　　　　　　　　500

　　应交税费——应交增值税（进项税额）　　　　15 645

　　贷：银行存款　　　　　　　　　　　　　　　136 145

（2）根据收货单的记账联编制记账凭证（以会计分录代替）。

借：库存商品——服饰（V 领男 T 恤）　　　　　120 000
　　　贷：材料采购——厦门飞翔针织股份有限公司　　　120 000

（3）根据记账凭证登记库存商品明细账（见图 3-6），日记账、其他明细账的登记略。

库存商品明细账

分第＿＿页　总第＿＿页

类别 服饰　　品名 V 领男 T 恤　　规格 M+L+XL　　计量单位 件　　存放地点 第 2 仓库 3 号货架

2023年		凭证号数	摘要	借（收入）方				核对号	贷（发出）方				结存		
月	日			数量		单价	金额		数量		单价	金额	数量	单价	金额
				购进	其他		十万千百十元角分		销售	其他		十万千百十元角分			十万千百十元角分
6	1		期初										100	61.05	6 1 0 5 0 0
6	5	略	入库	2 000		60	1 2 0 0 0 0 0 0								

图 3-6　库存商品明细账

（4）按照商品流通企业会计核算程序的要求登记库存商品总账。

任务驱动 2

2023 年 5 月 25 日，浪花超市采用延期付款方式向永春某芦柑生产大户购买 60 000 千克优质芦柑，总价为 240 000 元，销售时的增值税税率为 13%。合同约定：采用送货制，送货费用由销售方负责，在芦柑卖出 50% 后，采购方采用汇兑方式主动付款。请进行相关的账务处理。

【业务单据】

业务单据包括农产品收购发票、浪花超市的收货单、汇兑凭证等。

【知识准备】

一、农产品增值税的计算

根据《中华人民共和国增值税暂行条例》及其实施细则的规定，对从事农业生产的单位和个人自产自销的初级农产品免征增值税。

一般纳税人购进免征增值税的农产品，按农产品收购发票或者销售发票上注明的农产品买价和 9% 的扣除率计算进项税额。相关计算公式如下：

$$进项税额 = 买价 \times 9\%$$

$$库存商品的入账金额 = 买价 \times (1-9\%)$$

一般纳税人购进免征增值税的农产品，若将该农产品用于生产或委托加工税率为 13% 的货物，则按农产品收购发票或者销售发票上注明的农产品买价和 10% 的扣除率计算进项税额。相关计算公式如下：

$$进项税额 = 买价 \times 10\%$$
$$库存商品的入账金额 = 买价 \times (1-10\%)$$

二、商品购进延期付款的核算

采用延期付款方式购进商品，购买方和销售方应事先签订合同，规定账期或者约定商品卖出之后付款。商业经营经常采用这种方式。

【任务完成】

会计的账务处理（其他人员的账务处理略）如下。

（1）根据农产品收购发票等单据编制记账凭证（以会计分录代替）。

借：材料采购——永春某芦柑生产大户　　　　　218 400
　　应交税费——应交增值税（进项税额）　　　　21 600
　　　贷：应付账款——永春某芦柑生产大户　　　240 000

（2）根据浪花超市的收货单编制记账凭证（以会计分录代替）。

借：库存商品——永春芦柑　　　　　　　　　　218 400
　　　贷：材料采购——永春某芦柑生产大户　　　218 400

（3）在芦柑售出50%后，浪花超市主动付款，根据银行退回的汇兑凭证编制记账凭证（以会计分录代替）。

借：应付账款——永春某芦柑生产大户　　　　　240 000
　　　贷：银行存款　　　　　　　　　　　　　240 000

（4）登记有关账户的明细账和总账。

任务驱动 3

某批发企业向A企业购进甲商品50 000千克，单价为2.4元，合计价款为120 000元，进项税额为15 600元，价税款已转账付讫并进行了相应的账务处理。在对商品进行验收入库时，该批发企业发现商品溢余250千克，价款为600元。请进行相关的账务处理。

【业务单据】

业务单据包括收货单、商品溢余单等。

【知识准备】

一、账户设置

设置"待处理财产损溢——待处理流动资产损溢"账户，借方登记商品短缺金额、商品溢余转销金额，贷方登记商品溢余金额、商品短缺转销金额。若期末余额在借方，则反映尚未处理的短缺金额；若期末余额在贷方，则反映尚未处理的溢余金额。

二、购进商品发生商品溢余的核算

（1）在将购进的商品进行验收入库时，若发生商品溢余，原因待查，则编制如下会计分录。

借：库存商品——某商品（实收金额）
　　贷：材料采购——某供货方（实际采购金额）
　　　　待处理财产损溢——待处理流动资产损溢（溢余金额）

（2）在查明原因并经批准后进行处理，编制如下会计分录。

① 自然升溢——增加商品数量，不增加金额，调减单位成本。若已将自然升溢转入"待处理财产损溢"账户，则应编制冲销分录。

借：待处理财产损溢——待处理流动资产损溢（溢余金额）
　　贷：库存商品——某商品（溢余金额）

② 若系供货方多发商品，则可补作购进，或退回多发商品。

三、购进商品发生商品短缺的核算

（1）在将购进的商品进行验收入库时，若发生商品短缺，原因待查，则编制如下会计分录。

借：库存商品——某商品（实收金额）
　　待处理财产损溢——待处理流动资产损溢（短缺金额）
　　贷：材料采购——某供货方（实际采购金额）

（2）在查明原因并经批准后进行处理，编制如下会计分录。

① 自然短缺——减少商品数量，不减少金额，调增单位成本。若已将自然短缺转入"待处理财产损溢"账户，则应编制冲销分录。

借：库存商品——某商品（短缺金额）
　　贷：待处理财产损溢——待处理流动资产损溢（短缺金额）

② 若系供货方少发商品，则可由供货方补发商品，或退还货款。

③ 若系运输途中的责任事故，则编制如下会计分录。

借：其他应收款——责任单位
　　贷：待处理财产损溢——待处理流动资产损溢（短缺金额）
　　　　应交税费——应交增值税（进项税额转出）

④ 若系自然灾害造成的损失，则编制如下会计分录。

借：其他应收款——保险公司（可获得理赔的金额）
　　营业外支出（净损失）
　　库存现金（残值收入）
　　贷：待处理财产损溢——待处理流动资产损溢（短缺金额）

【任务完成】

（1）某批发企业根据收货单、商品溢余单编制如下记账凭证（以会计分录代替）。

借：库存商品——某商品　　　　　　　　　　　　　　120 600
　　贷：材料采购——某供货方（实际采购金额）　　　120 000
　　　　待处理财产损溢——待处理流动资产损溢（溢余金额）　600

（2）假设在溢余的 250 千克商品中，50 千克商品为自然溢余，200 千克商品为供货方多发的，则某批发企业应将自然溢余部分从"待处理财产损溢"账户转出，编制如下会计分录。

借：待处理财产损溢——待处理流动资产损溢（溢余金额）　120
　　贷：库存商品——某商品　　　　　　　　　　　　　120

（3）假设在经过双方协商后，某批发企业同意将多发的 200 千克商品补作购进。待 A 企业将增值税专用发票补寄过来后，某批发企业补付价税款，根据有关凭证编制如下会计分录。

借：待处理财产损溢——待处理流动资产损溢（溢余金额）　480
　　应交税费——应交增值税（进项税额）　　　　　　76.8
　　贷：银行存款　　　　　　　　　　　　　　　　　556.8

若某批发企业不同意购进，则应将多发商品退给 A 企业。

想一想，练一练

假设任务驱动 3 系商品短缺 250 千克，其中 50 千克为自然损耗，200 千克为运输部门的责任，运输部门同意赔偿，请完成处理前后的账务处理。

【知识延伸】

库存商品发生溢缺应如何进行核算？批发商品在储存过程中，由于自然条件的影响、人为过失或其他原因，往往会造成实存数量与账存数量不符，形成溢缺。

为了加强对商品储存过程的监控，保证账实相符，企业必须加强对储存商品的盘点。企业在盘点结束时应填制库存商品盘点表，若有盈亏，则要填制库存商品溢余（短缺）报告单，按规定的审批程序报请处理。

商品储存过程溢缺的账务处理与商品购进溢缺的账务处理基本相同。在未查明原因前，应先调整"库存商品"账户的账面记录，将溢余或短缺金额转入"待处理财产损溢"账户；在查明原因后，按不同情况，将溢余或短缺金额从"待处理财产损溢"账户转入相关账户。

任务驱动 4

某批发企业从广东虎门服装厂购进一批时装，价款为 30 000 元，增值税税率为 13%，进项税额为 3 900 元，款项已付。在验收商品时，该批发企业发现该批时装的质量不符合要求，与对方联系，对方同意马上退货。请进行相关的账务处理。

【业务单据】

业务单据包括增值税专用发票、银行结算凭证等。

【知识准备】

一、拒付货款、拒收商品的核算

由于款项未付，不需要进行账务处理。若采用托收承付结算方式，则应在规定的承付期内说明拒付理由，填制拒付理由书。对于拒收的商品，若尚未入库而且要立即退还，则仓库部门不做任何处理；若已入库或要代为保管一段时间，则应填制代管商品收货单，并妥善保管。

二、已付货款、拒收商品的核算

对于已付款又拒收的商品，应将该商品的货款、进项税额转入"应收账款"账户，同时在代管商品物资辅助明细账中登记拒收商品的数量。

【任务完成】

（1）由于商品尚未入库，而且要立即退还，因此仓库部门不需要进行账务处理。

（2）财务部门在收到对方开来的红字增值税专用发票时，编制如下记账凭证（以会计分录代替）。

  借：应收账款——广东虎门服装厂   33 900
    应交税费——应交增值税（进项税额） 3 900
    贷：材料采购   30 000

（3）财务部门收到对方退还的价税款，根据相关结算凭证编制记账凭证（以会计分录代替）。

  借：银行存款   33 900
    贷：应收账款——广东虎门服装厂 33 900

（4）财务部门登记有关账户的明细账和总账。

任务驱动 5

某批发企业从石狮海天服装厂购进一批时装，价款为 98 000 元，增值税进项税额为 12 740 元，商品已到，款项已付并入账。后来，该批发企业接到石狮海天服装厂的通知，称价款应为 89 000 元，并收到石狮海天服装厂退来的货款 9 000 元和增值税税款 1 170 元。请进行相关的账务处理。

【业务单据】

业务单据包括红字增值税专用发票、银行结算凭证等。

【知识准备】

一、进货退价的核算

进货退价是指已经结算的进货价款高于实际进货价款，购买方收到销售方退回的差价及相应的增值税税款。购买方在收到销售方的销货更正单和红字增值税专用发票的发票联时，应做如下处理。

（1）若商品尚未售出或虽已售出，但尚未结转销售成本，则编制如下会计分录。

借：应收账款（或银行存款）

　　应交税费——应交增值税（进项税额）（金额用红色墨水笔书写）

　　贷：库存商品——某商品

（2）商品已售出，并且结转了商品的销售成本，则编制如下会计分录。

借：应收账款（或银行存款）

　　应交税费——应交增值税（进项税额）（金额用红色墨水笔书写）

　　贷：主营业务成本——某商品

二、进货补价的核算

进货补价是指已结算的进货价款低于应计的进货价款，购买方应向销售方补付少给的货款。购买方在收到销售方的销货更正单和蓝字增值税专用发票的发票联时，应做如下处理。

（1）若商品尚未售出或虽已售出，但尚未结转销售成本，则编制如下会计分录。

借：库存商品——某商品

　　应交税费——应交增值税（进项税额）

　　贷：银行存款（或应付账款）

（2）若商品已售出，并且结转了商品的销售成本，则编制如下会计分录。

借：主营业务成本

　　应交税费——应交增值税（进项税额）

　　贷：银行存款（或应付账款）

【任务完成】

假设该商品已售出，并且结转了商品的销售成本，则某批发企业应编制如下会计分录。

借：银行存款　　　　　　　　　　　　　　　　　　　　　　　10 170

　　应交税费——应交增值税（进项税额）　　　　　　　　　　 1 170

　　贷：主营业务成本　　　　　　　　　　　　　　　　　　　 9 000

❓ 想一想，练一练

若任务驱动 5 中的商品尚未销售或虽已销售，但尚未结转商品的销售成本，则对退价应如何进行账务处理？

【知识延伸】

进货退出是指购买方在对购买的商品已经验收入库并付完款后才发现该商品与合同规定不符，在与销售方协商后，将商品退还销售方。其业务程序如下。

（1）购买方到当地税务机关开具进货退出证明，送给销售方，据以开具红字增值税专用发票。

（2）业务部门填写进货退出发货单或红字收货单，作为附件通知储运部门。

（3）储运部门将商品发运退还给销售方。

（4）财务部门根据进货退出发货单或红字收货单、红字增值税专用发票等凭证编制转销分录。

① 根据进货退出发货单或红字收货单编制如下会计分录。

借：材料采购——某销售方

　　贷：库存商品——某商品

② 根据红字增值税专用发票编制如下会计分录。

借：应收账款——某销售方

　　应交税费——应交增值税（进项税额）（金额用红色墨水笔书写）

　　贷：材料采购——某销售方

③ 根据银行转来的收款通知及有关凭证编制如下会计分录。

借：银行存款

　　贷：应收账款——某销售方

任务二　批发企业商品销售的核算

🎯 任务驱动 1

2023 年 6 月 8 日，厦门海西商城股份有限公司向服装零售企业厦门罩本裳股份有限公司出售 V 领男 T 恤 800 件，采用提货制。请进行相关的账务处理。

【知识准备】

一、销售收入确认的条件

商品流通企业在销售商品时，如果同时符合以下 4 个条件，就确认销售收入。

（1）已将商品所有权的主要风险和报酬转移到购买方。

（2）没有保留与所有权相联系的继续管理权，没有对已售出商品实施控制。

（3）与交易相关的经济利益能够流入企业。

（4）相关的收入和成本能够可靠地计量。

二、账户设置

（1）设置"主营业务收入"账户，借方登记销售商品实现的销售收入，贷方登记期末转入"本年利润"的销售收入，期末一般无余额。按商品类别或品种设置明细账。

（2）设置"应交税费——应交增值税（销项税额）"账户，贷方登记销售商品时向购买方收取的增值税税款。若发生销售退回，则用红字登记退还购买方的增值税税款。

【任务完成】

一、业务流程

（1）购买方的采购员到销售方处选购商品，销售方的增值税专用发票专管员按规定开具增值税专用发票，交付购买方的采购员。

（2）购买方的采购员持增值税专用发票、现金支票到财务部门办理结算。销售方的出纳员将现金支票连同进账单一并送交银行，在办理转账后，收到银行退回的进账单（见图3-7）。

中国工商银行进账单（回单）　　1

2023年6月8日

出票人	全称	厦门罩本裳股份有限公司	收款人	全称	厦门海西商城股份有限公司	金额									
	账号	350125966124756		账号	350256912347651	千	百	十	万	千	百	十	元	角	分
	开户行	中国工商银行思明支行		开户行	中国工商银行翔安支行										
金额	人民币（大写）	捌万玖仟肆佰玖拾陆元整						¥	8	9	4	9	6	0	0
票据种类	现金支票	票据张数	1												
票据号码	100126														
复核　　记账				开户行盖章											

图3-7　中国工商银行进账单（回单）

（3）销售方的财务部门在收妥价税款后，应在增值税专用发票的发票联（见图3-8）、抵扣联上加盖发票专用章，并留下记账联。

（4）购买方的采购员持加盖发票专用章的福建省增值税专用发票的发票联到仓库提货。

福建省增值税专用发票

开票代码：035027102244
开票号码：0928351783
开票日期：2023 年 6 月 8 日
校验码：81155960584195838548

机器编号：353605175128

购买方	名　称：厦门罩本裳股份有限公司 纳税人识别号：350582004356 地　址、电　话：厦门思明区东路 9 号　0592-82508129 开户行及账号：中国工商银行思明支行　350125966124756

密码区：
33＋*＋03193＜-9-2＞0-390＝＝
*9＞＋12-1＋1238＞＞08＜613＆＆
7-9300←62-65＞0/-136＝9000
1234＞00＞＞2/3＞＞3＞＜942％％％％

货物或应税劳务、服务名称	规格型号	单位	数量	单价	金额	税率	税额
*服装*V 领男 T 恤		件	800	99	79 200	13%	10 296
合　计					¥79 200		¥10 296

价税合计（大写）　※捌万玖仟肆佰玖拾陆元整　（小写）¥89 496

销售方	名　称：厦门海西商城股份有限公司 纳税人识别号：350582003137 地　址、电　话：厦门飞翔路 18 号　0592-85208128 开户行及账号：中国工商银行翔安支行　350256912347651	备注

收款人：　　复核：　　开票人：黄积金　　销售方：（章）

图 3-8　福建省增值税专用发票

二、账务处理

（1）财务部门根据增值税专用发票记账联、中国工商银行进账单（回单）编制记账凭证。

借：银行存款　　　　　　　　　　　　　　　　　　　89 496
　　贷：主营业务收入——服饰（V 领男 T 恤）　　　79 200
　　　　应交税费——应交增值税（销项税额）　　　　10 296

（2）根据审核无误的记账凭证登记银行存款日记账、应交税费明细账、主营业务收入明细账（见图 3-9），按账务处理程序的要求登记总账。

主营业务收入

服饰类：男装

2023 年		记账凭证		摘要	贷方金额								核对号	T 恤	衬衫	卫衣	内裤	休闲裤
月	日	种类	号码		百	十	万	千	百	十	元	角	分					
6	8	记	05	销售商品			7	9	2	0	0	0	0	√	79 200 00				

图 3-9　主营业务收入明细账

【知识延伸】

在实际工作中，如果批发企业每日销售商品的批次多、开出的增值税专用发票多、结算凭证多、品种和规格复杂，那么不必逐批填制记账凭证、登账，可简化处理。

（1）每日终了，业务部门根据当天开出的增值税专用发票，按品种、规格汇总销售数量和金额，填制销货日报表（见图 3-10），并将财务联送交财务部门。

销货日报表

年　月　日

货号	大类	品名	规格	单位	数量	单价	金额	增值税税额
合计								

复核：　　　　　　　　　　　　　　　　　　　　　　　　　　　　　　　制单：

图 3-10　销货日报表

（2）收款部门根据当天现金送存银行的交款单的回单联、支票送存银行后进账单的回单联等收款凭证，区分结算方式，汇总编制收款日报表（见图 3-11），并将财务联送交财务部门。

收款日报表

年　月　日

项目	凭证张数	金额	项目	凭证张数	金额
合计			合计		

复核：　　　　　　　　　　　　　　　　　　　　　　　　　　　　　　　制单：

图 3-11　收款日报表

（3）财务部门将销货日报表与收款日报表进行核对，在核对无误后，据以编制记账凭证，登记日记账、明细账，并按账务处理程序的要求登记总账。

任务驱动 2

2023 年 6 月 18 日，厦门海西商城股份有限公司向昆明新天地男装营销中心销售 V 领男 T 恤 1 250 件，每件的售价为 99 元，采用发货制，并以库存现金支付运费 800 元和运费的增值税 72 元。请进行相关的账务处理。

【任务完成】

账务处理如下。

（1）财务部门根据委托收款回单（略）、增值税专用发票的记账联（见图 3-12）、发货单（见图 3-13）编制销售 V 领男 T 恤的记账凭证（以会计分录代替）。

借：应收账款——昆明新天地男装营销中心　　　　　　139 837.5
　　贷：主营业务收入——服饰（V 领男 T 恤）　　　　　123 750
　　　　应交税费——应交增值税（销项税额）　　　　　16 087.5

福建省增值税专用发票

此联不作报销、扣税凭证使用

开票代码：035088102233
开票号码：9008223444
开票日期：2023 年 6 月 18 日
校验码：65533960584158981528

机器编号：353900175208

购买方		
名　　称：	昆明新天地男装营销中心	
纳税人识别号：	530827003512	
地址、电话：	昆明市高原路 88 号　0572-53208128	
开户行及账号：	中国工商银行昆明支行　530646774378918	

密码区：
1+6*+03193<-9-2>0-390===
*27>+12-1+1238>>08<613&&
2-9300←62-65>0/-136=9000
+0 8 34>00>>2/3>>3><942%%%%

货物或应税劳务、服务名称	规格型号	单位	数量	单价	金额	税率	税额
*服装*V 领男 T 恤		件	1 250	99	123 750	13%	16 087.5
合　　计					¥123 750		¥16 087.5
价税合计（大写）	※壹拾叁万玖仟捌佰叁拾柒元伍角整				（小写）¥139 837.5		

销售方		备注
名　　称：厦门海西商城股份有限公司		
纳税人识别号：350582003137		
地址、电话：厦门飞翔路 18 号　0592-85208128		
开户行及账号：中国工商银行翔安支行　350256912347651		

收款人：　　　　复核：　　　　开票人：黄积金　　　　销售方：（章）

第一联：记账联　销售方记账凭证

图 3-12　增值税专用发票的记账联

发　货　单

客户：昆明新天地男装营销中心　　　　2023 年 6 月 18 日　　　　No.0003364

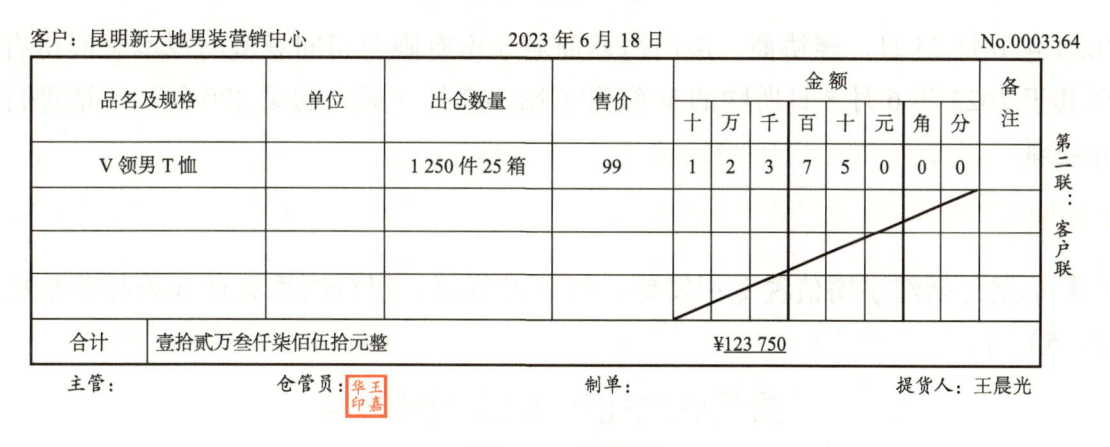

品名及规格	单位	出仓数量	售价	金额 十万千百十元角分	备注
V 领男 T 恤		1 250 件 25 箱	99	1 2 3 7 5 0 0 0	
合计	壹拾贰万叁仟柒佰伍拾元整			¥123 750	

主管：　　　仓管员：华王印嘉　　　制单：　　　提货人：王晨光

第二联：客户联

图 3-13　发货单

（2）财务部门根据增值税专用发票的发票联（见图 3-14）等单据编制支付 V 领男 T 恤托运费用的记账凭证（以会计分录代替）。

借：销售费用——运费　　　　　　　　　　　　　　　　800
　　应交税费——应交增值税（进项税额）　　　　　　　 72
　贷：库存现金　　　　　　　　　　　　　　　　　　　872

（3）银行于 2023 年 6 月 20 日发出通知，称所托收款项已收到。财务部门根据银行转来的委托收款凭证（收款通知）（略）编制记账凭证（以会计分录代替）。

借：银行存款　　　　　　　　　　　　　　　　　　139 837.5
　贷：应收账款——昆明新天地男装营销中心　　　　139 837.5

福建省增值税专用发票

此联不作报销、扣税凭证使用

开票代码：035890242375
开票号码：9018225347
开票日期：2023 年 6 月 18 日
校 验 码：66339460541859115482

机器编号：354800756053

购买方	名　　称：	厦门海西商城股份有限公司				密码区	*33+03193<-9-2>0-390…333 >+12-1+38>>08<613%%%+=653 3-9-←62-65>0/-136-9=369* 955*-/.2/3>>3><942%0@-@-@
	纳税人识别号：	350582003137					
	地址、电话：	厦门飞翔路18号　0592-85208128					
	开户行及账号：	中国工商银行翔安支行　350256912347651					

货物或应税劳务、服务名称	规格型号	单位	数量	单价	金额	税率	税额
*运输服务*运费		标准箱	25	32	800	9%	72
合　　计					¥800		¥72

价税合计（大写）　　※捌佰柒拾贰元整　　　　　　　　（小写）¥872

销售方	名　　称：	厦门意通物流股份有限公司	备注	
	纳税人识别号：	350583008946		
	地址、电话：	厦门湖里区金山路　0592-89208188		
	开户行及账号：	中国工商银行湖里支行　350256162463153		

收款人：　　　　　　复核：　　　　　　开票人：杨益通　　　　　　销售方：（章）

图 3-14　增值税专用发票的发票联

任务驱动 3

2023 年 6 月 25 日，经协商，厦门海西商城股份有限公司同意厦门罩本裳股份有限公司退还其于 2023 年 6 月 8 日所购的 V 领男 T 恤 300 件（原先购买 800 件）。请进行相关的账务处理。

【业务单据】

业务单据包括红字增值税专用发票、红字发货单、银行结算凭证（委托收款凭证，见图 3-15）等。

委托收款凭证（收款通知）4

委邮　　　　　　委托日期 2023 年 6 月 25 日　　　　　　委托号码：9236

付款人	全　　称	厦门海西商城股份有限公司	收款人	全　　称	厦门罩本裳股份有限公司		
	账号或地址	350256912347651		账　　号	350125966124756		
	开 户 行	中国工商银行翔安支行		开 户 行	中国工商银行思明支行	行号	2458

委托金额	人民币（大写）	叁万叁仟伍佰陆拾壹元整	千	百	十	万	千	百	十	元	角	分
					¥	3	3	5	6	1	0	0

款项内容	价税款	委托收款凭证名称	增值税专用发票 发货单	附寄单据张数	4

备注	厦门海西商城股份有限公司	款项收妥日期 2023 年 6 月 25 日	收款人开户行盖章 6 月 25 日

单位主管：　　　　　　会计：　　　　　　复核：　　　　　　记账：

图 3-15　委托收款凭证

【知识准备】

应如何进行销售退回的会计核算呢？无论退回的已售商品是何时销售的，均冲减退回当月的销售收入和销项税额。若退回商品的销售成本已经结转，则应一并冲回。

根据红字增值税专用发票、红字发货单、银行结算凭证编制记账凭证（以会计分录代替）。

借：主营业务收入（退回商品的销售收入）
    贷：应交税费——应交增值税（销项税额）（金额用红色墨水笔书写）
        银行存款（或应付账款）

若退回的商品已经结转销售成本，则应同时编制记账凭证（以会计分录代替）。

借：库存商品——退回的商品名称
    贷：主营业务成本

【任务完成】

由于退回的 V 领男 T 恤尚未结转销售成本，因此厦门海西商城股份有限公司只需根据红字增值税专用发票、红字发货单、银行结算凭证编制冲减收入和销项税额的记账凭证（以会计分录代替）。

借：主营业务收入   29 700
    贷：应交税费——应交增值税（销项税额）   3 861
        银行存款（或应付账款）   33 561

【知识延伸】

应如何进行销售退补价的会计核算呢？当实际售价低于已结算售价时，销售方应退还的差价为销售退价；当实际售价高于已结算售价时，购买方应补足的差价为销售补价。销售退价、销售补价均不涉及"库存商品"和"主营业务成本"账户。

（1）对于销售退价，根据增值税专用发票、银行结算凭证等单据编制记账凭证（以会计分录代替）。

借：主营业务收入（退还的价款）
    贷：应交税费——应交增值税（销项税额）
        银行存款

（2）对于销售补价，根据增值税专用发票、银行结算凭证等单据编制记账凭证（以会计分录代替）。

借：银行存款
    贷：主营业务收入（补来的价款）
        应交税费——应交增值税（销项税额）

任务驱动 4

2023年6月9日,厦门海西商城股份有限公司从泉州天绿食品公司购入鲜果汁10吨,每吨的进价为3 000元,合计价款为30 000元,进项税额为3 900元;按合同规定直运销售给晋江先海百货,每吨的售价为3 600元,合计价款为36 000元,销项税额为4 680元。运费为500元,由厦门海西商城股份有限公司承担。请进行相关的账务处理。

【知识准备】

应如何进行直运商品销售的会计核算？直运商品销售是指批发企业从销售方所在地将所采购商品直接运到购买方的一种销售方式。

直运商品销售的特点是商品不经过本企业的仓库,不通过"库存商品"账户进行核算,商品购进与商品销售同时发生,随时结转成本。

直运商品销售方式适用于数量多、规格单一、质量稳定的商品。

【任务完成】

(1)厦门海西商城股份有限公司驻泉州天绿食品公司的采购员办理鲜果汁发运、支付运费,以及委托所在地银行向购买方收取货款等事项。

(2)厦门海西商城股份有限公司的财务部门收到并审核采购员寄回的直运商品发货单、委托收款回单、货物及运费的增值税专用发票、银行付款凭证等单据,在确认无误后编制记账凭证。

① 根据采购员(临时被赋予开具增值税专用发票的权限)开具的增值税专用发票记账联、委托收款回单编制如下会计分录。

借：应收账款——晋江先海百货　　　　　　　　40 680
　　贷：主营业务收入——直运商品销售收入　　　　36 000
　　　　应交税费——应交增值税(销项税额)　　　　4 680

② 根据物流公司开具的运费增值税专用发票的发票联、抵扣联,以及银行付款凭证回单编制如下会计分录。

借：销售费用——运费　　　　　　　　　　　　　500
　　应交税费——应交增值税(进项税额)　　　　　45
　　贷：银行存款　　　　　　　　　　　　　　　　545

(3)根据银行转来的泉州天绿食品公司的托收凭证、增值税专用发票的发票联和抵扣联等单据支付货款,并编制记账凭证(以会计分录代替)。

借：材料采购——泉州天绿食品公司　　　　　　30 000
　　应交税费——应交增值税(进项税额)　　　　3 900
　　贷：银行存款　　　　　　　　　　　　　　　33 900

（4）结转直运销售商品成本，并编制记账凭证（以会计分录代替）。

借：主营业务成本　　　　　　　　　　　　　　30 000
　　贷：材料采购　　　　　　　　　　　　　　　　　30 000

任务驱动4属于先托收销售款、后承付购货款，在实际工作中还有先承付购货款、后托收销售款的，以及承付购货款与托收销售款是在同一天发生的。

❓ 想一想，练一练

若任务驱动4采用委托销售方代办商品发运、代垫运费和代向购买方结算款项的方式，则在单据的填制与传递上会有不同吗？在会计核算上会有不同吗？

🎯 任务驱动5

2023年12月9日，福建著成服饰有限公司向福州市海峡商业城销售夹克衫。合同规定：商品由福州市海峡商业城自提，货款由福州市海峡商业城采用汇兑方式结算，福建著成服饰有限公司给予"2/10、1/20、n/30"的现金折扣。请进行相关的账务处理。

【业务单据】

业务单据包括福建省增值税专用发票（见图3-16）等。

福建省增值税专用发票

开票代码：035432002853
开票号码：0719235836
此联不作报销、扣税凭证使用
开票日期：2023年12月9日

机器编号：352006105627
校验码：91825996581495883543

购买方	名　　称：福州市海峡商业城
	纳税人识别号：350581009173
	地址、电话：福州市东街9号　0591-72058188
	开户行及账号：中国工商银行福州支行　350125966124561

密码区：
10591*3193<-9-2>0-690==**
0-1+38>>08<613%%%+=6-5-3*
←62-65>0/-16-9=3-9-*-**1
05*-/.2/3>>3><942%0-91911

货物或应税劳务、服务名称	规格型号	单位	数量	单价	金额	税率	税额
*服装*夹克衫		件	2 000	199.9	399 800	13%	51 974
合　计					¥399 800		¥51 974

价税合计（大写）　※肆拾伍万壹仟柒佰柒拾肆元整　　（小写）¥451 774

销售方	名　　称：福建著成服饰有限公司
	纳税人识别号：350582001393
	地址、电话：晋江工业园区15号　0595-83208188
	开户行及账号：中国工商银行晋江支行　350595003678124

收款人：　　　　复核：　　　　开票人：曾林　　　　销售方：（章）

图3-16　福建省增值税专用发票

【知识准备】

一、商业折扣

商业折扣是商品交易中常见的促销手段。企业根据供求关系、目标客户或其他因素，在商品标价上给予一定的扣除。"双十一"（中国）、黑色星期五（美国）就是以商业折扣而闻名于世的。商业折扣一般在交易发生时就已确定，交易双方均不用在账面上反映。若发生商业折扣，则企业应收账款的入账价值应根据扣除商业折扣后的实际销售收入确认。

二、现金折扣

现金折扣通常发生在以赊销方式销售商品或提供劳务的交易中。若购买方在规定的折扣期限内付款，则销售方在总价款上给予一定的优惠。现金折扣的表现形式如表3-1所示。

表3-1　现金折扣的表现形式

信用条件	含义
2/10	自发票日期起，10天内付款，给予总价款2%的折扣
1/20	自发票日期起，20天内付款，给予总价款1%的折扣
n/30	自发票日期起，全部账单价款在30天内付清，无折扣

零售企业基本采用现销方式，一般情况下不存在现金折扣业务。批发企业对于一些滞销商品或换季商品，常常采用赊销方式，所以现金折扣业务时有发生。

对现金折扣的会计处理通常有两种方法，即总价法和净价法。我国目前的会计实务采用总价法，即将应收账款以未减现金折扣前的实际发生额作为入账价值，将实际发生的现金折扣作为财务费用计入当期损益。

【任务完成】

（1）福建著成服饰有限公司审核原始凭证（包含对入账金额的审核）。

本业务应收账款的入账金额 =399 800+51 974=451 774（元）

（2）福建著成服饰有限公司编制记账凭证（以会计分录代替）。

借：应收账款——福州市海峡商业城　　　　　　　　451 774
　　贷：主营业务收入——夹克衫　　　　　　　　　　399 800
　　　　应交税费——应交增值税（销项税额）　　　　 51 974

（3）福建著成服饰有限公司根据审核无误的记账凭证或原始凭证，登记应收账款、主营业务收入和应交税费明细账，按账务处理程序的要求登记相关总账。

任务驱动6

2023年12月12日，银行转来收款通知（见图3-17），称福州市海峡商业城的销售款已收。请进行相关的账务处理。

中国工商银行电子汇兑贷方凭证（收款通知）

发报行	行号	03988	编制日期	2023年12月12日	收报行	行号	28957	号码	6281
	行名	中国工商银行福州支行				行名	中国工商银行晋江支行		
收款单位	账号	350595003678124			收款行名称	中国工商银行晋江支行			
	名称	福建著成服饰有限公司							
金额（大写）	肆拾肆万叁仟柒佰柒拾捌元整						¥443 778		
付款单位名称：福州市海峡商业城					业务种类	汇兑			
（账号）事由：支付购买夹克衫的货款和税款									

图3-17 收款通知

【任务完成】

（1）福建著成服饰有限公司审核原始凭证（包含对入账金额的审核）。

现金折扣：399 800×2%=7 996（元）（信用条件：2/10，1/10，n/30）

扣除折扣后的货款 =399 800-7 996=391 804（元）

实收款项 = 扣除折扣后的货款 + 代收增值税税款 =391 804+51 974=443 778（元）

（2）福建著成服饰有限公司编制记账凭证（以会计分录代替）。

借：银行存款　　　　　　　　　　　　　　　　443 778
　　财务费用　　　　　　　　　　　　　　　　　 7 996
　　贷：应收账款——福州市海峡商业城　　　　451 774

（3）福建著成服饰有限公司根据审核无误的记账凭证或原始凭证，登记银行存款日记账、应收账款和财务费用的明细账，按账务处理程序的要求登记相关总账。

想一想，练一练

如果是在2023年12月20日或12月30日收到福州市海峡商业城汇来的款项，那么其金额应是多少？应如何进行账务处理？

任务驱动7

2023年5月30日，厦门海新进出口公司向夏新超市出售进口泰国榴梿300千克，每千克不含税售价为60元，另按13%的税率收取增值税，价税款已收。6月1日，夏新超市发现榴梿的产地并非泰国，要求退货。经协商，厦门海新公司给予20%的价款减让，销售部门开具红字增值税专用发票，财务部门将20%的价款和税款转账给夏新超市。请进行相关的账务处理。

【知识准备】

销售折让是企业因出售商品的质量不符合要求或者其他原因而在销售价款上给予购买方减让。销售折让若发生在企业确认收入之前，则视同商业折扣；若发生在企业确认收入之后，则应冲减当期销售收入，并按税法的规定冲减已入账的销项税额。

借：主营业务收入（折让的销售金额）
　　贷：应交税费——应交增值税（销项税额）（金额用红色墨水笔书写）
　　　　应收账款（或银行存款）

【任务完成】

（1）财务部门审核原始凭证。

销售折让 = 300×60×20%=3 600（元）

应冲减的销项税额 =3 600×13%=468（元）

（2）财务部门编制记账凭证（以会计分录代替）。

借：主营业务收入　　　　　　　　　　　　　　　　3 600
　　贷：应交税费——应交增值税（销项税额）　　　　468
　　　　银行存款　　　　　　　　　　　　　　　　4 068

任务三　批发企业商品储存的核算

问题导入

厦门海西商城股份有限公司的业务部门、财务部门、仓库部门的办公地点各不相同，业务部门和财务部门的办公地点接近，仓库部门的办公地点设在某中心仓库内。业务部门、财务部门和仓库部门均需要掌握库存商品明细资料，厦门海西商城股份有限公司应如何设置库存商品明细账？

【知识准备】

批发企业商品储存的核算应有利于商品流通业务的开展，有利于保护商品安全，有利于商品销售成本的计算和结转，有利于企业的内部协作。

在实际工作中，批发企业库存商品明细账的设置一般有以下几种方式。

（1）三账分设，指业务部门、财务部门、仓库部门3个部门各设一套库存商品明细账，分别核算。其优点是账簿体系完整，可以相互牵制；缺点是重复劳动，效率低，容易造成三账之间的未达账项。三账分设的过程如表3-2所示。

表 3-2 三账分设的过程

设账部门	账簿名称	核算范围	掌握内容
业务部门	商品调拨账	数量	掌握业务库存、可调库存
财务部门	商品明细账	数量、金额	掌握会计库存
仓库部门	商品保管账	数量	掌握实际库存、保管库存

（2）两账合一，指业务部门和财务部门合并设置一套库存商品明细账，既核算库存商品数量，又核算金额，提供业务部门和财务部门所需要的库存商品明细资料；仓库部门单独设置库存商品保管账，只核算库存商品数量，不核算金额。两账合一适用于业务部门和财务部门在同一处办公的大、中型批发企业。

（3）三账合一，指业务部门、财务部门、仓库部门 3 个部门合设一套库存商品明细账，既核算库存商品数量，又核算金额。三账合一可避免重复劳动，但账簿体系不完整，不利于部门间相互监督。三账合一适用于业务部门、财务部门、仓库部门同在一处办公，"前店后仓"的企业。

【问题解答】

厦门海西商城股份有限公司的业务部门、财务部门、仓库部门的办公地点各不相同，业务部门和财务部门的办公地点接近，仓库部门的办公地点设在某中心仓库内，可采用两账合一的方式设置库存商品明细账。

任务驱动 1

2023 年 6 月 30 日，根据本项目任务一中的任务驱动 1 和任务二中的任务驱动 1、任务驱动 2、任务驱动 3 的有关资料，采用先进先出法，定期结转 V 领男 T 恤的销售成本。

【知识准备】

一、发出商品成本的计算方法

企业每次进货的单价不尽相同，确定已销售商品的进货单价是计算商品销售成本的关键。在库存商品采用数量进价金额核算的企业中，商品销售成本的计算方法主要有个别计价法、先进先出法、加权平均法和毛利率法。

1. 个别计价法

（1）含义。个别计价法也称分批实际法，是按每一批商品购入时所确定的单位成本计算各批发出商品的期末库存商品成本的方法。

（2）操作。业务部门在发货单上注明进货批次；仓库部门按进货批次分别堆放商品；财务部门按进货批次设置商品明细账。每批商品的销售成本的计算公式如下：

每批商品的销售成本 = 每批商品的销售数量 × 该批商品的实际进货单价

（3）适用范围及优缺点。

适用范围：能够分清进货批次的大件贵重商品、不能代替商品、为特定项目专门购入的商品等。

优点：计算结果比较准确。

缺点：工作量大。

2. 先进先出法

（1）含义。先进先出法是假定先入库的存货最先发出的方法。

（2）操作。对于入库存货，财务部门要按时间的先后顺序逐笔登记其数量、单价和金额；在每次发出存货时，按照商品购进的先后顺序依次确定发出存货的单价，并计算其销售成本。

（3）适用范围及优缺点。

适用范围：适用于时效性强、价格较稳定、收发频率不高的商品。

优点：期末存货成本接近市价，能及时、准确地反映存货的资金占用情况。

缺点：当物价变动大时，成本与收入不能恰当配比，影响利润的准确性。

3. 加权平均法

（1）含义。加权平均法是定期（如按月）计算每种库存商品的存（期初库存）、进（本期入库）均价，作为该商品本期发出和期末结存的单价，并一次性计算出本期发出商品的实际成本的方法。

（2）计算公式：

$$本期发出存货的实际价格 = 本期发出存货的数量 \times 加权平均单价$$

$$加权平均单价 = \frac{期初存货结存余额 + 本期入库存货金额}{期初存货结存数量 + 本期入库存货数量}$$

（3）优缺点。

优点：方法简单，容易理解与操作，工作量小。

缺点：月末才能算出发出存货的成本，企业无法随时了解资金占用情况。

4. 毛利率法

（1）含义。毛利率法是根据本期销售净额乘以上期（或本月计划）毛利率来估算出本期销售毛利，并计算本期发出商品成本的方法。

（2）计算公式：

$$本期销售成本 = 本期销售商品净额 \times (1 - 毛利率)$$

$$销售商品净额 = 商品销售收入 - 销售退回与折让$$

$$期末库存商品成本 = 期初库存商品成本 + 本期增加商品成本 - 本期销售商品成本$$

二、已销商品成本的结转

（1）按结转时间划分，可将已销商品成本的结转分为逐笔结转和定期（一般在月终）结转两种。

（2）按结转方式划分，可将已销商品成本的结转分为分散结转和集中结转两种。

① 分散结转：逐户登记库存商品明细账，逐户计算并结转已销商品成本，逐户结出库存商品期末金额。其账务处理如下。

借：主营业务成本——某商品
　　贷：库存商品——某商品

分散结转工作量较大，但能详细地提供每个品种的商品销售成本。

② 集中结转：平日在库存商品明细账上只登记商品销售数量，在期末（如月末）结转已销商品成本时，按确定的库存商品单价在明细账中计算出每种商品的结存金额，并按大类（或全部商品）汇总计算出大类（或全部）商品的期末结存金额，根据类目账（或总账）上的资料倒挤出大类（或全部）商品的销售成本。其计算公式如下：

大类（或全部）商品的销售成本＝大类（或全部）商品的期初余额＋
　　　　　　　　　　　　　　大类（或全部）商品的本期购进金额－
　　　　　　　　　　　　　　大类（或全部）商品的期末余额

其账务处理如下。

借：主营业务成本——某大类（或全部）商品
　　贷：库存商品——某大类（或全部）商品

集中结转减少了会计的工作量，但无法详细地提供每种已销商品的进价成本。

库存商品类目账是在库存商品总账和库存商品明细账之间，按商品大类设置的库存商品二级明细账。各类目账既受库存商品总账的控制，又控制这类商品所属的各明细账。库存商品类目账如图3-18所示。

库存商品类目账

商品类别：

年		凭证号数	摘要	收入									核对号	发出									结余								
月	日			千	百	十	万	千	百	十	元	角	分		千	百	十	万	千	百	十	元	角	分	千	百	十	万	千	百	十	元	角	分

图3-18　库存商品类目账

【任务完成】

一、采用先进先出法计算发出V领男T恤的销售成本

（1）登记2023年6月5日入库的V领男T恤的数量、单价、金额，并按不同的进价计算出2023年6月5日V领男T恤的结存数量，计算出总的结存金额（见图3-19对应的行次）。

（2）按先进先出法，登记2023年6月8日发出的V领男T恤800件的相关明细账（见图3-20对应的行次）。

（3）按先进先出法，登记2023年6月18日发出的V领男T恤1 250件的相关明细账（见图3-20对应的行次）。

库存商品明细账　　　　　　　　　　　分第____页 总第____页

类别 服饰　品名 V领男T恤　规格 M+L+XL　计量单位 件　存放地点 第2仓库3号货架

2023年		凭证号数	摘要	借（收入）方		金额	核对号	贷（发出）方		金额	结　存		金额
月	日			数量	单价	十万千百十元角分		数量	单价	十万千百十元角分	数量	单价	十万千百十元角分
6	1		期初								100	61.05	6 1 0 5 0 0
6	5	略	入库	2 000	60	1 2 0 0 0 0 0 0					100 2 000	61.05 60	1 2 6 1 0 5 0 0

图3-19　库存商品明细账1

（4）按先进先出法，登记2023年6月25日被退回的V领男T恤300件的相关明细账（见图3-20对应的行次）。

库存商品明细账　　　　　　　　　　　分第____页 总第____页

类别 服饰　品名 V领男T恤　规格 M+L+XL　计量单位 件　存放地点 第2仓库3号货架

2023年		凭证号数	摘要	借（收入）方		金额	核对号	贷（发出）方		金额	结　存		金额
月	日			数量	单价	十万千百十元角分		数量	单价	十万千百十元角分	数量	单价	十万千百十元角分
6	1		期初								100	61.05	6 1 0 5 0 0
6	5	略	入库	2 000	60	1 2 0 0 0 0 0 0					100 2 000	61.05 60	1 2 6 1 0 5 0 0
6	8	略	销售					100 700			1 300		
6	18	略	销售					1 250			50		
6	25	略	退回					300			350		

图3-20　库存商品明细账2

（5）于2023年6月30日确定每批发出V领男T恤的单价及金额，并结出余额（见图3-21对应的行次）。

二、定期结转当月发出V领男T恤的销售成本

借：主营业务成本——V领男T恤　　　　　　　　　　　105 105
　　贷：库存商品——V领男T恤　　　　　　　　　　　　　105 105

库存商品明细账

分第____页 总第____页

类别 __服饰__ 品名 __V领男T恤__ 规格 __M+L+XL__ 计量单位 __件__ 存放地点 __第2仓库3号货架__

2023年		凭证号数	摘要	借（收入）方		金额								核对号	贷（发出）方		金额								结存		金额							
月	日			数量	单价	十万	千	百	十	元	角	分			数量	单价	十万	千	百	十	元	角	分	数量	单价	十万	千	百	十	元	角	分
6	1		期初																					100	61.05			6	1	0	5	0	0
6	5		入库	2 000	60		1	2	0	0	0	0	0	0										100 2 000	61.05 60		1	2	6	1	0	5	0	0
6	8		销售												100 700	61.05 60		4	8	1	0	5	0	0	1 300	60			7	8	0	0	0	0
6	18		销售												1 250	60		7	5	0	0	0	0	0	50	60				3	0	0	0	0
6	25		退回												300	60		1	8	0	0	0	0	0	350	60			2	1	0	0	0	0
6	30		本月合计	2 000			1	2	0	0	0	0	0		1 750			1	0	5	1	0	5	0	0									

图 3-21　库存商品明细账 3

❓ 想一想，练一练

如果本项目任务二中的任务驱动 2 要求根据有关资料，采用加权平均法，定期结转 V 领男 T 恤的销售成本，那么该如何进行账务处理？

🎯 任务驱动 2

天街百货 2023 年 8 月"库存商品"账户的期初金额为 320 000 元，当月购进商品的总成本为 1 580 000 元，当月销售商品的总成本为 1 690 000 元；8 月"库存商品——进货费用"账户的期初账面金额为 12 900 元，8 月进货费用的借方发生额为 63 100 元。请分摊 8 月已销商品应承担的进货费用。

【知识准备】

如何分摊已销商品应承担的进货费用？

（1）计算进货费用分摊率，计算公式如下：

进货费用分摊率＝（进货费用的期初余额＋本期进货费用发生额）/
（期初结存商品余额＋本期购进商品发生额）

（2）计算期末结存商品应分摊的进货费用，计算公式如下：

期末结存商品应分摊的进货费用＝期末结存商品余额×进货费用分摊率

（3）计算本期已销商品应分摊的进货费用，计算公式如下：

本期已销商品应分摊的进货费用＝进货费用的期初余额＋
进货费用的本期发生额－进货费用的期末余额

【任务完成】

（1）天街百货 8 月的进货费用分摊率 =（12 900+63 100）/（320 000+1 580 000）= 0.04。

（2）天街百货 8 月结存商品应分摊的进货费用 =（320 000+1 580 000-1 690 000）× 0.04 = 8 400（元）。

（3）天街百货 8 月已销商品应分摊的进货费用 =12 900+ 63 100 - 8 400 = 67 600（元）。

（4）天街百货编制 8 月分摊进货费用的记账凭证（以会计分录代替）。

  借：主营业务成本   67 600

    贷：库存商品——进货费用   67 600

任务驱动 3

天街百货采用成本与可变现净值孰低法进行期末存货计价。2023 年，天街百货某商品的账面成本为 78 000 元，其可变现净值为 72 000 元。请进行计提存货跌价准备的账务处理。

【知识准备】

若由于市场发生变化或企业库存商品自身的原因，使得该商品的市价低于其账面成本，并且在可预见的未来无回升的可能，则应对该商品计提存货跌价准备，其会计分录如下。

  借：资产减值损失——存货跌价准备（账面成本－可变现净值）

    贷：存货跌价准备（账面成本－可变现净值）

将账面成本与可变现净值进行比较的具体方法有单项比较法、分类比较法和总额比较法 3 种。按会计制度的规定，我们一般采用单项比较法。商品的可变现净值的计算公式如下：

$$商品的可变现净值 = 估计售价 - 估计销售费用和相关税费$$

若库存商品在计提跌价准备后，市价上升，则应转回已计提的存货跌价准备，但转回的金额不得高于原计提的金额，其会计分录如下。

  借：存货跌价准备

    贷：资产减值损失——存货跌价准备

当计提了存货跌价准备的库存商品对外出售时，企业在按正常的销售进行取得收入和结转成本的账务处理后，还应结转对其已计提的存货跌价准备，其会计分录如下。

  借：存货跌价准备

    贷：资产减值损失——计提的库存商品跌价准备

若企业的库存商品已无使用价值和转让价值（如霉烂变质的商品、过了保质期的食品等），则应将其账面价值全部转入当期损益。

若该商品没有计提存货跌价准备，则其会计分录如下。

  借：资产减值损失——计提的库存商品跌价准备

    贷：库存商品——某商品

若该商品已经计提了存货跌价准备，则其会计分录如下。

借：资产减值损失——计提的库存商品跌价准备（账面价值-已计提的部分）
　　存货跌价准备（已计提的部分）
　　贷：库存商品——某商品（账面价值）

【任务完成】

（1）天街百货的该商品的归口管理部门应填写计提存货跌价准备申请表，详细说明对该商品计提存货跌价准备的理由，并附相关证明材料。

（2）天街百货的财务部门进行审批。

（3）天街百货的经理办公室进行审批。

（4）天街百货的财务部门计提存货跌价准备，并编制如下会计分录。

借：资产减值损失——计提的库存商品跌价准备　　　　6 000
　　贷：存货跌价准备　　　　　　　　　　　　　　　　6 000

? 想一想，练一练

假设在任务驱动3中，天街百货计提了存货跌价准备的库存商品在2024年年末的市价上升到85 000元，请进行转回已计提存货跌价准备的账务处理。

项目四 售价金额核算法的运用

学习目标

知识目标

熟悉售价金额核算法的含义、适用范围；掌握零售企业的商品购进、销售业务的流程；熟悉商品盘点的流程；熟悉零售企业商品购进、销售储存业务应设置的账户及其核算内容。

能力目标

能够完成对零售企业商品购进业务（包括正常采购、采购溢缺、进货退补价、进货退出、包装物超重或减重等），商品销售业务（包括销售收入确认、结转已销商品成本、结转已销商品进销差价等），商品储存业务（包括库存商品溢缺、商品调价、商品调拨等），鲜活商品购进、销售、储存业务的核算。

思政目标

熟悉零售业务流程，在服务消费者过程中践行文明、友善的社会主义核心价值观；熟悉采购溢缺、进货退补价业务，在服务消费者的过程中践行敬业、诚信等社会主义核心价值观；熟悉鲜活商品的购进、销售、储存业务，深刻领会其对乡村振兴战略的意义。

任务一 零售企业商品购进的核算

任务驱动 1

2023年4月20日，晋江亲亲新零售股份有限公司向厦门海西商城股份有限公司购买喜饼3 500盒。请进行相关的账务处理。

【业务单据】

业务单据包括增值税专用发票（见图4-1和图4-2）、商品验收单（见图4-3）和中国工商银行转账支票存根（见图 4-4 和图 4-5）等。

福建省增值税专用发票
发 票 联

开票代码：035362102251
开票号码：3911822300
开票日期：2023 年 4 月 20 日
校验码：71155605841958385403

机器编号：353622175356

购买方	名　　　称：晋江亲亲新零售股份有限公司 纳税人识别号：350595003569 地　址、电　话：晋江亲海路 9 号　0595-83508247 开户行及账号：中国工商银行晋江支行　350641247692237	密码区	33+*+03193<-9-2>0-390== *9>+12-1+1238>>08<613&&& 7-9300←62-65>0/-136=9000 1234>00>>2/3>>3><942%%%%

货物或应税劳务、服务名称	规格型号	单位	数量	单价	金额	税率	税额
*食品*喜饼		盒	3 500	88	308 000	13%	40 040
合　　计					¥308 000		¥10 296

价税合计（大写）	※ 叁拾肆万捌仟零肆拾元整	（小写）¥348 040

销售方	名　　　称：厦门海西商城股份有限公司 纳税人识别号：350582003137 地　址、电　话：厦门飞翔路 18 号　0592-85208128 开户行及账号：中国工商银行翔安支行　350256912347651	备注	（厦门海西商城股份有限公司 350582003137 发票专用章）

收款人：　　　　　复核：　　　　　开票人：黄积金　　　　　销售方：（章）

图 4-1　增值税专用发票 1

福建省增值税专用发票
此联不作报销、扣税凭证使用

开票代码：352257000219
开票号码：9318220343
开票日期：2023 年 4 月 20 日
校验码：71539460541859115824

机器编号：352251752368

购买方	名　　　称：晋江亲亲新零售股份有限公司 纳税人识别号：350595003569 地　址、电　话：晋江亲海路 9 号　0595-83508247 开户行及账号：中国工商银行晋江支行　350641247692237	密码区	0*3+03193<-9-2>0-30…333* 1>+12-1+38>>08<613%%+=65 3-9=←62-65>0/-136-9=36*0 515*-/.2/3>>3><942%0@-@@0

货物或应税劳务、服务名称	规格型号	单位	数量	单价	金额	税率	税额
*运输服务*运费		箱	175	5.6	980	9%	88.2
合　　计					¥980		¥88.2

价税合计（大写）	※ 壹仟零陆拾捌元贰角整	（小写）¥1 068.2

销售方	名　　　称：厦门意通物流股份有限公司 纳税人识别号：350583008946 地　址、电　话：厦门湖里区金山路　0592-89208188 开户行及账号：中国工商银行湖里支行　350256162463153	备注	（厦门意通物流股份有限公司 350583008946 发票专用章）

收款人：　　　　　复核：　　　　　开票人：杨益通　　　　　销售方：（章）

图 4-2　增值税专用发票 2

商品验收单

进货柜组：食品柜　　　　　　2023 年 4 月 20 日　　　　　　字第 20180420 号

商品类别	品名	单位	进价			售价			进销差价
			数量	单价	金额	数量	单价	金额	
食品	喜饼	盒	3 500	88.28	308 980	3 500	128	448 000	139 020
备注	购进金额 = 308 000 + 980 = 308 980（元）								

主管：　　　采购：陈敏　　　收货：江海涛　　　制单：江海涛

第二联：记账联

图 4-3　商品验收单

中国工商银行转账支票存根
BY/O2　09527108
附加信息：
出票日期 2023 年 4 月 20 日
收款人：厦门意通物流股份有限公司
金　额：1 068.2 元
用　途：运费
单位主管：文周印章　　会计：黄钦雨

图 4-4　中国工商银行转账支票存根 1

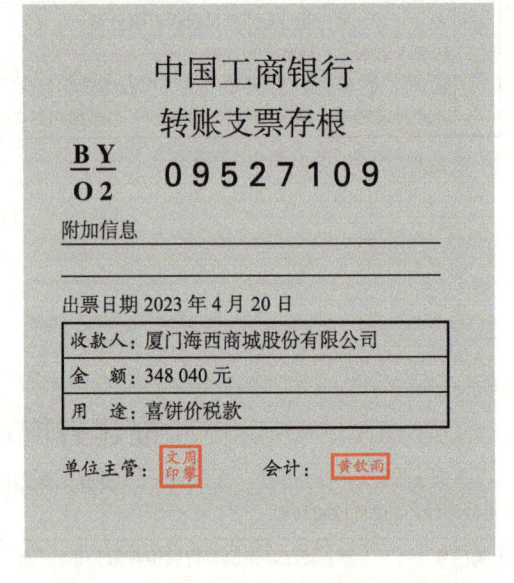

中国工商银行转账支票存根
BY/O2　09527109
附加信息：
出票日期 2023 年 4 月 20 日
收款人：厦门海西商城股份有限公司
金　额：348 040 元
用　途：喜饼价税款
单位主管：文周印章　　会计：黄钦雨

图 4-5　中国工商银行转账支票存根 2

【知识准备】

售价金额核算法是一种建立在实物负责制基础上的核算方法。采用售价金额核算法的商品流通企业的库存商品的总账和明细账都只反映库存商品的售价，而不反映其实物数量。售价金额核算法适用于零售企业。

一、账户设置

（1）设置"材料采购"账户，借方登记商品采购的实际成本（含进货费用），贷方登记已验收入库商品的实际采购成本。若期末借方有余额，则表示在途商品的实际采购成本。

该账户按销售方或商品类别设置明细账。

（2）设置"库存商品"账户，借方登记入库商品的售价金额，贷方登记出库商品的售价金额。期末借方余额反映各种库存商品的售价金额。

该账户按商品类别、实物柜组或负责人设置明细账。

（3）设置"商品进销差价"账户，借方登记已销商品应分摊的进销差价、商品损失等库存商品减少时转出的进销差价，贷方登记购进（含进货费用）、溢余、销售退回、加工收回等商品增加时产生的进销差价。期末余额一般在贷方，表示结存商品应承担的进销差价。

该账户按照商品类别、柜组或实物负责人设置明细账。

二、账务处理

（1）无论是单货同到还是单先到货后到，均应编制两笔会计分录。

① 根据增值税专用发票、结算付款凭证等单据编制记账凭证（以会计分录代替）。

借：材料采购——某供货方（含进货费用的采购成本）

　　应交税费——应交增值税（进项税额）

　贷：银行存款（或应付账款、应付票据等）

② 在所购商品验收入库后，根据收货单及有关单据编制记账凭证（以会计分录代替）。

借：库存商品——某柜组或实物负责人（售价金额）

　贷：材料采购——某供货方（含进货费用的采购成本）

　　　商品进销差价——某柜组或实物负责人

（2）货到单未到，则编制如下会计分录。

① 平时暂不入账，若月底付款结算时单据仍未到达，则估价入账，编制如下会计分录。

借：库存商品——某柜组或实物负责人（售价金额）

　贷：应付账款——暂估应付款

　　　商品进销差价——某柜组或实物负责人

② 次月初冲销（金额用红色墨水笔书写），估价入账，编制如下会计分录。

借：库存商品——某柜组或实物负责人（售价金额）

　贷：应付账款——暂估应付款

　　　商品进销差价——某柜组或实物负责人

③ 在完成冲销后，等单据到达时再进行账务处理，处理过程与单货同到一样。

【任务完成】

一、业务流程

（1）组织进货。晋江亲亲新零售股份有限公司采用售价记账、实物负责制。此次喜饼采购首先由食品柜的负责人江海涛提出进货计划，接着由采购员陈敏负责签订采购合同和组织进货。

（2）购进商品验收工作。在陈敏采购的喜饼到货后，江海涛根据发票及购销合同，核对商品编号和名称，清点商品数量，检查商品质量、单价和金额等，在验收无误后，填制一式数联的商品验收单，实物负责人留下存根联，将其余各联分送各有关部门。

（3）晋江亲亲新零售股份有限公司的财务部门根据收货单和增值税专用发票等单据办理结算，开具转账支票。

二、账务处理

（1）晋江亲亲新零售股份有限公司根据增值税专用发票、转账支票编制记账凭证（以会计分录代替）。

借：材料采购——厦门海西商城股份有限公司　　308 980
　　应交税费——应交增值税（进项税额）　　40 128.2
　　贷：银行存款　　349 108.2

（2）晋江亲亲新零售股份有限公司根据商品验收单编制记账凭证（以会计分录代替）。

借：库存商品——食品柜　　448 000
　　贷：材料采购——厦门海西商城股份有限公司　　308 980
　　　　商品进销差价——食品柜　　139 020

（3）晋江亲亲新零售股份有限公司登记库存商品明细账（见图4-6）、商品进销差价明细账（见图4-7）及其他账目。

库存商品明细账

商品类别：食品类　　　　存放地点：食品柜　　　　实物负责人：江海涛

2023年		凭证号数	摘要	收入									核对号	发出									结余								
月	日			千	百	十	万	千	百	十	元	角	分		千	百	十	万	千	百	十	元	角	分	千	百	十	万	千	百	十	元	角	分
4	18		承上页																									4	2	5	0	0	0
4	20	略	喜饼3 500				4	4	8	0	0	0	0	0														4	5	2	2	5	0	0	0

图4-6　库存商品明细账

商品进销差价明细账

商品类别：食品类

2023年		凭证号数	摘要	借方									核对号	贷方									借或贷	余额								
月	日			千	百	十	万	千	百	十	元	角	分		千	百	十	万	千	百	十	元	角	分		千	百	十	万	千	百	十	元	角	分
4	20	略	喜饼差价															1	3	9	0	2	0	0	0	贷			1	9	1	6	1	3	2	0

图4-7　商品进销差价明细账

任务驱动2

假设在任务驱动1中，晋江亲亲新零售股份有限公司向厦门海西商城股份有限公司购买的喜饼 3 500 盒，在验收入库时发现少 1 箱（20 盒）。请进行相关的账务处理。

【业务单据】

业务单据包括商品验收单、商品短缺单等。

【知识准备】

零售企业在购进商品发生溢缺时应如何进行核算？在未查明原因前，应将溢余或短缺金额转入"待处理财产损溢"账户。

（1）零售企业购进商品，在验收入库时发现商品溢余，原因待查，编制如下会计分录。

借：库存商品——某柜组或实物负责人（实收数量×单位售价）

　　贷：材料采购——某供货方（实际采购成本）

　　　　商品进销差价（实收数量×单位进销差价）

　　　　待处理财产损溢——待处理流动资产损溢（溢余数量×进价）

（2）零售企业购进商品，在验收入库时发现商品短缺，原因待查，编制如下会计分录。

借：库存商品——某柜组或实物负责人（实收数量×单位售价）

　　待处理财产损溢——待处理流动资产损溢（短缺数量×进价）

　　贷：材料采购——某供货方（实际采购成本）

　　　　商品进销差价（实收数量×单位进销差价）

零售企业在购进商品时出现商品溢缺，若是自然损耗，则应将进价从"待处理财产损溢"账户转入"商品进销差价"账户；若是其他原因造成的损耗，则其核算方法与批发企业相同，即根据不同的原因，将进价从"待处理财产损溢"账户转入各有关账户。

【任务完成】

（1）晋江亲亲新零售股份有限公司根据商品验收单、商品短缺单等编制记账凭证（以会计分录代替）。

借：库存商品——食品柜　　　　　　　　　　　　　　445 440

　　待处理财产损溢——待处理流动资产损溢　　　　　　1 760

　　贷：材料采购——厦门海西商城股份有限公司　　　　308 980

　　　　商品进销差价——食品柜　　　　　　　　　　　138 220

（2）经查，商品短缺乃厦门海西商城股份有限公司少发货所致。经协商，厦门海西商城股份有限公司于 2023 年 4 月 21 日补发商品。晋江亲亲新零售股份有限公司根据补发商品的商品验收单编制记账凭证（以会计分录代替）。

借：库存商品——食品柜　　　　　　　　　　　　　　2 560

　　贷：待处理财产损溢——待处理流动资产损溢　　　　1 760

　　　　商品进销差价——食品柜　　　　　　　　　　　800

任务驱动 3

晋江亲亲新零售股份有限公司的服装柜从石狮海天服装厂购进一批时装，不含税进价为 89 000 元，含税售价为 201 140 元，商品已到、款项已付并已入账。后来，该公司接到石狮海天服装厂的通知，称不含税进价应为 98 000 元，应补货款 9 000 元和增值税税款 1 170 元。请进行相关的账务处理。

【业务单据】

业务单据包括销货更正单、增值税专用发票等。

【知识准备】

进货退补价应如何核算？退补价业务一般不会引起售价的变动，对采用售价金额核算法的商品流通企业来说，在发生退补价业务时，只要调整"商品进销差价"账户即可。

（1）退价：根据销售方的销货更正单和红字增值税专用发票编制记账凭证（以会计分录代替）。

借：应收账款（或银行存款）
　　应交税费——应交增值税（进项税额）（金额用红色墨水笔书写）
　　贷：商品进销差价——某柜组

（2）补价：根据销售方的销货更正单和蓝字增值税专用发票编制记账凭证（以会计分录代替）。

借：商品进销差价——某柜组
　　应交税费——应交增值税（进项税额）
　　贷：应付账款（或银行存款）

【任务完成】

晋江亲亲新零售股份有限公司根据石狮海天服装厂开具的销货更正单和蓝字增值税专用发票编制记账凭证（以会计分录代替）。

借：商品进销差价——某柜组　　　　　　　　　　　　　　　9 000
　　应交税费——应交增值税（进项税额）　　　　　　　　　1 170
　　贷：银行存款　　　　　　　　　　　　　　　　　　　　10 170

任务驱动 4

2023 年 4 月 21 日，晋江亲亲新零售股份有限公司的食品柜从盼盼食品公司购进散装威化饼干 29 箱，每千克的进价为 10 元，含税售价为 19.21 元。在验收时，每个包装箱按 2 千克计，共 58 千克。在 4 月 28 日腾空后，29 个包装箱共重 61 千克，超重 3 千克，造成商品短缺。经查，其超重乃商品黏附所致。请进行相关的账务处理。

【知识准备】

包装物超重或减重应如何核算？零售企业购进带有包装的散装商品，应按扣除包装物实际重量后的净重验收入库。但某些包装物不能腾空，无法单独称重，商品净重只能暂按毛重减去包装物标准重量或估计重量后计算。在包装物腾空后，包装物的实际重量超过标准重量或估计重量，称为包装物超重；反之，称为包装物减重。

包装物超重或减重实际上是商品购进过程中发生的商品短缺或溢余。

一、包装物超重的核算

对于包装物超重，一般有3种处理方法：第一种方法是作为商品购进的自然损耗，第二种方法是作为进货退价，第三种方法是要求销售方补货。

二、包装物减重的核算

对于包装物减重，也有3种处理方法：第一种方法是作为商品购进的自然溢余，第二种方法是作为进货补价，第三种方法是购买方退货给销售方。

【任务完成】

（1）实物负责人填制包装物超重、减重报告单（见图4-8）。

包装物超重、减重报告单

2023年4月28日

接收日期		凭证字号	商品包装	包装物商品	件数	包装物重量			包装物超重或减重金额		
月	日					预计	实际	超（减）重	进价金额	售价金额	进销差价
4	21	略	纸箱	威化饼	29	58	61	3	30	57.63	27.63

验收人：江海涛　　　　　　　　　　　　　　　　　　　　　　　　　　　　　　　制表：江海涛

图4-8　包装物超重、减重报告单

（2）包装物超重乃商品黏附所致，所以应作为商品购进的自然损耗，对应的会计分录如下。

借：商品进销差价——食品柜　　　　　　　　　　57.63
　　贷：库存商品——食品柜　　　　　　　　　　　57.63

? 想一想，练一练

若任务驱动4中为包装物减重2千克，按供销合同规定：包装物减重不超过5%的，作为自然溢余处理。请进行相关的账务处理。

【知识延伸】

进货退出应如何核算？零售企业若采用售价金额核算法，则应根据相关的原始凭证，按含税售价冲减"库存商品"账户金额，同时调整"商品进销差价"账户。

（1）根据进货退出发货单或红字收货单，编制如下会计分录。

借：库存商品——某柜组或实物负责人
　　贷：材料采购——某销售方
　　　　商品进销差价——某柜组或实物负责人

提示：金额用红色墨水笔书写。

（2）根据红字增值税专用发票编制如下会计分录。

借：材料采购——销售方
　　应交税费——应交增值税（进项税额）
　　贷：应收账款——某销售方

提示：金额用红色墨水笔书写。

（3）根据银行转来的收款通知及有关凭证，编制如下会计分录。

借：银行存款
　　贷：应收账款——某销售方

任务二　零售企业商品销售的核算

任务驱动 1

2023年4月30日当天，晋江亲亲新零售股份有限公司实现含税销售收入93 260.5元。请进行相关的账务处理。

【知识准备】

一、零售企业商品销售的业务流程

（1）钱货兼管和钱货分管：钱货兼管是指营业员在销售时，一手交货，一手收款的方式；钱货分管是指营业员只管售货，另设收款员专门负责收款的方式。

（2）分散缴款和集中缴款：分散缴款是指每日终了，由各实物负责人将各柜组实收的销售款送存银行的方式；集中缴款是指每日终了，各实物负责人将各柜组实收的销售款送交企业的财务部门，由财务部门的出纳员集中送存银行的方式。

零售企业商品销售的业务流程如图4-9所示。

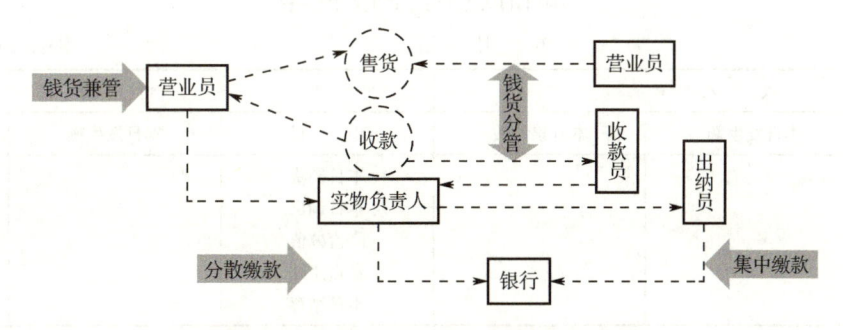

图 4-9　零售企业商品销售的业务流程

二、账务处理

（1）财务部门根据商品进销存报告单、内部缴款单、银行进账单回单等单据编制记账凭证（以会计分录代替）。

借：银行存款
　　贷：主营业务收入（按含税售价）——某柜组或实物负责人

（2）财务部门编制注销实物负责人商品库存的记账凭证（以会计分录代替）。

借：主营业务成本
　　贷：库存商品（按含税售价）——某柜组或实物负责人

（3）月末，财务部门将"主营业务收入"各明细账汇总的含税销售收入进行价税分解，并编制记账凭证（以会计分录代替）。

借：主营业务收入
　　贷：应交税费——应交增值税（销项税额）

若销项税额不记入"主营业务收入"账户，则应在销售收入发生时就进行价税分离工作。

【任务完成】

一、业务流程

晋江亲亲新零售股份有限公司实行钱货分管和分散缴款制度。

（1）各实物负责人根据2023年4月30日的销售收入等情况，填制商品进销存报告单（见图4-10）和内部缴款单（见图4-11）。

（2）各实物负责人将当日销售款送存银行，取回银行进账单收账通知，连同商品进销存报告单、内部缴款单一并送交财务部门。

（3）财务部门审核商品进销存报告单、内部缴款单、银行进账单收账通知，在确认无误后，编制晋江亲亲新零售股份有限公司销售（含税）汇总表（见图4-12）。

商品进销存报告单

缴款单位：　　　　　　　　　　　年　月　日　　　　　　　　　　编号：20180428

收入			付出		
项目	本日发生额	本月累计数	项目	本日发生额	本月累计数
上期结存			本日销货		
本日进货			本日调出		
本日调入			降价减值		
提价增值			盘点短缺		
盘点溢余			本日结存		

制表：

图 4-10　商品进销存报告单

内部缴款单

缴款单位：　　　　　　　　　　　年　月　日　　　　　　　　　　编号：11004028

款项类别	摘要	应缴款项	实缴款项	长款	短款	备注
现金						
支票						
其他票据						
合计						
人民币大写						

验收人：　　　　　　　　　　　　　　　　　　　　　　　　　　　　制表：

图 4-11　内部缴款单

晋江亲亲新零售股份有限公司销售（含税）汇总表

2023 年 4 月 30 日　　　　　　　　　　　　　　　　　　　单位：元

柜组＼项目	销售金额	现金收入	转账收入	现金溢缺	备注
食品柜	19 801		19 801		
图书柜	7 900.5		7 900.5		各柜组都将销售款存入银行，因此没有现金收入
服装柜	38 609		38 609		
家电柜	26 950		26 950		
合计	93 260.5		93 260.5		

复核：　　　　　　　　　　　　　　　　　　　　　　　　　　　　制表：

图 4-12　晋江亲亲新零售股份有限公司销售（含税）汇总表

二、账务处理

（1）晋江亲亲新零售股份有限公司的会计根据销售（含税）汇总表及其附件、银行进账单收账通知等原始凭证编制记账凭证（以会计分录代替）。

借：银行存款　　　　　　　　　　　　　　　　　93 260.5
　　贷：主营业务收入——食品柜　　　　　　　　19 801
　　　　　　　　　　——图书柜　　　　　　　　7 900.5

	——服装柜	38 609
	——家电柜	26 950

（2）晋江亲亲新零售股份有限公司的会计编制注销实物负责人商品库存的记账凭证（以会计分录代替）。

借：主营业务成本　　　　　　　　　　　　93 260.5
　　贷：库存商品——食品柜　　　　　　　　19 801
　　　　　　　　——图书柜　　　　　　　　7 900.5
　　　　　　　　——服装柜　　　　　　　　38 609
　　　　　　　　——家电柜　　　　　　　　26 950

（3）晋江亲亲新零售股份有限公司的会计于2023年4月30日将本月"主营业务收入"各明细账汇总的含税销售收入进行价税分解，并编制记账凭证（以会计分录代替）。

借：主营业务收入——食品柜　　　　　　　2 277.99
　　　　　　　　——图书柜　　　　　　　　652.33
　　　　　　　　——服装柜　　　　　　　　4 441.74
　　　　　　　　——家电柜　　　　　　　　3 100.44
　　贷：应交税费——应交增值税（销项税额）　10 472.5

附原始凭证：晋江亲亲新零售股份有限公司2023年4月的含税销售收入分解计算表如图4-13所示。

晋江亲亲新零售股份有限公司含税销售收入分解计算表

2023年4月30日　　　　　　　　　　　　　　　　　　　　单位：元

柜组	含税销售收入	增值税税率	不含税销售收入	销项税额
食品柜	19 801	13%	17 523.01	2 277.99
图书柜	7 900.5	9%	7 248.17	652.33
服装柜	38 609	13%	34 167.26	4 441.74
家电柜	26 950	13%	23 849.56	3 100.44
合计	93 260.5		82 788	10 472.5

复核：　　　　　　　　　　　　　　　　　　　　　　　　制表：

图4-13　晋江亲亲新零售股份有限公司含税销售收入分解计算表

任务驱动 2

2023年4月30日，晋江亲民百货的财务部门计算并结转当月已销商品的进销差价。

【业务单据】

（1）2023年4月的库存商品明细账（4月30日的账已登记完毕）如图4-14~图4-17所示。

库存商品明细账

商品类别：食品类　　　存放地点：食品柜　　　实物负责人：江海涛

2023年		凭证号数	摘要	收入									核对号	发出									结存								
月	日			千	百	十	万	千	百	十	元	角	分		千	百	十	万	千	百	十	元	角	分	千	百	十	万	千	百	十	元	角	分
4	18		承前页																									4	2	5	0	0	0
4	30		销售成本															1	9	8	0	1	0	0				1	3	3	1	2	7	1	4

图 4-14　库存商品明细账 1

库存商品明细账

商品类别：图书类　　　存放地点：图书柜　　　实物负责人：曲歌

2023年		凭证号数	摘要	收入									核对号	发出									结存								
月	日			千	百	十	万	千	百	十	元	角	分		千	百	十	万	千	百	十	元	角	分	千	百	十	万	千	百	十	元	角	分
4	1		承前页																									9	8	3	6	9	0	0
4	30		销售成本																7	9	0	0	5	0				1	2	8	5	2	9	7	2

图 4-15　库存商品明细账 2

库存商品明细账

商品类别：服装类　　　存放地点：服装柜　　　实物负责人：林全英

2023年		凭证号数	摘要	收入									核对号	发出									结存								
月	日			千	百	十	万	千	百	十	元	角	分		千	百	十	万	千	百	十	元	角	分	千	百	十	万	千	百	十	元	角	分
4	5		承前页																									1	7	4	2	9	0	0
4	30		销售成本															3	8	6	0	9	0	0				2	2	9	5	7	3	0	0

图 4-16　库存商品明细账 3

库存商品明细账

商品类别：家电类　　　存放地点：家电柜　　　实物负责人：李华君

2023年		凭证号数	摘要	收入									核对号	发出									结存								
月	日			千	百	十	万	千	百	十	元	角	分		千	百	十	万	千	百	十	元	角	分	千	百	十	万	千	百	十	元	角	分
4	25		承前页																									6	1	2	0	0	0	0
4	30		销售成本																2	6	9	5	0	0	0				4	3	9	5	0	0	0

图 4-17　库存商品明细账 4

（2）2023 年 4 月的商品进销差价明细账（账页余额为调整前余额）如图 4-18～图 4-21 所示。

商品进销差价明细账

商品类别：食品类

2023年		凭证号数	摘要	借方									核对号	贷方									借或贷	余额								
月	日			千	百	十	万	千	百	十	元	角	分		千	百	十	万	千	百	十	元	角	分		千	百	十	万	千	百	十	元	角	分
4	28	略	调味品差价															1	2	0	5	0	0	0	贷			3	1	0	4	0	3	6	0

图 4-18　商品进销差价明细账 1

商品进销差价明细账

商品类别：图书类

2023年		凭证号数	摘要	借方									核对号	贷方									借或贷	余额								
月	日			千	百	十	万	千	百	十	元	角	分		千	百	十	万	千	百	十	元	角	分		千	百	十	万	千	百	十	元	角	分
4	22	略	漫画书差价																3	1	2	5	0	0	贷				1	1	7	3	2	2	3	8

图 4-19　商品进销差价明细账 2

商品进销差价明细账

商品类别：服装类

2023年		凭证号数	摘要	借方									核对号	贷方									借或贷	余额								
月	日			千	百	十	万	千	百	十	元	角	分		千	百	十	万	千	百	十	元	角	分		千	百	十	万	千	百	十	元	角	分
4	29	略	男夏装差价																9	4	7	8	5	6	贷				5	5	4	7	8	9	3	4

图 4-20　商品进销差价明细账 3

商品进销差价明细账

商品类别：家电类

2023年		凭证号数	摘要	借方									核对号	贷方									借或贷	余额								
月	日			千	百	十	万	千	百	十	元	角	分		千	百	十	万	千	百	十	元	角	分		千	百	十	万	千	百	十	元	角	分
4	27	略	空调差价																5	4	3	3	2	0	0	贷				3	6	4	4	2	3	0	5

图 4-21　商品进销差价明细账 4

（3）2023 年 4 月的主营业务收入明细账如图 4-22 所示。

主营业务收入

2023年		记账凭证		摘要	贷方金额									核对号	食品类		图书类		服装类		家电类	
月	日	种类	号码		百	十	万	千	百	十	元	角	分									
4	30			本月合计	2	8	5	1	1	2	7	9	4	√	642 881	86	206 677	08	1 091 354	00	910 215	00
4	30	记	略	价税分解		3	2	1	2	9	3	9	4	√	73 959	86	17 065	08	125 554	00	104 715	00

图 4-22　主营业务收入明细账

其中,"本月合计"只对本月含税销售收入进行合计,以便在月末一次性对当月含税销售收入进行价税分解和差价率的计算。

【知识准备】

商品流转按售价核算,"主营业务成本"账户的借方发生额为已销商品的售价,月末需要用一定的方法,计算并结转当月已销商品的进销差价,使主营业务成本真正反映当月已销商品的进价。

已销商品进销差价的计算方法主要有综合差价率计算法、分类或柜组差价率计算法和盘存差价计算法。

一、综合差价率计算法

综合差价率计算法的计算公式如下:

$$综合差价率 = \frac{月末调整前"商品进销差价"账户的余额}{"库存商品"账户的月末余额 + 本月主营业务含税销售收入}$$

$$本月已销商品的进销差价 = 本月主营业务含税销售收入 \times 综合差价率$$

综合差价率计算法简便易行,但准确性较差。因为各类商品的实际进销差价率不一样,企业各类商品销售收入占总销售收入的比例会使已销商品按综合差价率计算出的进销差价数额与实际发生的进销差价数额存在差距。

二、分类或柜组差价率计算法

采用分类或柜组差价率计算法,需要分别求出一定时期各实物负责人(分商品大类或柜组)所经营的商品的差价率,据以分别计算各实物负责人(分商品大类或柜组)一定时期已销商品的进销差价,并汇总得出企业一定时期全部已销商品的进销差价。

采用分类或柜组差价率计算法,"库存商品"账户、"商品进销差价"账户、"主营业务收入"账户、"主营业务成本"账户必须按各实物负责人(分商品大类或柜组)设置明细账。

三、盘存差价计算法

盘存差价计算法也称实际进销差价计算法,是按期末库存商品盘点数,逐一计算其进销差价,进而逆算出已销商品的进销差价的方法。具体的计算公式如下:

$$库存商品的期末总进价 = \sum 各种库存商品的期末盘存数 \times 各种库存商品的进价$$

$$库存商品的期末总售价 = \sum 各种库存商品的期末盘存数 \times 各种库存商品的售价$$

$$期末库存商品应摊销的进销差价 = 库存商品的期末总售价 - 库存商品的期末总进价$$

$$已销商品的进销差价 = 商品进销差价的期初贷方余额 +$$
$$商品进销差价的本期贷方发生额 -$$
$$期末库存商品应摊销的进销差价$$

【任务完成】

一、业务流程

(1) 晋江亲民百货采用分类或柜组差价率计算法。2023年4月末,会计将"库存商品"各明细账的期末余额、"商品进销差价"各明细账的调整前余额、"主营业务收入"各明细账的本期贷方发生额的合计金额填写在已销商品进销差价计算表的相关栏目中,如图4-23所示。

晋江亲民百货已销商品进销差价计算表

2023年4月30日 单位:元

实物负责人	商品进销差价的调整前余额	主营业务收入的贷方发生额	库存商品的余额	分类差价率	商品进销差价	
					已销商品	库存商品
①	②	③	④	⑤=②/(③+④)	⑥=③×⑤	⑦=②-⑥
食品柜	310 403.6	642 881.86	133 127.14			
图书柜	117 322.38	206 677.08	128 529.72			
服装柜	554 789.34	1 091 354	229 573			
家电柜	364 423.05	910 215	439 500			
合计	1 346 938.37	2 851 127.94	930 729.86			

制表:

图4-23 晋江亲民百货已销商品进销差价计算表1

(2) 会计根据图4-23中的计算公式,计算并填写分类差价率、已销商品的进销差价金额和库存商品的进销差价金额,结果如图4-24所示。

二、账务处理

(1) 晋江亲民百货的财务部门编制分摊本月已销商品进销差价的记账凭证(以会计分录代替)。

借:商品进销差价——食品柜　　　　　　　　257 152.74
　　　　　　　　——图书柜　　　　　　　　 72 336.98
　　　　　　　　——服装柜　　　　　　　　458 368.68
　　　　　　　　——家电柜　　　　　　　　245 758.05
　贷:主营业务成本——食品柜　　　　　　　　257 152.74
　　　　　　　　——图书柜　　　　　　　　 72 336.98
　　　　　　　　——服装柜　　　　　　　　458 368.68
　　　　　　　　——家电柜　　　　　　　　245 758.05

(2) 晋江亲民百货的财务部门登记商品进销差价明细账和主营业务成本明细账。

晋江亲民百货已销商品进销差价计算表

2023 年 4 月 30 日　　　　　　　　　　　　　　　　　　　　　单位：元

实物负责人	商品进销差价的调整前余额	主营业务收入的贷方发生额	库存商品的余额	分类差价率	商品进销差价 已销商品	商品进销差价 库存商品
①	②	③	④	⑤=②/(③+④)	⑥=③×⑤	⑦=②-⑥
食品柜	310 403.6	642 881.86	133 127.14	40%	257 152.74	53 250.86
图书柜	117 322.38	206 677.08	128 529.72	35%	72 336.98	44 985.4
服装柜	554 789.34	1 091 354	229 573	42%	458 368.68	96 420.66
家电柜	364 423.05	910 215	439 500	27%	245 758.05	118 665
合计	1 346 938.37	2 851 127.94	930 729.86		1 033 616.45	313 321.92

制表：

图 4-24　晋江亲民百货已销商品进销差价计算表 2

【后续任务】

晋江亲民百货平时采用分类或柜组差价率计算法，所以计算出的进销差价与实际情况会有一定的出入。为了确保年终决算准确无误，晋江亲民百货的财务制度规定 12 月必须采用盘存差价计算法。请采用盘存差价计算法计算并结转该公司 2023 年 12 月的已销商品进销差价。

【任务完成】

一、业务流程

（1）晋江亲民百货将 2023 年 12 月"库存商品进销差价"各明细账的期初余额、本月贷方发生额分别填写在 2023 年 12 月晋江亲民百货已销商品进销差价计算表（见图 4-25）的第 2 列、第 3 列中。

晋江亲民百货已销商品进销差价计算表

2023 年 12 月 31 日　　　　　　　　　　　　　　　　　　　　　单位：元

柜组	月初库存商品已分摊的进销差价	本月增加商品的进销差价	本月已销商品应分摊的进销差价	月末库存商品应分摊的进销差价
①	②	③	④=②+③-⑤	⑤
食品柜	67 240.54	297 256.94		
图书柜	32 643	95 336.92		
服装柜	125 453	544 569.78		
家电柜	89 850	284 220.15		
合计	315 186.54	1 221 383.79		

制表：

图 4-25　晋江亲民百货已销商品进销差价计算表 3

（2）晋江亲民百货的各实物负责人月末盘点，填写盘存表（见图4-26～图4-29），并计算出各柜组月末库存商品的实际进销差价，填写在2023年12月晋江亲民百货已销商品进销差价计算表（见图4-30）的第5列中。

晋江亲民百货食品柜月末盘存表

2023年12月31日　　　　　　　　　　　　　　　　　　　　　　单位：元

编号	品名	单位	盘存数量	进价金额		售价金额		进销差价
				单价	金额	单价	金额	
S101	喜饼	盒	60	98	5 880	168	10 080	4 200
……								
合计					145 290.9		218 891.5	73 600.6

实物负责人：李星　　　　　　　　　　　　　　　　　　　　　　　　　制表：李星

图4-26　晋江亲民百货食品柜月末盘存表

晋江亲民百货图书柜月末盘存表

2023年12月31日　　　　　　　　　　　　　　　　　　　　　　单位：元

编号	品名	单位	盘存数量	进价金额		售价金额		进销差价
				单价	金额	单价	金额	
T101	三国演义	套	15	88	1 320	129	1 935	615
……								
合计					95 728		132 956	37 228

实物负责人：曲歌　　　　　　　　　　　　　　　　　　　　　　　　　制表：曲歌

图4-27　晋江亲民百货图书柜月末盘存表

晋江亲民百货服装柜月末盘存表

2023年12月31日　　　　　　　　　　　　　　　　　　　　　　单位：元

编号	品名	单位	盘存数量	进价金额		售价金额		进销差价
				单价	金额	单价	金额	
F101	劲霸夹克	件	25	158	3 950	298	7 450	3 500
……								
合计					268 349		451 256	182 907

实物负责人：林全英　　　　　　　　　　　　　　　　　　　　　　　　制表：林全英

图4-28　晋江亲民百货服装柜月末盘存表

晋江亲民百货家电柜月末盘存表

2023 年 12 月 31 日　　　　　　　　　　　　　　　　　　　　　　　　　　　　单位：元

编号	品名	单位	盘存数量	不含税进价金额		含税售价金额		进销差价
				单价	金额	单价	金额	
D101	康佳电视	台	8	2 580	20 640	3 580	28 640	8 000
……								
合计					409 860		569 250	159 390

实物负责人：李华君　　　　　　　　　　　　　　　　　　　　　　　　　　　　　　　　制表：李华君

图 4-29　晋江亲民百货家电柜月末盘存表

晋江亲民百货已销商品进销差价计算表

2023 年 12 月 31 日　　　　　　　　　　　　　　　　　　　　　　　　　　　　单位：元

柜组	月初库存商品已分摊的进销差价	本月增加商品的进销差价	本月已销商品应分摊的进销差价	月末库存商品应分摊的进销差价
①	②	③	④ = ② + ③ − ⑤	⑤
食品柜	67 240.54	297 256.94		73 600.6
图书柜	32 643	95 336.92		37 228
服装柜	125 453	544 569.78		182 907
家电柜	89 850	284 220.15		159 390
合计	315 186.54	1 221 383.79		453 125.6

制表：

图 4-30　晋江亲民百货已销商品进销差价计算表 1

注：在图 4-30 中，栏目②、③的金额均来自"商品进销差价"各明细账，栏目⑤的金额分别来自图 4-26 ~ 图 4-29 的进销差价合计栏。

（3）根据图 4-30 中的计算公式"④ = ② + ③ − ⑤"，计算本月已销商品应分摊的进销差价，并填写在晋江亲民百货已销商品进销差价计算表（见图 4-31）的第 4 列中。

晋江亲民百货已销商品进销差价计算表

2023 年 12 月 31 日　　　　　　　　　　　　　　　　　　　　　　　　　　　　单位：元

柜组	月初库存商品已分摊的进销差价	本月增加商品的进销差价	本月已销商品应分摊的进销差价	月末库存商品应分摊的进销差价
①	②	③	④ = ② + ③ − ⑤	⑤
食品柜	67 240.54	297 256.94	290 896.88	73 600.6
图书柜	32 643	95 336.92	90 751.92	37 228
服装柜	125 453	544 569.78	487 115.78	182 907
家电柜	89 850	284 220.15	214 680.15	159 390
合计	315 186.54	1 221 383.79	1 083 444.73	453 125.6

制表：

图 4-31　晋江亲民百货已销商品进销差价计算表 2

二、账务处理

（1）晋江亲民百货编制分摊本月已销商品进销差价的记账凭证（以会计分录代替）。

借：商品进销差价——食品柜　　　　　　　　　　290 896.88
　　　　　　　　——图书柜　　　　　　　　　　 90 751.92
　　　　　　　　——服装柜　　　　　　　　　　487 115.78
　　　　　　　　——家电柜　　　　　　　　　　214 680.15
　　贷：主营业务成本——食品柜　　　　　　　　290 896.88
　　　　　　　　　　——图书柜　　　　　　　　 90 751.92
　　　　　　　　　　——服装柜　　　　　　　　487 115.78
　　　　　　　　　　——家电柜　　　　　　　　214 680.15

（2）晋江亲民百货登记商品进销差价明细账和主营业务成本明细账。

任务三　零售企业商品储存的核算

任务驱动 1

晋江亲民百货的食品柜于 2023 年 6 月末进行半年度盘点，发现实际库存金额小于账面结存金额 683 元。食品柜月末分类差价率为 32%，库存商品适用的增值税税率为 13%。请进行相关的账务处理。

【知识准备】

一、商品盘点

（1）对库存商品进行实地盘点（如点数、过磅计量等）。

（2）实物负责人将盘点出的实存数量填写在商品盘存单（见图 4-32）中，并按商品的品名、规格、零售单价计算出各种商品实存数的售价总额。

（3）计算出实物负责人所经营商品的售价总金额，并与"库存商品"账户的余额进行核对，以便了解和控制商品的实存数量，确保账实相符。

二、溢缺核算

（1）设置"待处理财产损溢——待处理流动资产损溢"账户进行核算。

（2）溢缺核算的账务处理如表 4-1 所示。

晋江亲民百货的商品盘存单

柜组：食品柜　　　　　　　　　　　　2023 年 6 月 30 日　　　　　　　　　　　　单位：元

商品编号	品名、规格	单位	库存数量	实存售价金额 单价	实存售价金额 金额	库存商品账面余额	溢余（售价）	短缺（售价）
①	②	③	④	⑤	⑥	⑦	⑧	⑨
S103	散装白糖	千克	560	12	6 720	7 025		305
S112	散装大米	千克	1 985	6	11 910	12 120		210
S125	散装面粉	千克	1 509	7	10 563	10 731		168
合计					29 193	29 876		683
处理意见	白糖、大米、面粉减重是 7 月的高温导致的，按自然损耗处理。							

　　　　　　　　　　　　　　　　　　　　　　　　　　　　　　　　　　　周宏胜（经理）

实物负责人：李星　　　　　　　　　　　　　　　　　　　　　　　　　　　　　　制单：李星

图 4-32　晋江亲民百货的商品盘存单

表 4-1　溢缺核算的账务处理

类别	批准前	批准后
盘盈	借：库存商品——某商品 　贷：待处理财产损溢——待处理流动资产损溢 　　　商品进销差价	借：待处理财产损溢——待处理流动资产损溢 　贷：管理费用
盘亏	借：待处理财产损溢——待处理流动资产损溢 　　商品进销差价 　贷：库存商品——某商品 　　　应交税费——应交增值税（进项税额转出）	借：管理费用（正常、自然损耗） 　　其他应收款——责任人或保险公司赔偿 　　营业外支出（非常损失） 　贷：待处理财产损溢——待处理流动资产损溢

表 4-1 中的非常损失不包括自然灾害造成的损失。若是自然灾害造成的损失，则盘亏库存商品，进项税额不用转出。应转出的进项税额的计算公式如下：

$$应转出的进项税额=（盘亏的库存商品-相应的进销差价）\times 增值税税率$$

【任务完成】

（1）晋江亲民百货根据商品盘存单编制批准前的记账凭证（以会计分录代替）。

借：待处理财产损溢——待处理流动资产损溢　　　524.82
　　商品进销差价　　　　　　　　　　　　　　　218.56
　　贷：库存商品　　　　　　　　　　　　　　　　　683
　　　　应交税费——应交增值税（进项税额转出）　60.38

（2）晋江亲民百货根据处理意见编制批准后的记账凭证（以会计分录代替）。

借：管理费用　　　　　　　　　　　　　　　　　524.82
　　贷：待处理财产损溢——待处理流动资产损溢　　524.82

任务驱动 2

2023 年 8 月 5 日，晋江亲民百货的管理层根据物价政策，做出将绿豆含税售价从每斤 10 元调整为每斤 8 元的调价决策。请进行相关的账务处理。

【知识准备】

一、调价程序

（1）企业管理层根据有关物价政策、市场信息做出调价决策。

（2）仓库部门在接到物价部门的通知后临时进行局部盘点。

（3）物价部门根据盘点结果调整金额，填制一式数联的调价商品差价调整单，并交给有关部门。

（4）销售部门在接到调价商品差价调整单后推行新售价，财务部门在接到调价商品差价调整单后进行相关的账务处理。

二、账务处理

（1）调增，编制如下会计分录。

借：库存商品——某柜组
　　贷：商品进销差价——某柜组

（2）调减，编制如下会计分录。

借：商品进销差价——某柜组
　　贷：库存商品——某柜组

【任务完成】

一、业务流程

（1）仓库部门根据物价部门的通知盘点绿豆，实存 523 斤。

（2）物价部门填制晋江亲民百货调价商品差价调整单（见图 4-33）。

晋江亲民百货调价商品差价调整单

实物所在柜组：食品柜　　　2023 年 8 月 5 日　　　调价起始日：8 月 1 日　　　单位：元

商品编号	品名	单位	盘存数量	原售价		新售价		库存商品	
				单价	金额	单价	金额	增加金额	减少金额
S126	绿豆	斤	523	10	5 230	8	4 184		1 046
调价理由	中华人民共和国国家发展和改革委员会要求各地稳定农产品价格，企业主动让利给消费者								
负责人：张涛								制单：陈顺荣	

图 4-33　晋江亲民百货调价商品差价调整单

二、账务处理

（1）会计根据物价部门传来的晋江亲民百货调价商品差价调整单编制记账凭证（以会计分录代替）。

借：商品进销差价——食品柜　　　　　　　　　　　　　　1 046
　　贷：库存商品——食品柜　　　　　　　　　　　　　　　1 046

（2）财务部门根据审核无误的记账凭证登记相关明细账。

任务驱动 3

2023 年 9 月 8 日，晋江亲民百货单独成立了一个生态食品柜，决定将食品柜中的 18 只土鸡拨给生态食品柜经营。请进行相关的账务处理。

【任务完成】

（1）商品内部调拨是企业中不独立核算的营业组、门市部之间调剂余缺而进行的商品调拨。调出部门应填写一式数联的商品内部调拨单（见图 4-34），并将其作为办理商品交接及转账的依据。

商品内部调拨单

收货单位柜组：食品柜
发货单位柜组：生态食品柜　　　　2023 年 9 月 8 日　　　　　　　　　　　单位：元

商品编号	品名	单位	数量	进价		售价		进销差价	备注
				单价	金额	单价	金额		
S139	土鸡	斤	29	45	1 305	88	2 552	1 247	
合计									

制单：陈代鑫

图 4-34　商品内部调拨单

（2）财务部门根据商品内部调拨单编制记账凭证（以会计分录代替）。

借：库存商品——生态食品柜　　　　　　　　　　　　　　2 552
　　商品进销差价——食品柜　　　　　　　　　　　　　　1 247
　　贷：库存商品——食品柜　　　　　　　　　　　　　　　2 552
　　　　商品进销差价——生态食品柜　　　　　　　　　　　1 247

任务四　鲜活商品的核算

任务驱动 1

2023年6月30日，晋江亲民百货的生态食品柜肉食组的月初库存农家原生态猪肉为2 500元，本月向农户购进930 000元的原生态猪肉，款项全部转账付讫，当月原生态猪肉的含税销售收入总额为1 418 715元，月末盘存原生态猪肉为1 500元。请进行相关的账务处理。

【知识准备】

原生态猪肉属于鲜活商品，宜采用进价金额核算法（相关知识详见项目二）。

【任务完成】

（1）晋江亲民百货本月向农户采购原生态猪肉，按进价编制记账凭证（以会计分录代替）。

借：材料采购——某农户（930 000×90%）　　　　837 000
　　应交税费——应交增值税（进项税额）　　　　 93 000
　　贷：银行存款　　　　　　　　　　　　　　　930 000

（2）晋江亲民百货将原生态猪肉验收入库，根据入库单按进价编制记账凭证（以会计分录代替）。

借：库存商品——生态食品柜　　　　　　　　　837 000
　　贷：材料采购——某农户　　　　　　　　　　837 000

（3）晋江亲民百货本月销售原生态猪肉，按售价编制记账凭证（以会计分录代替）。

借：银行存款　　　　　　　　　　　　　　　1 418 715
　　贷：主营业务收入　　　　　　　　　　　　1255 500
　　　　应交税费——应交增值税（销项税额）　 163 215

（4）晋江亲民百货月末一次计算和结转商品销售的进价成本。

本月已销商品的成本 = 2 500 + 837 000 - 1 500（月末盘点实存数）= 838 000（元）

借：主营业务成本　　　　　　　　　　　　　　838 000
　　贷：库存商品——生态食品柜　　　　　　　　838 000

（5）在采用进价金额核算法的同时辅以售价控制。

① 购进原生态猪肉，先由业务部门进行总验收，再填制商品内部调拨单，按售价拨给生态食品柜，由实物负责人直接验收。

② 每日营业终了，生态食品柜的实物负责人盘点存货，填制鲜活商品核算日报表（见

图 4-35），计算本日应收销售款金额，并将本日应收销售款金额与本日实收销售款金额进行核对，若有不符，则应及时查明原因。对溢余或短缺金额不进行账务处理，只作为分析、研究时的参考。本日应收销售款金额的计算公式如下：

$$本日应收销售款金额=（昨日存货数量+本日进货数量-本日盘存数量）\times 销货零售单价$$

鲜活商品核算日报表

填报单位：　　　　　　　　　　　　　年　月　日　　　　　　　　　　　字第　　号

品名、规格	摘要	昨日存货		本日进货		本日盘存		本日应收销售款			备注
		数量	单价	数量	单价	数量	单价	数量	单价	金额	
合计											
销售记录	本日应销		本日实销		本日溢余		本日损耗		本日成本		本日毛利

制表：

图 4-35　鲜活商品核算日报表

❓ 想一想，练一练

在对鲜活商品采用进价金额核算法时，为什么要辅以售价控制？为什么对每日盘存中发现的溢余或短缺金额只分析原因，不进行账务处理？

🎯 任务驱动 2

2023 年 9 月 30 日，泰山百货的食品柜从仓库中拨出统货柑橘 500 千克，进价为每千克 6 元，总价为 3 000 元，由挑选整理部门进行挑选整理。请进行相关的账务处理。

【知识准备】

（1）对鲜活商品进行挑选整理，应作为内部移库进行处理。

（2）在挑选整理鲜活商品的过程中，因清除杂质、水分蒸发而导致商品数量减少，减少部分属于正常损耗，不必进行账务处理。挑选整理不改变被挑选整理商品的总金额，但应相应调整被挑选整理商品的数量、规格、等级及单价。

（3）对于挑选整理过程中发生的费用，应在"销售费用——挑选整理费"账户中列支。

【任务完成】

（1）在挑选整理 500 千克统货柑橘后形成 480 千克的二级柑橘，泰山百货进行相关的账务处理并计算二级柑橘的单价。

借：库存商品——二级柑橘　　　　　　　　　　　　　　　3 000
　　贷：库存商品——统货柑橘　　　　　　　　　　　　　　3 000

二级柑橘的单价 =3 000/480=6.25（元 / 千克）

（2）泰山百货以现金支付挑选整理过程中发生的各项费用 480 元，进行如下账务处理。

借：销售费用——挑选整理费　　　　　　　　　　　　　　　480
　　贷：库存现金　　　　　　　　　　　　　　　　　　　　480

任务驱动 3

2023 年 10 月 9 日，泰山百货的食品柜从仓库中拨出统货苹果 1 000 千克，每千克的不含税进价为 5.94 元，进货总值为 5 940 元。挑选整理部门在进行挑选整理后，选出一等品 200 千克、二等品 600 千克、三等品 180 千克，清除杂质和损耗 20 千克。苹果的含税单位售价：一等品为 15 元，二等品为 10 元，三等品为 5 元。请进行相关的账务处理。

【知识准备】

由某一等级商品或统货变为几个等级的，一般以每一新等级商品的含税售价为分配标准，分配每一新等级应分摊的进货总值。计算公式如下：

每一新等级商品的含税售价总额 = 每一新等级商品的含税单位售价 ×
挑选出的每一新等级商品的数量

每一新等级商品应分摊的进货总值 = 每一新等级商品的含税售价总额 ×

$$\frac{挑选整理前的商品进货总值}{\sum 每一新等级商品的含税售价总额}$$

此外，还可以以每一新等级商品的市场进价为分配标准，分配每一新等级商品应分摊的进货总值。计算公式如下：

每一新等级商品的市场进价总额 = 每一新等级商品的市场单位进价 ×
挑选出的每一新等级商品的数量

每一新等级商品应分摊的进货总值 = 每一新等级商品的市场进价总额 ×

$$\frac{挑选整理前的商品进货总值}{\sum 每一新等级商品的市场进价总额}$$

【任务完成】

（1）泰山百货计算新等级苹果的含税售价总额。

一等品苹果的含税售价总额 =15×200=3 000（元）

二等品苹果的含税售价总额 =10×600=6 000（元）

三等品苹果的含税售价总额 =5×180=900（元）

∑每一新等级苹果的含税售价总额 =3 000+6 000+900=9 900（元）

（2）泰山百货计算每一新等级苹果应分摊的进货总值。

一等品苹果应分摊的进货总值 =3 000×（5 940/9 900）=1 800（元）

二等品苹果应分摊的进货总值 =6 000×（5 940/9 900）=3 600（元）

三等品苹果应分摊的进货总值 =900×（5 940/9 900）=540（元）

（3）泰山百货计算每一新等级苹果的单位进价。

一等品苹果的单位进价 =1 800/200=9（元／千克）

二等品苹果的单位进价 =3 600/600=6（元／千克）

三等品苹果的单位进价 =540/180=3（元／千克）

（4）泰山百货编制会计分录。

借：库存商品——一等品苹果　　　　　　　　　　1 800
　　　　　　　　二等品苹果　　　　　　　　　　3 600
　　　　　　　　三等品苹果　　　　　　　　　　　540
　　贷：库存商品——统货苹果　　　　　　　　　　　　　5 940

项目五 超市的核算与管理

学习目标

知识目标

熟悉超市的含义，理解超市的经营特征，熟悉单品进价核算制的含义，掌握单品进价核算制的内容；熟悉自营经营、专柜经营、柜位出租经营的含义，理解自营经营、专柜经营的核算特点，以及柜位出租经营的特点；熟悉超市促销活动的主要形式。

能力目标

能够完成自营经营业务（包括购进、委托加工、销售等）、专柜经营业务（包括平销返利、扣点结算等）、柜位出租业务、超市促销活动（包括打折销售、满减活动、回赠现金、买赠活动、返券活动、有奖销售、低价换购、会员积分等）的账务处理。

思政目标

熟悉超市特别是中国超市的发展历史，自觉融入以国内大循环为主体、国内国际双循环相互促进的新发展格局；熟练掌握单品进价核算制，了解单品核进价算制崛起的技术背景，主动拥抱"互联网+"，不断提高自身技能和服务水平。

任务一 单品进价核算制

问题导入

在单品进价核算制下，企业可以采用传统的手工记账方式吗？超市采用单品进价核算制有何现实意义？

【知识准备】

一、超市的含义

超市的全称是超级市场，也叫自选商店，是指实行敞开式售货，由消费者自我服务并在出口处集中一次性付款的零售业态。

超市最早产生于1930年的美国，20世纪五六十年代在世界范围内得到较快发展，并于20世纪90年代初进入我国。1990年年底，在东莞虎门镇出现了我国第一家连锁超市——美佳超级市场。经过30多年的发展，目前超市已成为我国商业零售的主力业态，是我国加快构建以国内大循环为主体、国内国际双循环相互促进的新发展格局的主要参与者和重要力量。

二、超市的经营特征

（1）商品种类多、规格全、价格实惠，实行开架经营，让消费者自由选购，在出口处一次性集中付款。

（2）利用计算机和信息技术进行管理，工作人员较少（无人超市已经出现），降低了成本，但管理更加精准、高效。

（3）促销活动迭出，经营方式多样化，更容易刺激消费者的购买欲望，从而促进商品销售，强化商业零售的功能。

三、商品流通的单品进价核算制

会计与计算机、互联网技术的深度融合，以及超市对管理精细化、高效化的要求，使得超市的会计核算更多地采用单品进价核算制。

（一）单品进价核算制的含义

单品进价核算制是以商品的单品为核算对象，反映商品的购进、销售、储存的数量、进价和其他价值指标等多种信息的商品核算方法。

（二）单品进价核算制的内容

（1）对超市所经营的全部库存商品实行"一品一号"的管理方法，按单品设置总账和明细账，统一按进价金额记账。

（2）库存商品明细账按永续盘存制组织核算，以实物数量和进价金额逐笔反映每个单品的购进、销售、储存，这样可以随时查询每个单品的历史资料，掌握最新和精准的购进、销售、储存动态，不仅能对单品实施控制，还能对大类商品进行数量和金额的管理。

（3）按每个单品的实际销售收入、销项税额进行销售核算，可以对每个单品单独计算实际销售毛利。

四、超市的信息管理系统与会计电算化管理系统

超市基本都建立了信息管理系统（见图5-1）和会计电算化管理系统，而单品管理模

块（见图 5-2）是会计电算化管理系统的一个重要组成部分。

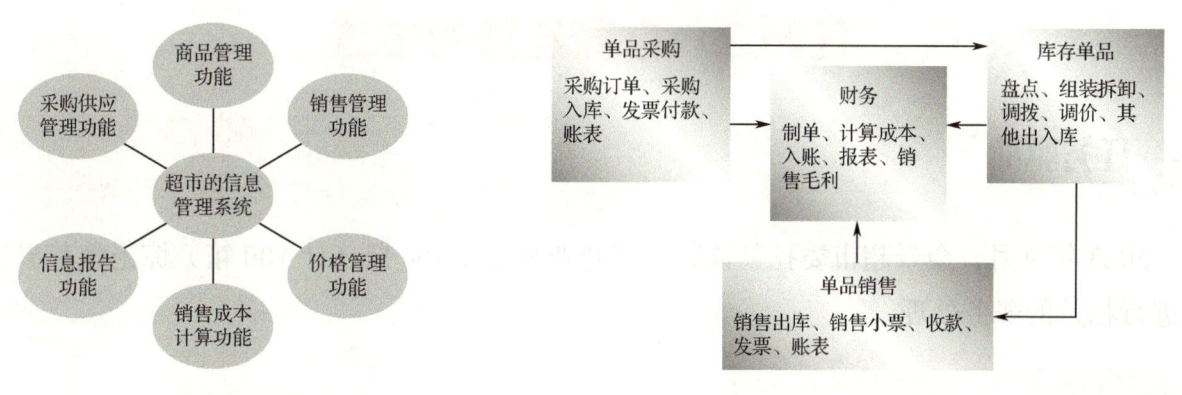

图 5-1 超市的信息管理系统

图 5-2 超市的会计电算化管理系统的单品管理模块

超市信息管理系统自动收集的购进、销售、储存的各种数据资料，可以通过计算机网络系统各接口被自动链接到账务处理模块。账务处理模块可随时进行会计核算，随时反映每个单品的购进、销售、储存情况，以及每个单品的销售收入、销售成本、销售毛利及税金等各种信息。

计算机及信息技术的运用让超市以单品进价核算制代替售价金额核算法成为现实，消除了售价金额核算法的弊端，堵住了商品管理上的漏洞，能更精准地反映超市的财务状况和经营成果。

【问题解答】

单品进价核算制必须依赖计算机、网络技术，要求企业实行会计电算化，因此在单品进价核算制下，企业无法采用传统的手工记账方式。

超市采用单品进价核算制有很大的现实意义。

（1）单品进价核算制与计算机、网络技术高度融合，实现了对单品事前预估、事中控制、事后核算的全过程管理，能够防止人为操控成本，有利于遏制购进、销售业务体外循环现象，保证了会计核算的真实性、可靠性，以及成本计算的及时性、准确性。

（2）超市的竞争激烈，频繁地进行调价，采用单品进价核算制，不需要进行账务处理即可对单品的售价进行变价，省去了商品变价的财务核实过程，能有效地应对市场变化。

（3）单品进价核算制做到了管理规范化、精细化、实时化，有利于经营者及时了解各单品的营销情况，及时调整各单品的营销策略，提高各单品的营销效益，从而提升超市的整体效益。

总而言之，单品进价核算制是超市实施精细化管理的必由之路，是超市面对同行业竞争的必备能力。

任务二　自营经营的核算

任务驱动

2023年9月，金景超市委托某饮料生产企业加工1 200瓶（计100箱）惊艳牌苹果汁。请进行相关的账务处理。

【知识准备】

一、自营经营的含义

自营经营是指超市向供应商买断商品所有权，自行经营、自负盈亏的一种经营模式。自营经营的商品一般是具有核心竞争力的商品，所以自营经营收入是超市营业收入的主要来源之一。

自营经营让超市经营更加自主、更具活力，在一定程度上摆脱了供应商的约束，直面消费者的需求，从而更具市场竞争力。以自营经营为主的超市一般都会创建自有品牌，如大润发超市创建了自有品牌大拇指，大拇指品牌的商品主要是低价的日化用品，品项近2 000种，价格比领导品牌的商品低6成；永辉超市推出自有品牌永辉优选，旗下又涵盖永辉农场、田趣、优颂、馋大狮等多个子品牌。

二、自营经营的核算特点

1. 采用单品进价核算制进行核算

自营经营的管理需求，以及会计与计算机、互联网技术的深度融合，使得超市自营经营的核算一般都采用单品进价核算制，从而实现对库存商品的精细化管理。

2. 随时逐类结转商品的销售成本

超市的信息管理系统具备强大的盘点功能，可以随时进行不停业的盘点，因此可以随时逐类结转商品的销售成本。

3. 需要加强储存和待售环节的管理与核算

由于超市采用开架售货、消费者自选的经营方式，容易出现商品破损、残缺甚至丢失现象，因此超市应加强商品在储存和待售环节的管理与核算，以便保护商品的安全，提高会计核算资料的可靠性。

三、自营经营的具体核算

（一）直接购进的核算

直接购进是指超市在自营经营模式下，在购进商品时，直接向供应商买断商品所有权并由超市承担商品经营风险的采购行为。

直接购进的核算要点如下。

（1）通过条码扫描器扫描直接购进商品的条码，购进商品的信息会被自动录入超市的信息管理系统中，超市的信息管理系统会自动生成商品入库单，提供购进商品的货号、数量、单价、金额、税金及供应商等详细信息。财务部门不必按品种设库存商品明细账。

（2）财务部门在"库存商品"总账下设置"库存自营商品"明细账，并按柜组或门市部进行会计核算。

（3）设置"应付账款"账户核算货款。超市在购进自营经营的商品时，一般情况下，会在合同或协议中规定，供应商先提供商品，超市在售后或定期结算货款。

（二）委托加工的核算

委托加工是指超市提供原料或主要材料，委托生产企业加工超市自主品牌或有一定特色的商品，并向其支付加工费的经营活动。

委托加工核算的要点如下。

（1）计算委托加工商品的成本，包括加工过程中所耗用商品或材料的实际成本、加工费用、往返运费及税金（不含增值税）等。

（2）进行委托加工业务的账务处理。

① 发出商品委托加工的账务处理如表 5-1 所示。

表 5-1　发出商品委托加工的账务处理

按进价核算	按售价核算
借：委托加工商品——受托加工单位 　　贷：库存商品——某商品	借：委托加工商品——受托加工单位 　　商品进销差价 　　贷：库存商品——某商品

② 支付往返运费及加工费用的账务处理如下。

借：委托加工商品——受托加工单位
　　应交税费——应交增值税（进项税额）
　　贷：银行存款（或应付账款）

③ 支付消费税的账务处理如表 5-2 所示。

表 5-2　支付消费税的账务处理

收回后直接用于销售的	收回后还要继续加工的
借：委托加工商品——受托加工单位 　　贷：应付账款（银行存款）	借：应交税费——应交消费税 　　贷：应付账款（银行存款）

④ 加工收回商品的账务处理如表 5-3 所示。

委托加工商品的成本的计算公式如下：

委托加工商品的成本＝拨付加工商品的进价＋往返运杂费＋加工费＋应计入成本税金

表 5-3 加工收回商品的账务处理

按进价核算	按售价核算
借：库存商品——某商品 　　贷：委托加工商品——受托单位	借：库存商品——某商品 　　贷：委托加工商品——受托单位 　　　　商品进销差价

（三）商品销售的核算

超市与一般零售企业在商品销售的核算方面大同小异，但在管理上有着自己的特点。

（1）消费者带着选中的商品到收款台，收银员用条码扫描器读取商品信息，计算出应收金额并显示在 POS（Point of Sale，销售终端）机屏幕上，消费者付款。收银员将 POS 机打印出的小票交给消费者。消费者若需要发票，则可凭小票到服务台开具发票。

（2）在收银员收款后，POS 系统会自动减少具体商品的储存数量和金额。收银员在交班前利用 POS 系统打印出当班销货汇总清单，汇总出本班的销售款、销项税额、已销商品进价成本等信息。

（3）财务部门根据销货汇总清单确认当班销售，并进行相关的账务处理，包括确认主营业务收入和结转主营业务成本。财务部门一般会在"主营业务收入"总账下设置"自营经营收入"二级账，并按柜组或门市部进行明细核算，以考核自营经营业务的经营成果及各柜组或门市部的经营业绩。

【任务完成】

（1）金景超市于 2023 年 9 月 1 日向某饮料厂发出待加工苹果 360 千克，根据委托加工商品发货单（见图 5-3）编制记账凭证（以会计分录代替）。

　　借：委托加工商品——某饮料厂　　　　　　　　　　　　2 160
　　　　贷：库存商品——苹果　　　　　　　　　　　　　　　　2 160

（2）金景超市于 2023 年 9 月 29 日支付三联运输公司苹果及果汁的运费 600 元（运费适用的增值税税率为 9%），根据三联运输公司开具的增值税专用发票的发票联、有关银行结算凭证编制记账凭证（以会计分录代替）。

　　借：委托加工商品——某饮料厂　　　　　　　　　　　　600
　　　　应交税费——应交增值税（进项税额）　　　　　　　　54
　　　　贷：银行存款　　　　　　　　　　　　　　　　　　　654

委托加工商品发货单

受托单位：某饮料厂　　　　　　　　　　　　　　　　　　　　　　　　　　　　第　　号
合同编号：委加 20230901 号　　　　　2023 年 9 月 3 日　　　　　　　　　单位：元

编号	品名、规格	计量单位	应发数量	实发数量	单价	实发金额
S139	苹果	千克	360	360	6	2 160
加工项目		果汁		回收日期		2023 年 9 月 29 日

发货人：蔡越　　　　　　　　　　　　　　　　　　　　　　　　　　　　　制表：蔡越

图 5-3 委托加工商品发货单

（3）金景超市于2023年9月29日转账支付某饮料厂加工费1 200元、增值税156元，根据某饮料厂开具的增值税专用发票的发票联及有关结算凭证编制记账凭证（以会计分录代替）。

借：委托加工商品——某饮料厂　　　　　　　　　　1 200
　　应交税费——应交增值税（进项税额）　　　　　　156
　　　贷：银行存款　　　　　　　　　　　　　　　　1 356

（4）金景超市于2023年9月29日委托某饮料厂加工的1 200瓶惊艳牌苹果汁全部回收入库，根据委托加工商品入库单（见图5-4）等相关原始凭证计算加工后的实际成本，并编制记账凭证（以会计分录代替）。

借：库存商品——苹果汁　　　　　　　　　　　　　3 960
　　　贷：委托加工商品——某饮料厂　　　　　　　　3 960

委托加工商品入库单

验收单位：第1仓库　　　　　　　　　　　　　　　　　　　　　　　　第　　号
合同编号：委加20230901号　　　　2023年9月29日　　　　　　　　单位：元

编号	品名、规格	计量单位	应收数量	实收数量	单位成本	加工商品总成本				
						总额	原料	加工费	运费	税费
S236	苹果汁	瓶	1 200	1 200	3.3	3 960	2 160	1 200	600	0

验收人：蔡越　　　　　　　　　　　　　　　　　　　　　　　　　　制表：蔡越

图5-4　委托加工商品入库单

任务三　专柜经营的核算

任务驱动

厦门金海超市的化妆品专柜采用扣点结算模式，2023年8月发生下列业务。

（1）8月1日，冲销上月暂估入账的四季牌化妆品3 500元。

（2）8月2日，A供应商发来第五季牌化妆品，规定的含税售价为28 250元，扣点为20%。

（3）8月15日，将滞销的3 500元四季牌化妆品撤出化妆品专柜。

（4）8月30日，本月已销售的第五季牌化妆品的含税售价为22 600元，有关销售款已存入银行。

（5）A供应商按扣点后的金额开具增值税专用发票，并将发票联和抵扣联送达厦门金海超市。

（6）结转本月已销第五季牌化妆品的成本。

（7）转账支付 A 供应商本月已销第五季牌化妆品的价税款。

（8）将本月尚未销售但同意继续销售的第五季牌化妆品按扣除扣点后的价税款暂估入账。

请以厦门金海超市会计的身份完成上述业务的账务处理。

【知识准备】

一、专柜经营的含义

专柜经营是指超市提供专门的场地、柜位给手工作坊或特色商品经营者经营其商品，并按营业额的一定比例收取回报的经营模式。专柜经营的流程如图 5-5 所示。

签订合同 → 专柜销售 → 结算销售款 → 收付返点款

图 5-5 专柜经营的流程

二、专柜经营的意义

（1）专柜经营可以减少资金占用，规避经营风险。采用专柜经营模式，超市只提供场地、柜位，不采购商品，这样可以减少流动资金的占用，规避购货后存在的滞销、损毁、过期等风险。

（2）专柜经营可以保证超市的营业额和毛利额。超市一般会要求专柜经营者在一定时期内完成一定的销售收入，并按合同的规定向其收取固定比例的回报。

（3）专柜经营引进了特色商品和特别的消费体验，可以满足消费者的多重需求，丰富超市的经营模式，推动具有超市特色的商业文化不断发展。

三、专柜经营的核算特点

（1）货款结算时间：一般在商品销售之后。

（2）销售销售收入的范围：只有与商品销售挂钩的各种收入才属于专柜经营商品的销售收入。

（3）确认销售收入的时间：对于已销商品，不论货款是否结算，都应确认销售收入并进行纳税申报。

四、专柜经营的模式及比较

专柜经营的模式多种多样，但主要有平销返利和扣点结算两种模式。

1. 平销返利

平销返利是指供应商以超市的商品经销价或略高于商品经销价的价格将商品供应给超市，超市以进货成本或略低于进货成本的价格进行销售，供应商以返还利润的方式弥补超市的进销差价损失的模式。一般而言，返利比例与销售量挂钩，销售量越大，返利比例越高。

2. 扣点结算

扣点结算是指超市根据一定时期商品的实际销售量和销售收入来确定对商品的购进，供应商按实际销售收入扣除一定点数后的金额开具销售发票给超市进行结算的模式。超市有权要求供应商将无法销售或滞销的商品撤出超市。

3. 平销返利与扣点结算的比较

平销返利与扣点结算既有相同点，又有不同点，二者的比较如表 5-4 所示。

表 5-4　平销返利与扣点结算的比较

模式	平销返利	扣点结算
相同点	（1）货款结算都是在商品销售之后。 （2）向供应商收取的利益与商品的销售挂钩	
不同点	（1）对外销售价格等于或低于采购价格。 （2）在销售之外，供应商另行补偿超市一定的资金、实物或投资。 （3）对供应商提供的补偿应单独进行账务处理，并调整进项税额	（1）对外销售价格高于采购价格。 （2）在结算购进货款时，直接在营业款项中扣除。 （3）对供应商提供的补偿无须单独进行账务处理，不存在调整增值税的问题

五、专柜经营的账务处理

1. 平销返利模式的账务处理

（1）购进商品，货款待销售完成后结算，对应的账务处理如下。

借：库存商品（按规定的售价计算）

　　应交税费——应交增值税（进项税额）

　　贷：应付账款——某供应商

（2）销售商品，取得收入，对应的账务处理如下。

借：银行存款

　　贷：主营业务收入（按规定的售价计算）

　　　　应交税费——应交增值税（销项税额）

（3）结转销售成本，对应的账务处理如下。

借：主营业务成本（按规定的售价计算）

　　贷：库存商品

（4）结算货款，对应的账务处理如下。

借：应付账款——某供应商

　　贷：银行存款

（5）收到返利。

① 供应商以现金返利，对应的账务处理如下。

借：银行存款

　　贷：主营业务成本

　　　　应交税费——应交增值税（进项税额转出）

注：收到现金返利，不开具增值税专用发票，但应冲减当期进项税额。

② 供应商以商品或投资返利，对应的账务处理如下。

借：库存商品（长期股权投资或短期投资）

　　应交税费——应交增值税（进项税额）

　贷：主营业务成本

　　　应交税费——应交增值税（进项税额转出）

注：供应商以实物返利，应开具两份增值税专用发票，一份是红字增值税专用发票，相当于之前售出商品的折让发票；另一份是蓝字增值税专用发票，为返利商品视同销售的发票。

2. 扣点结算模式的账务处理

（1）月内专柜购进商品，在完成销售后才做购进处理，对应的账务处理如下。

借：库存商品——某专柜

　　应交税费——应交增值税（进项税额）

　贷：应付账款——某供应商

注：库存商品的金额＝规定的售价×（1－扣点）。

（2）销售商品，取得收入，对应的账务处理如下。

借：银行存款

　贷：主营业务收入——某专柜的经营收入

　　　应交税费——应交增值税（销项税额）

（3）结转销售成本，对应的账务处理如下。

借：主营业务成本——某专柜的经营成本

　贷：库存商品——某专柜

（4）结算货款，对应的账务处理如下。

借：应付账款——某供应商

　贷：银行存款

（5）月末，超市对已进货、尚未销售但同意继续销售的商品暂估入账，对应的账务处理如下。

借：库存商品——某专柜

　贷：应付账款——暂估应付账款

注：对于不同意继续销售的商品，超市撤柜退货，不需要进行账务处理。

（6）下月初，用红字冲销暂估入账的会计分录。

【任务完成】

厦门金海超市的会计对上述业务做如下账务处理。

（1）冲销上月暂估入账的四季牌化妆品 3 500 元，对应的账务处理如下。

借：库存商品——化妆品专柜　　　　　　　　　　　　　　3 500
　　贷：应付账款——暂估应付账款　　　　　　　　　　　　　　3 500

（2）A供应商发来第五季牌化妆品，规定的含税售价为28 250元，由于尚未销售，暂不入账。

（3）将滞销的3 500元四季牌化妆品撤出化妆品专柜，无须进行账务处理。

（4）本月已销售的第五季牌化妆品的含税售价为22 600元，有关销售款已存入银行，对应的账务处理如下。

借：银行存款　　　　　　　　　　　　　　　　　　　　　22 600
　　贷：主营业务收入——化妆品专柜的经营收入　　　　　　　20 000
　　　　应交税费——应交增值税（销项税额）　　　　　　　　 2 600

（5）A供应商按扣点后的金额开具增值税专用发票并将发票联和抵扣联送达厦门金海超市，对应的账务处理如下。

借：库存商品——化妆品专柜　　　　　　　　　　　　　　16 000
　　应交税费——应交增值税（进项税额）　　　　　　　　　 2 080
　　贷：应付账款——A供应商　　　　　　　　　　　　　　　18 080

注：商品不含税进价=不含税销售收入×（1-20%）。

（6）结转本月已销第五季牌化妆品的成本，对应的账务处理如下。

借：主营业务成本——化妆品专柜的经营成本　　　　　　　16 000
　　贷：库存商品——化妆品专柜　　　　　　　　　　　　　　16 000

（7）转账给A供应商，支付本月已销第五季牌化妆品的价税款，对应的账务处理如下。

借：应付账款——A供应商　　　　　　　　　　　　　　　　18 080
　　贷：银行存款　　　　　　　　　　　　　　　　　　　　　18 080

（8）将本月尚未销售但同意继续销售的第五季牌化妆品按扣点后的价税款暂估入账，对应的账务处理如下。

借：库存商品——化妆品专柜　　　　　　　　　　　　　　 4 520
　　贷：应付账款——暂估应付账款　　　　　　　　　　　　　 4 520

注：未销第五季牌化妆品的含税售价=28 250-22 600=5 650（元）；未销第五季牌化妆品扣点后的价税款=5 650×（1-20%）=4 520（元）。

【课后任务】

厦门金海超市的男装专柜采用平销返利模式，2023年9月发生下列业务。

（1）月初，B供应商发来一批男装，规定的含税售价为45 200元。

（2）月末汇总显示：本月销售该批男装的含税售价为33 900元，价税款已存入银行。

（3）结转本月男装销售成本。

（4）转账支付B供应商本月的男装销售款。

（5）收到 B 供应商汇来的现金返利 6 102 元。

请以厦门金海超市会计的身份完成上述业务的账务处理。

任务四　柜位出租经营的核算

任务驱动

金景超市将场内部分柜位出租给商户，2023 年 12 月发生下列业务。
（1）月初收到商户交来的柜位月租（含税）38 150 元。（税率为 9%）
（2）月末收到商户交来的物业管理费（含税）3 090 元。（税率为 3%）
（3）月末对出租柜位计提本月应计提折旧 9 800 元。
（4）转账支付为商户提供服务发生的相关费用 3 560 元，取得增值税普通发票。

请以金景超市会计的身份完成上述业务的账务处理。

【知识准备】

一、柜位出租经营的含义

柜位出租经营是指超市将卖场内外的部分柜位出租给其他商户，并向商户收取一定租赁费用的经营模式。柜位出租经营的流程如图 5-6 所示。

签订合同 → 提供柜位 → 提供管理与服务 → 结算租金和管理费

图 5-6　柜位出租经营的流程

二、柜位出租经营的特点

（1）超市只提供柜位，不与承租方发生商品交易。
（2）超市定期向承租方收取固定租金，不承担承租方的任何经营风险。
（3）承租方必须取得营业执照，以合法的身份开展经营活动。
（4）承租方经营的品类不与超市现有的经营品类形成竞争关系，要有自己的特色，与超市现有的经营品类形成互补关系。

三、柜位出租经营的账务处理

（1）取得柜位出租收入，对应的账务处理如下。
借：银行存款
　　贷：其他业务收入——柜位出租收入
　　　　应交税费——应交增值税（销项税额）

(2) 为商户提供物业管理，取得收入，对应的账务处理如下。

借：银行存款
    贷：其他业务收入——物业管理收入
        应交税费——应交增值税（销项税额）

(3) 对出租柜位的设备和设施计提折旧，对应的账务处理如下。

借：其他业务成本
    贷：累计折旧

(4) 为商户提供服务而发生各项费用，对应的账务处理如下。

借：管理费用
    贷：库存现金（或相关账户）

此外，出租柜位还涉及代收代缴水电费等业务。

【任务完成】

金景超市的会计对上述业务做如下账务处理。

(1) 月初收到商户交来的柜位月租（含税）38 150元，对应的账务处理如下。

借：银行存款　　　　　　　　　　　　　　　　　　　38 150
    贷：其他业务收入——柜位出租收入　　　　　　　　35 000
        应交税费——应交增值税（销项税额）　　　　　3 150

(2) 月末收到商户交来的物业管理费（含税）3 090元，对应的账务处理如下。

借：银行存款　　　　　　　　　　　　　　　　　　　3 090
    贷：其他业务收入——物业管理收入　　　　　　　　3 000
        应交税费——应交增值税（销项税额）　　　　　90

(3) 月末对出租柜位计提本月应计提折旧9 800元，对应的账务处理如下。

借：其他业务成本　　　　　　　　　　　　　　　　　9 800
    贷：累计折旧　　　　　　　　　　　　　　　　　　9 800

(4) 转账支付为商户提供服务发生的相关费用3 560元，取得增值税普通发票，对应的账务处理如下。

借：管理费用　　　　　　　　　　　　　　　　　　　3 560
    贷：银行存款　　　　　　　　　　　　　　　　　　3 560

任务五　超市促销活动的核算

任务驱动

金景超市于2023年元旦开展返券活动：消费者于元旦当天在金景超市每购100元的

商品，便可获赠 10 元的购物券，但购物券必须在 1 月 10 日之前消费完毕，过期作废。

2023 年元旦当天，金景超市共送出购物券 9 800 元。截至 2023 年 1 月 10 日，购物券使用了 9 379 元，作废 421 元。

请以金景超市会计的身份对上述业务进行账务处理。

【知识准备】

从 2010 年至今，我国的超市迎来了一个飞速发展又竞争激烈的黄金时期。在这一时期，消费者的购买力大增，但消费者对商品及服务的质量有了更高的要求。在这一时期，超市的数量快速增加，但大部分市场被头部企业占据。各超市为了生存或发展，更重视营销策略和营销技巧，营销形式或方法更是层出不穷。

一、购物卡

（一）购物卡的含义及作用

购物卡是超市对消费者或特定客户发放的具有一定面值的储蓄卡，卡里面存储有卡的属性、类别、金额、有效期限等信息，在超市的信息管理系统建立好档案资料后，可在消费时使用。

销售购物卡相当于超市预收了销售款，有利于超市回笼资金；使用购物卡对提高消费者的黏性和提高消费者对超市的信赖度有积极作用。为了促进购物卡的销售，很多超市会给予一定的折扣。例如，金景超市规定，消费者购买面值在千元以上的购物卡，可享受 9.5 折的折扣。

（二）购物卡业务的账务处理

（1）超市销售购物卡的账务处理如下。

借：银行存款
　　贷：预收账款——购物卡款

提醒：若有折扣，则应将折扣金额记入"销售费用"账户。

（2）消费者使用购物卡消费的账务处理如下。

借：预收账款——购物卡款
　　贷：主营业务收入
　　　　应交税费——应交增值税（销项税额）

二、超市向供应商收取费用的核算

超市为了提高市场占有率，往往把商品的售价压得比同行低，或者经常更换超市的装潢，或者投放大量的宣传广告。为了弥补费用支出和利润损失，超市会向供应商收取一定的费用，如进场费、上架费、管理费等，其中最常见的是进场费。

超市收到供应商的进场费可视同超市向供应商提供服务而获得的收入，属于主营业务收入之外的收入，应当通过"其他业务收入——进场费收入"账户进行核算，并按规定缴纳增值税。

三、超市促销活动的主要形式及其账务处理

超市为了吸引更多的消费者、销售更多的商品，经常开展各种形式的促销活动，这些促销活动的主要形式如图 5-7 所示。

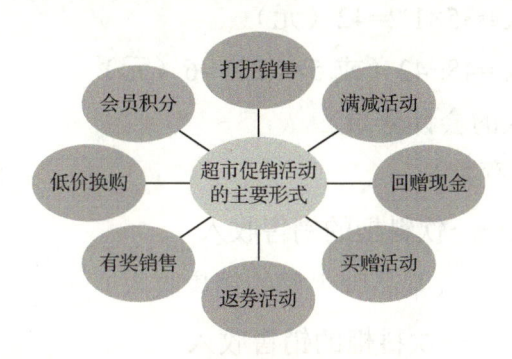

图 5-7　超市促销活动的主要形式

（一）打折销售及其账务处理

打折销售就是将商品以标价为基础，按一定的比例降价出售。例如，一个滑板的标价为 250 元，若以 8 折出售，则实际售价为 200 元。

打折销售是一种传统的商业促销活动。超市的会计在进行会计核算时，应当按实际成交价确认商品的销售收入，对折扣金额不做任何账务处理。

（二）满减活动及其账务处理

满减活动是超市经常采用的一种促销活动，当消费者在超市的消费金额达到某个限额时，超市就给予其一定的折扣，如消费满 98 元减 10 元等。这种促销活动属于商业折扣，其账务处理和打折销售的账务处理相同。

（三）回赠现金及其账务处理

回赠现金是指超市在消费者的消费金额达到某个限额时，直接回赠现金给消费者的行为，如消费满 200 元回赠现金 30 元等。需要注意的是，回赠的现金一般不在收款处支付，而是由消费者凭销售小票到服务台领取的。回赠的现金一般不会在销售发票上注明，所以不能冲减销售收入，而是记入"销售费用"账户。同时，由于税务部门对回赠的现金难以确认其真实性，因此所形成的销售费用一般不得在企业所得税前扣除。

（四）买赠活动及其账务处理

买赠活动是指超市向购买某种促销商品的消费者赠送某种实物的促销活动。

买赠活动中的赠品可以分成 3 种情况。

第一种，赠品本身就是超市销售的商品。超市的会计在进行账务处理时，应对促销商品和赠品按适当的方法分摊收入，并相应结转成本。

例如，一箱（20 瓶）牛奶的含税售价是 54.24 元，另赠送 4 瓶果汁。超市同品牌牛奶的每瓶不含税进价为 1.75 元，同品牌果汁的每瓶不含税进价为 1.25 元。

（1）以商品的进价为标准分摊牛奶和果汁的不含税销售收入。

不含税销售收入总额 =54.24/（1+13%）=48（元）

销项税额 =54.24－48=6.24（元）

分配标准总额 =20×1.75+4×1.25=35+5=40（元）

不含税销售收入分摊率 =48/40=1.2

牛奶应分摊的销售收入 =35×1.2=42（元）

果汁应分摊的销售收入 =48-42（或 5×1.2）=6（元）

（2）编制确认销售收入的会计分录。

借：库存现金（或银行存款）　　　　　　　　　　　54.24
　　贷：主营业务收入——饮料柜的销售收入
　　　　　　（某品牌牛奶的销售收入）　　　　　　42
　　　　——饮料柜的销售收入
　　　　　　（某品牌果汁的销售收入）　　　　　　6
　　　　应交税费——应交增值税（销项税额）　　　6.24

（3）编制结转牛奶和果汁销售成本的会计分录。

借：主营业务成本——饮料柜的销售成本
　　　　　　（某品牌牛奶的销售成本）　　　　　　35
　　　　——饮料柜的销售成本
　　　　　　（某品牌果汁的销售成本）　　　　　　5
　　贷：库存商品——某品牌牛奶　　　　　　　　　35
　　　　——某品牌果汁　　　　　　　　　　　　　5

第二种，赠品是超市的非卖品。赠品是超市专项采购用来赠送给消费者的，应以赠品的进价成本加销项税额记入"销售费用"账户。

例如，消费者在元旦当天购买商品，超市赠送其一幅精美年画（非卖品）。该年画的每幅不含税进价为 4 元，同类年画的市场不含税售价为 6 元。在元旦当天，超市总共送出年画 328 幅。

328 幅年画的成本 =4×328=1 312（元）

328 幅年画的销项税额 =6×328×13%=255.84（元）

编制元旦赠送年画的会计分录：

借：销售费用　　　　　　　　　　　　　　　　　1 567.84
　　贷：库存商品——年画　　　　　　　　　　　　1 312
　　　　应交税费——应交增值税（销项税额）　　　255.84

第三种，赠品是厂家提供的，如消费者购买电视机，厂家赠送的支架。因不符合存货确认条件，所以超市在会计上无须进行处理，但要将赠品信息登记在备查账上，并加强对赠品的保管，办理好出入库手续。

（五）返券活动及其账务处理

返券活动是指超市在消费者购买了一定金额或数额的商品后，向其赠送购物券（或称抵金券）的促销活动。

（1）在发放购物券时，超市的会计应编制如下会计分录（若消费者弃用购物券，则编制相反的会计分录）。

借：销售费用
　　贷：预计负债——发放购物券

（2）在消费者使用购物券购买商品时，超市的会计应编制如下会计分录。

借：预计负债——发放购物券
　　贷：主营业务收入
　　　　应交税费——应交增值税（销项税额）

（六）有奖销售及其账务处理

有奖销售是指超市在消费者购买了一定金额或数额的商品后，安排其凭购物凭证抽奖，从而激发其在超市扩大消费、提升超市知名度的促销活动。

这种促销活动有3种情形。

第一种是抽赠品，其账务处理与买赠活动基本相同。

第二种是抽购物券，其账务处理与返券活动基本相同。

第三种是抽现金，其账务处理与回赠现金基本相同。

（七）低价换购及其账务处理

低价换购是指超市规定消费者在购买了一定金额或数额的商品后，可用较低廉的价格购买超市指定的某种商品的促销活动。

这种促销活动，在账务处理上和正常销售没有差异，对于消费者常规购买的商品和低价换购的商品，均按售价确认收入，按进价结转销售成本。

（八）会员积分及其账务处理

会员积分是超市常用的促销活动。当会员在超市消费时，超市会按消费额度给予其一定的会员积分，会员可以使用会员积分充抵现金在超市消费，也可以使用会员积分换购商品，或者能够以比普通消费者更低的价格购买到同样质量的商品。

具体如何使用会员积分，各超市的规定不尽相同。

对于会员积分业务，超市的会计应进行如下账务处理。

（1）超市在会员购物付款时送会员积分，账务处理如下。

借：库存现金（或银行存款）（收到会员购物款）
　　贷：主营业务收入（总价款——会员积分的价值）
　　　　递延收益——会员积分（所送会员积分折算的价值）
　　　　应交税费——应交增值税（销项税额）

例如，某位办理了会员卡的会员在万佳超市购买了售价为 11 300 元（含税，增值税税率为 13%）的高档冰箱一台，获得会员积分 100 分（万佳超市规定：1 会员积分价值人民币 1 元）。

万佳超市的会计应进行如下账务处理。

① 计算：

不含税售价 =11 300/（1+13%）=10 000（元）

销项税额 =11 300-1 0000=1 300（元）

递延收益（会员积分的价值）=100×1=100（元）

主营业务收入 =10 000-100=9 900（元）

② 编制会计分录：

借：库存现金（若会员转账付款，则为"银行存款"）　　　11 300
　　贷：主营业务收入　　　　　　　　　　　　　　　　　9 900
　　　　递延收益——会员积分收益　　　　　　　　　　　　100
　　　　应交税费——应交增值税（销项税额）　　　　　　1 300

（2）会员使用积分进行消费，对应的账务处理如下。

借：库存现金（或银行存款）（收到会员购物款）
　　递延收益（使用会员积分折算的价值）
　　贷：主营业务收入（不含税价款）
　　　　应交税费——应交增值税（销项税额）

例如，某会员在积分兑换期内，在万佳超市购买了一瓶售价为 3 390 元（含税，增值税税率为 13%）的进口化妆品，要求以会员卡上的 1 000 积分抵付价款（万佳超市规定：1 会员积分价值人民币 1 元），并以现金补付差价。

万佳超市的会计应进行如下账务处理。

① 计算：

不含税售价 =3 390/（1+13%）=3 000（元）

销项税额 =3 390-3 000=390（元）

递延收益（会员积分的价值）=1 000×1=1 000（元）

② 编制会计分录：

借：库存现金　　　　　　　　　　　　　　　　　　　　2 390
　　递延收益　　　　　　　　　　　　　　　　　　　　1 000
　　贷：主营业务收入　　　　　　　　　　　　　　　　　3 000
　　　　应交税费——应交增值税（销项税额）　　　　　　　390

（3）会员在规定期限内未使用会员积分，会员积分失效，对应的账务处理如下。

借：递延收益（失效会员积分折算的价值）
　　贷：营业外收入

例如，2023 年，万佳超市有 11 位会员未在规定期限内使用其会员积分，累计失效会员积分为 23 500 分。

万佳超市的会计应进行如下账务处理。

① 计算：

失效会员积分的价值 =23 500×1=23 500（元）

② 编制会计分录：

借：递延收益　　　　　　　　　　　　　　　　　　　23 500

　　贷：营业外收入　　　　　　　　　　　　　　　　　23 500

【任务完成】

金景超市的会计对上述业务做如下账务处理。

（1）2023 年元旦当天，送出购物券 9 800 元，对应的账务处理如下。

借：销售费用　　　　　　　　　　　　　　　　　　　9 800

　　贷：预计负债——发放购物券　　　　　　　　　　　9 800

（2）截至 2023 年 1 月 10 日，购物券使用了 9 379 元，对应的账务处理如下。

借：预计负债——发放购物券　　　　　　　　　　　　9 379

　　贷：主营业务收入　　　　　　　　　　　　　　　　8 300

　　　　应交税费——应交增值税（销项税额）　　　　　1 079

（3）截至 2023 年 1 月 10 日，购物券作废了 421 元，对应的账务处理如下。

借：预计负债——发放购物券　　　　　　　　　　　　421

　　贷：销售费用　　　　　　　　　　　　　　　　　　421

项目六 连锁经营的核算与管理

学习目标

知识目标

熟悉连锁经营的含义、基本特征及形式；理解连锁经营的本质；熟悉直营连锁、特许连锁、自愿连锁的含义及特征；掌握"总部—门店"模式、"总部—区域总部—门店"模式、特许连锁模式、自愿连锁模式下会计核算的要求及账务处理方法。

能力目标

能够熟练完成"总部—门店"模式、"总部—区域总部—门店"模式下经济业务的账务处理；能够熟练完成特许连锁模式下，总部与门店经济业务的账务处理。

思政目标

熟悉连锁经营的历史及连锁经营在我国的发展史，领会中国改革开放的意义；熟悉连锁经营的含义、基本特征及形式等知识点，领会商业共同体、人类命运共同体的意义。

任务一 连锁经营概述

问题导入

连锁经营的本质是什么？连的是什么？连锁企业的构成及其职能有哪些？

【知识准备】

一、连锁经营的含义

连锁经营是指经营同类商品或服务的若干企业，以一定的纽带和形式组成一个联合体，在整体规划下进行专业化分工，并在分工和商圈保护的基础上实施集中化管理，把独立的经营活动组合成整体的规模经营，从而实现规模效益的经营模式。

二、连锁经营的基本特征

1. 组织形式的联合化和一体化

连锁经营把分散的经营主体联合起来，进行一体化经营，形成规模效应，对生产者和消费者形成更强大的吸引力，从而促进产销一体化、批零一体化，提高流通领域的组织化程度。

2. 管理的标准化和专业化

管理的标准化和专业化是连锁经营的基本保证。连锁企业总部必然对其所管理的经营主体统一商品质量标准和销售价格、统一商品采购和物流配送、统一门店设计和广告宣传、统一服务流程和服务标准。标准化的结果必然是专业化，连锁企业的配送中心，各门店，以及采购、营销、人力资源管理等职能部门都要学习、遵循和实践各自的专业标准，减少经验因素的影响，提高专业化水平。

3. 新技术与连锁经营深度融合

连锁经营的规模效应降低了新技术开发和运用的成本。连锁经营的技术集成至少包括5项核心技术，分别是计算机管理技术、中央采购技术、物流配送技术、营销创新技术、人力资源管理技术。

目前，信息技术在连锁经营中得到了普遍运用，人工智能也在连锁经营中崭露头角，新技术与连锁经营深度融合，加速了我国连锁经营数智化和现代化的进程。

三、连锁经营的形式

1. 直营连锁

直营连锁也称正规连锁，是指各门店均由总部全资或者控股开设，在总部的直接领导下统一经营，总部对各门店的人、财、物、商流、物流、信息流等方面实行统一管理的经营模式。直营连锁具有统一资本、集中管理、分散销售的特点。

2. 特许连锁

特许连锁也叫加盟连锁，是指特许者将自己拥有的商标、商号、商品、专利和专有技术、经营模式等，以特许经营合同的形式授予被特许者使用，被特许者按合同的规定，在特许者的统一的业务模式下从事经营活动，并向特许者支付相应费用的经营模式。

特许连锁的核心是特许权的转让。特许连锁具有所有权分散、经营权高度集中、加盟要付费、统一对外形象的特点。

3. 自愿连锁

自愿连锁也称自愿加盟或自由连锁，即加入连锁体系的门店均为原已存在的独立法人，各门店的资产所有权属于加盟者所有，运作技术和商店品牌由总部持有，各门店在总部的指导下共同经营的经营模式。

【问题解答】

（1）连锁经营的本质是把现代工业大生产的原理运用于商业，改变传统商业购销一体、柜位服务、单店核算、主要依赖经营者的个人经验和技巧进行销售的经营模式。

（2）连锁经营连的是品牌，连的是标准，连的是文化。

① 品牌连锁是连锁经营的中心，品牌价值的认定是收取加盟权利金的重要依据。连锁企业总部应建立品牌贡献指标体系，监督销售终端在品牌方面的贡献或损害。

② 标准化是连锁企业的特征，是保证连锁企业低成本运营的基本原则，可以让连锁企业以简单的程序完成复杂的问题。不同的企业之所以可以连锁，是因为标准具有可复制性。

③ 文化连锁是连锁企业的最高境界，可以培养加盟企业和分部认同连锁企业的价值观、经营理念和远景规划等，使其自觉维护连锁品牌的形象。此外，文化连锁还可以连接企业与消费者、企业与社会。随着消费者文化水平的不断提高，企业文化对消费者的消费行为的影响越来越大。

（3）连锁企业一般由总部、门店和配送中心3个部分组成。

① 总部是连锁企业的战略决策和管理中心，是连锁企业的关键资源控制中心，是连锁企业价值观和文化的设计中心。总部必备以下职能：经营决策职能、营销策划职能、质量管理职能、财务管理职能、市场调研与新品开发职能、指导培训职能、采购配送职能等。

② 门店是连锁企业的基础，是总部指示的落实者和服务标准的执行者，其基本职能包括门店环境管理、门店商品管理、门店人员管理、门店现金管理、门店销售管理、门店信息管理等。

③ 配送中心是门店的物流机构，承担着各门店所需商品的购进、储存、分货、加工、配送等任务，具有备货职能、理货职能、送货职能、流通加工职能和信息分析职能。

任务二　直营连锁的核算

任务驱动 1

某全国连锁男装企业的总部及配送中心均在上海，分别在上海、北京、重庆、武汉、昆明、沈阳、厦门、三亚开了8家连锁店，在会计核算上形成了"总部—门店"模式。

（1）2023年4月3日，总部向定点生产企业采购男T恤1万件，增值税专用发票显示：总进价为60万元，进项税额为7.8万元。

（2）2023年4月4日，三亚连锁店向定点生产企业购进男沙滩裤500件，增值税专用发票显示：总进价为1.5万元，进项税额为0.195万元。

（3）2023年4月30日，计算机系统打印出的本月商品入库汇总表显示：本月配送中心入库男T恤1万件，总进价为60万元；三亚连锁店入库男沙滩裤500件，总进价为1.5万元。

（4）2023年4月30日，计算机系统打印出的本月商品调拨汇总表显示：本月配送中心分别向上海、北京、重庆、武汉、昆明、沈阳、厦门、三亚的8家连锁店配送男T恤9万元、9万元、8万元、8万元、8万元、8万元、8万元、2万元。

（5）2023年4月，厦门连锁店向三亚连锁店调拨男T恤3万元。

（6）2023年4月，总部转账支付各项采购费用（含税）共计9 605元，各项费用的发票均为增值税普通发票。

（7）2023年4月30日，计算机系统打印出的本月商品销售收入汇总表显示：本月上海、北京、重庆、武汉、昆明、沈阳、厦门、三亚的8家连锁店的男T恤的含税销售收入分别为91 530元、122 040元、135 600元、135 600元、101 700元、108 480元、84 750元、84 750元，三亚连锁店男沙滩裤的含税销售收入为33 900元。各连锁店的销售收入已经汇入总部存款账户。

（8）2023年4月30日，计算机系统打印出的本月商品销售成本汇总表显示：本月上海、北京、重庆、武汉、昆明、沈阳、厦门、三亚的8家连锁店的男T恤的销售成本分别为54 000元、72 000元、80 000元、80 000元、60 000元、64 000元、50 000元、50 000元，三亚连锁店男沙滩裤的销售成本为15 000元。

请以总部会计的身份完成上述业务的账务处理。

【知识准备】

直营连锁又称正规连锁，是指各门店同属于一个投资主体，总部对各门店拥有全部的所有权和经营权，各门店在总部的直接领导下，统一经营、统一核算、统负盈亏的经营模式。

直营连锁按企业的规模和管理层级，形成"总部—门店"和"总部—区域总部—门店"两种模式。

一、"总部—门店"模式的基本要求

门店所有的账目都并入总部账目，门店所有的资产、负债和损益都由总部统一核算。门店作为报账单位，可根据管理的需要设置必要的备查账簿，并定期与总部对账。

"总部—门店"模式（见图6-1）适用于同一城市或同一区域范围内的直营连锁企业。

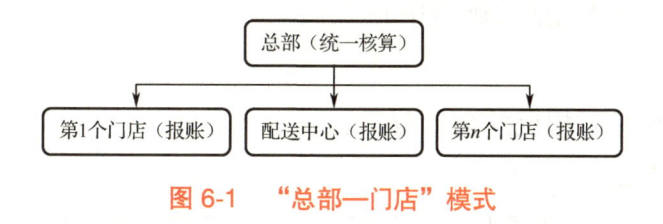

图6-1 "总部—门店"模式

二、在"总部—门店"模式下，具体业务（部分）的账务处理

（1）总部收到投资人投入的款项，编制如下会计分录。

借：银行存款

贷：实收资本——某投资人

若投资人依法撤回投资，则编制相反的会计分录。

（2）商品采购。

① 配送中心或门店日常采购，总部根据有关单据编制如下会计分录。

借：在途物资——配送中心或门店
　　应交税费——应交增值税（进项税额）
　贷：应付账款——某供应商

② 月末，总部按配送中心或门店的商品入库汇总金额，编制如下会计分录。

借：库存商品——配送中心或门店
　贷：在途物资——配送中心或门店

注：总部的商品采购是由配送中心按总部的采购计划进行的，门店自行采购只是补充，是小额采购；在总部与配送中心、门店实时互联互通的情况下，门店的小额采购也由总部统一进行账务处理。

③ 支付采购费用，总部编制如下会计分录。

借：销售费用
　　应交税费——应交增值税（进项税额）
　贷：银行存款

若费用发票非增值税专用发票，则不必借记"应交税费——应交增值税（进项税额）"账户。

（3）月末，总部按配送中心商品调拨汇总金额，编制如下会计分录。

借：库存商品——某门店
　贷：库存商品——配送中心

（4）各门店内部调拨商品，总部编制如下会计分录。

借：库存商品——某门店
　贷：库存商品——某门店

（5）总部向配送中心和各门店拨付备用金，编制如下会计分录。

借：其他应收款——某门店或配送中心
　贷：银行存款

若收回备用金，则编制相反的会计分录。

（6）日常费用开支出。

① 配送中心和各门店向总部报销日常费用开支，总部编制如下会计分录。

借：销售费用——某配送中心或门店
　　应交税费——应交增值税（进项税额）
　贷：银行存款（或库存现金）

若费用发票非增值税专用发票，则不必借记"应交税费——应交增值税（进项税额）"账户。

② 总部报销日常费用开支，编制如下会计分录。

借：管理费用

　　应交税费——应交增值税（进项税额）

　　贷：银行存款（或库存现金）

若费用发票非增值税专用发票，则不必借记"应交税费——应交增值税（进项税额）"账户。

（7）月末，总部按各门店汇总的营业额编制如下会计分录。

借：银行存款

　　贷：主营业务收入——某门店

　　　　应交税费——应交增值税（销项税额）

（8）月末，总部结转销售成本，编制如下会计分录。

借：主营业务成本

　　贷：库存商品——某门店

（9）其他业务收入。

① 总部收到进场费或陈列费等费用，编制如下会计分录。

借：银行存款（若费用是在兑付供应商的货款时扣收的，则借记"应付账款"账户）

　　贷：其他业务收入——进场费或陈列费收入[实收款项/（1+增值税

　　　　税率）]

　　　　应交税费——应交增值税（销项税额）

② 总部收到商家交来的店内租金，编制如下会计分录。

借：银行存款（或库存现金）

　　贷：其他业务收入——租金收入[实收款项/（1+增值税税率）]

　　　　应交税费——应交增值税（销项税额）

③ 总部收到供应商交来的赞助款或赞助商品（商品一般会由配送中心或门店验收入库），编制如下会计分录。

借：银行存款（或库存商品——配送中心或某门店）

　　贷：其他业务收入——赞助收入[实收款项/（1+增值税税率）]

　　　　应交税费——应交增值税（销项税额）

若赞助与经营活动没有任何关系，则贷记"营业外收入"账户。

【任务完成】

上述业务的账务处理如下。

（1）总部向定点生产企业采购男T恤衫1万件，总进价为60万元，进项税额为7.8万元，对应的会计分录如下。

借：在途物资——配送中心 600 000
　　应交税费——应交增值税（进项税额） 78 000
　　贷：应付账款——某供应商 678 000

（2）三亚连锁店向定点生产企业购进男沙滩裤 500 件，总进价为 1.5 万元，进项税额为 0.195 万元，对应的会计分录如下。

借：在途物资——三亚连锁店 15 000
　　应交税费——应交增值税（进项税额） 1 950
　　贷：应付账款——某供应商 16 950

（3）2023 年 4 月 30 日的商品入库汇总表显示：本月配送中心入库男 T 恤 1 万件，总进价为 60 万元；三亚连锁店入库男沙滩裤 500 件，总进价为 1.5 万元，对应的会计分录如下。

借：库存商品——配送中心（男 T 恤） 600 000
　　　　　　——三亚连锁店（男沙滩裤） 15 000
　　贷：在途物资——配送中心 600 000
　　　　　　　　——三亚连锁店 15 000

（4）2023 年 4 月，配送中心向上海、北京、重庆、武汉、昆明、沈阳、厦门、三亚的 8 家连锁店配送男 T 恤，对应的会计分录如下。

借：库存商品——上海连锁店（男 T 恤） 90 000
　　　　　　——北京连锁店（男 T 恤） 90 000
　　　　　　——重庆连锁店（男 T 恤） 80 000
　　　　　　——武汉连锁店（男 T 恤） 80 000
　　　　　　——昆明连锁店（男 T 恤） 80 000
　　　　　　——沈阳连锁店（男 T 恤） 80 000
　　　　　　——厦门连锁店（男 T 恤） 80 000
　　　　　　——三亚连锁店（男 T 恤） 20 000
　　贷：库存商品——配送中心（男 T 恤） 600 000

（5）2023 年 4 月，厦门连锁店向三亚连锁店调拨男 T 恤 3 万元，对应的会计分录如下。

借：库存商品——三亚连锁店（男 T 恤） 30 000
　　贷：库存商品——厦门连锁店（男 T 恤） 30 000

（6）2023 年 4 月，总部转账支付各项采购费用（含税）共计 9 605 元，对应的会计分录如下。

借：销售费用——采购费用 9 605
　　贷：银行存款 9 605

（7）2023 年 4 月，8 家连锁店的男 T 恤的含税销售收入分别为 91 530 元、122 040 元、

135 600元、135 600元、101 700元、108 480元、84 750元、84 750元，三亚连锁店男沙滩裤的含税销售收入为33 900元，对应的会计分录如下。

借：银行存款		898 350
贷：主营业务收入——上海连锁店（男T恤）		81 000
——北京连锁店（男T恤）		108 000
——重庆连锁店（男T恤）		120 000
——武汉连锁店（男T恤）		120 000
——昆明连锁店（男T恤）		90 000
——沈阳连锁店（男T恤）		96 000
——厦门连锁店（男T恤）		75 000
——三亚连锁店（男T恤）		75 000
——三亚连锁店（男沙滩裤）		30 000
应交税费——应交增值税（销项税额）		103 350

（8）结转8家连锁店2023年4月男T恤及三亚连锁店男沙滩裤的销售成本，对应的会计分录如下。

借：主营业务成本——上海连锁店（男T恤）		54 000
——北京连锁店（男T恤）		72 000
——重庆连锁店（男T恤）		80 000
——武汉连锁店（男T恤）		80 000
——昆明连锁店（男T恤）		60 000
——沈阳连锁店（男T恤）		64 000
——厦门连锁店（男T恤）		50 000
——三亚连锁店（男T恤）		50 000
——三亚连锁店（男沙滩裤）		15 000
贷：库存商品——上海连锁店（男T恤）		54 000
——北京连锁店（男T恤）		72 000
——重庆连锁店（男T恤）		80 000
——武汉连锁店（男T恤）		80 000
——昆明连锁店（男T恤）		60 000
——沈阳连锁店（男T恤）		64 000
——厦门连锁店（男T恤）		50 000
——三亚连锁店（男T恤）		50 000
——三亚连锁店（男沙滩裤）		15 000

任务驱动2

某全国连锁家电企业的总部设在北京,另在大连和厦门设立两个区域总部,分别负责东北地区和东南地区的销售业务,在会计核算上形成"总部—区域总部—门店"模式。

2023年4月28日,总部购进家电,进价为100万元,进项税额为13万元。

2023年4月29日,总部将所购家电直接配送给大连区域总部和厦门区域总部,开具的增值税专用发票显示:向大连区域总部配送家电,售价为65万元,增值税为8.45万元;向厦门区域总部配送家电,售价为85万元,增值税为11.05万元。

同时,总部会计结转配送家电的购进成本,配送给大连区域总部的家电的进价为40万元,配送给厦门区域总部的家电的进价为60万元。

请分别以总部会计、大连区域总部会计、厦门区域总部会计的身份完成上述业务的账务处理。

【知识准备】

大型连锁企业往往会根据管理和发展的需要,并结合各区域市场的状况,在总部所在地以外区域设置区域总部,以便强化对该区域门店的管理,提高自己在该区域的市场份额及影响力,相对应地在会计核算上形成"总部—区域总部—门店"模式(见图6-2)。

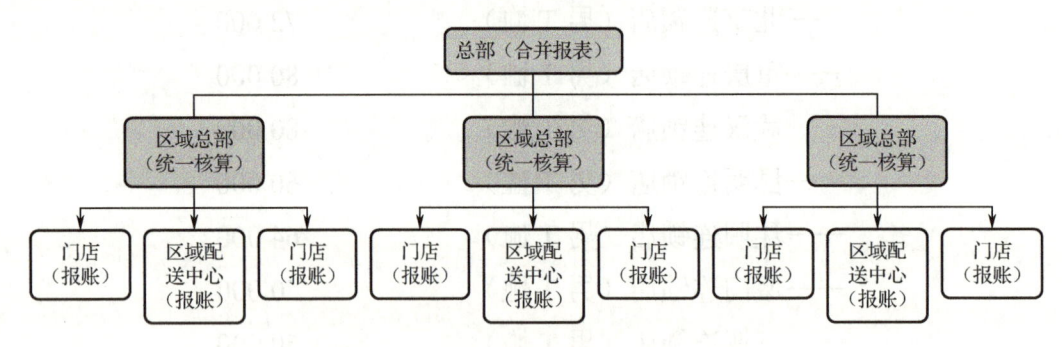

图6-2 "总部—区域总部—门店"模式

在"总部—区域总部—门店"模式下,总部和区域总部均设置会计机构,配备会计人员,独立做账,独立计算盈亏。各区域总部的下辖门店是各区域总部的报账单位。

一、"总部—区域总部—门店"模式下会计核算的基本要求

(1)门店的所有账目都必须被并入区域总部的账目中,门店的所有资产、负债和损益都由区域总部统一核算。区域总部对各门店的存货实行电算化管理;对于单品,按进价核算;运用商品购进、销售、储存的计算机软件(网络版)对商品的购进、销售、储存进行核算与管理。

(2)区域总部与门店之间的日常会计核算,参照总部与门店之间的日常会计核算。

(3)门店作为报账单位,可根据管理的需要设置必要的备查账簿,并定期与区域总部对账。

（4）总部于年度终了，将各区域总部的会计报表进行合并，编制合并会计报表。

二、具体业务（部分）在总部与区域总部之间的账务处理

1. 总部提供启动资金或借款给区域总部

（1）总部会计做如下账务处理。

借：内部往来——某区域总部
  贷：银行存款

（2）区域总部会计做如下账务处理。

借：银行存款（或库存现金）
  贷：内部往来——总部

"内部往来"账户是双重性质的账户，当余额在借方时为资产类账户，当余额在贷方时为负债类账户。

2. 总部向区域总部配送商品

（1）总部开具增值税专用发票，总部会计做商品销售处理，并做如下账务处理。

借：银行存款（或内部往来——某区域总部）
  贷：主营业务收入
    应交税费——应交增值税（销项税额）

（2）区域总部会计做商品购进处理，并做如下账务处理。

借：库存商品
  应交税费——应交增值税（进项税额）
  贷：银行存款（或内部往来——某区域总部）

总部在合并会计报表时，应将内部事项进行抵销，包括总部与区域总部之间，以及各区域总部之间发生的交易事项。

【任务完成】

一、总部会计的账务处理

（1）总部购进家电，总部会计根据增值税专用发票、银行转账凭证等单据，做如下账务处理。

借：在途物资   1 000 000
  应交税费——应交增值税（进项税额）   130 000
  贷：应付账款——某供应商   1 130 000

（2）总部向大连区域总部、厦门区域总部配送家电，总部会计做如下账务处理。

借：内部往来——大连区域总部   734 500
     ——厦门区域总部   960 500

贷：主营业务收入　　　　　　　　　　　　　　　　1 500 000
　　　　应交税费——应交增值税（销项税额）　　　　　195 000
（3）总部会计结转配送家电的购进成本，做如下账务处理。
借：主营业务成本——家电　　　　　　　　　　　　　1 000 000
　　贷：在途物资——某供应商　　　　　　　　　　　　1 000 000

二、大连区域总部会计的账务处理

大连区域总部会计做如下账务处理。
借：库存商品　　　　　　　　　　　　　　　　　　　　650 000
　　应交税费——应交增值税（进项税额）　　　　　　　 84 500
　　贷：内部往来——总部　　　　　　　　　　　　　　 734 500

三、厦门区域总部会计的账务处理

厦门区域总部会计做如下账务处理。
借：库存商品　　　　　　　　　　　　　　　　　　　　850 000
　　应交税费——应交增值税（进项税额）　　　　　　　110 500
　　贷：内部往来——总部　　　　　　　　　　　　　　 960 500

任务三　特许连锁的核算

任务驱动

建州餐饮管理有限公司（建瓯小吃店）的总部位于建瓯，于2023年在全国开展加盟招商活动。晋江的施海阳先生与建州餐饮管理有限公司签订了加盟意向合同，创立了建瓯小吃晋江一号店，并于2023年8月8日转账支付加盟费5.3万元和履约保证金5万元。

请分别以建州餐饮管理有限公司会计和建瓯小吃晋江一号店会计的身份对上述业务进行账务处理。

【知识准备】

特许连锁也叫加盟连锁，总部对加盟店拥有经营权和管理权，加盟店拥有对门店的所有权和收益权，具备法人资格，实行独立核算。

一、总部（部分）具体业务的账务处理

（1）总部采购总代理销售商品。
① 购进时的账务处理如下。
借：物资采购

应交税费——应交增值税（进项税额）
　　　　贷：应付账款
②验收所购商品时的账务处理如下。
　　借：库存商品
　　　　贷：物资采购
（2）总部自行开发商品，在生产完工并验收入库时，做如下账务处理。
　　借：库存商品
　　　　贷：生产成本
（3）总部在收到加盟店交来的商品铺底金时，做如下账务处理。
　　借：银行存款
　　　　贷：其他应付款——铺底金（××加盟店）
（4）总部将总代理销售商品或自行开发的商品销售给加盟店。
①确认销售收入时的账务处理如下。
　　借：应收账款——××加盟店
　　　　贷：主营业务收入
　　　　　　应交税费——应交增值税（销项税额）
②结转销售成本时的账务处理如下。
　　借：主营业务成本
　　　　贷：库存商品
（5）总部在收到加盟店交来的加盟费时，做如下账务处理。
　　借：银行存款
　　　　贷：其他业务收入——加盟费收入
　　　　　　应交税费——应交增值税（销项税额）
（6）总部在收到加盟店交来的特许权使用费时，做如下账务处理。
　　借：银行存款
　　　　贷：其他业务收入——特许权使用费收入
　　　　　　应交税费——应交增值税（销项税额）
　　注：加盟费是加盟者为获得特许经营资格而向特许人支付的一次性费用。有了特许经营资格，加盟者才能使用特许人特有的经营品牌，低风险、高效益地实现自身利益最大化。特许权使用费是指加盟者在使用特许经营权的过程中，按一定的标准或比例向特许人定期支付的特许经营权使用管理费用。

二、基层加盟店（部分）具体业务的账务处理

（1）向总部或上级缴纳代理商品铺底金时的账务处理如下。
　　借：其他应收款——总部铺底金

贷：银行存款

（2）加盟费。

① 向总部或上级缴纳加盟费时的账务处理如下。

借：无形资产——特许加盟费
　　应交税费——应交增值税（进项税额）
　　贷：银行存款

注：缴纳加盟费是为了获取一项特许经营权，所以应记入"无形资产"账户；若数额较小，则直接记入"销售费用"账户。

② 摊销加盟费时的账务处理如下。

借：销售费用——加盟费摊销
　　累计摊销

（3）向总部或上级缴纳特许权使用费时的账务处理如下。

借：管理费用——特许权使用费
　　应交税费——应交增值税（进项税额）
　　贷：银行存款

（4）向总部或上级购进特许商品或代理销售商品。

① 购进时的账务处理如下。

借：物资采购
　　应交税费——应交增值税（进项税额）
　　贷：应付账款

② 验收所购商品时的账务处理如下。

借：库存商品
　　贷：物资采购

（5）将特许商品或代理销售商品销售给消费者。

① 确认销售收入时的账务处理如下。

借：库存现金（或银行存款）
　　贷：主营业务收入
　　　　应交税费——应交增值税（销项税额）

② 结转销售成本时的账务处理如下。

借：主营业务成本
　　贷：库存商品

【任务完成】

一、建州餐饮管理有限公司会计的账务处理

（1）收到加盟费时的账务处理如下。

借：银行存款　　　　　　　　　　　　　　　　　53 000
　　贷：其他业务收入——加盟费收入　　　　　　　　50 000
　　　　应交税费——应交增值税（销项税额）　　　　3 000

（2）收到履约保证金时的账务处理如下。

借：银行存款　　　　　　　　　　　　　　　　　50 000
　　贷：其他应付款——建瓯小吃晋江一号店　　　　　50 000

二、建瓯小吃晋江一号店会计的账务处理

（1）支付加盟费时的账务处理如下。

借：无形资产——特许加盟费　　　　　　　　　　50 000
　　应交税费——应交增值税（进项税额）　　　　　3 000
　　贷：银行存款　　　　　　　　　　　　　　　　53 000

（2）支付履约保证金时的账务处理如下。

借：其他应收款——建州餐饮管理有限公司　　　　53 000
　　贷：银行存款　　　　　　　　　　　　　　　　53 000

【课后任务】

2023 年 9 月 25 日，建瓯小吃晋江一号店按总部的统一要求装修完毕，转账支付装修费用 75 000 元，装修方提供增值税普通发票。

2023 年 9 月 29 日，建瓯小吃晋江一号店采购首批小吃原料，电子增值税专用发票显示：进价为 50 000 元，增值税为 6 500 元。

2023 年 9 月 30 日，建瓯小吃晋江一号店收到配送的小吃原料，运输途中无损耗。

2023 年 9 月 30 日，建州餐饮管理有限公司的会计结转销售给建瓯小吃晋江一号店小吃原料的生产成本，有关账目显示：该批小吃原料的生产成本为 35 000 元。

请分别以建瓯小吃晋江一号店会计和建州餐饮管理有限公司会计的身份完成相关业务的账务处理。（提示：若无关，则不处理。）

任务四　自愿连锁的核算

任务驱动

美美与共超市下有 5 家自愿连锁超市，分别是美食超市、美服超市、美妆超市、美居超市、美旅超市。2023 年 12 月，5 家自愿连锁超市分别向美美与共超市总部支付当年的服务费用（含税）84 800 元、84 800 元、95 400 元、95 400 元、95 400 元。

请以美美与共超市总部会计和各自愿连锁超市会计的身份完成上述业务的账务处理。

【知识准备】

自愿连锁商店也称自愿加盟商店或自由连锁商店,指自愿加入连锁体系的加盟店。在自愿加盟体系中,商品所有权属于自愿连锁的店主所有,而系统运作技术及商店品牌的专有信息则归总部所有。

在自愿连锁模式下,总部与门店之间是协商、服务的关系,总部和门店均是独立核算的商品流通企业,各自根据商品流通企业的会计核算原则,选择合适的核算程序与方法进行各自的会计核算。

各门店在按规定支付总部服务费用时,通过"管理费用"账户进行账务处理;总部在收到各门店支付的服务费用时,通过"其他业务收入"账户进行账务处理。

【任务完成】

(1)总部会计收到服务费用(5家自愿连锁超市的服务费用总和)时的账务处理如下。

借:银行存款　　　　　　　　　　　　　　　　455 800
　贷:其他业务收入　　　　　　　　　　　　　　430 000
　　　应交税费——应交增值税(销项税额)　　　 25 800

(2)各自愿连锁超市会计支付总部的服务费用时的账务处理如下(各自愿连锁超市会计填上各自支付的服务费用的金额)。

借:管理费用——服务费用
　　应交税费——应交增值税(进项税额)
　贷:银行存款

【知识延伸】

在新时代,中国正走向全面开放,实力强大的外资连锁企业和加速扩张的本土零售巨头,给我国数量众多的中小型零售企业带来很大的压力。为了生存与发展,自愿连锁对正在寻找突破口的我国中小型零售企业来说是一种不错的选择,因为自愿连锁能够提高中小型零售企业的组织化程度,变无序竞争为通力协作,有利于降低经营风险,提升经营能力。

自愿连锁已成为我国大多数中小型零售企业直面市场挑战、竞逐商海的必然选择,也将成为我国连锁业的主力部队。

项目七 商贸领域电商业务的核算与管理

学习目标

知识目标

熟悉电子商务的基本概念，了解电子商务的功能，熟悉电子商务在商贸领域的运用；掌握商贸领域电商业务的账务处理；熟悉跨境电商零售出口模式、跨境电商零售进口清关模式；熟悉外币、汇率（含直接标价法和间接标价法）的含义，掌握外币业务的核算方法。

能力目标

能够完成商贸领域（指国内）电商业务的账务处理；跨境电商业务的账务处理；企业（含一般进出口贸易企业和跨境电商企业）外币业务的账务处理。

思政目标

熟悉我国电商与跨境电商的发展现状，了解并领会以国内大循环为主体、国内国际双循环相互促进的新发展格局，领会新时代继续扩大开放的必要性；了解元宇宙等新技术在电商领域的运用现状及发展前景，积极主动地拥抱新技术，奋进新时代。

任务一 电子商务在商贸领域的应用

问题导入

建立在5G技术、增强现实、云计算等前沿技术上的元宇宙，将为电子商务带来怎样的发展前景？

【知识准备】

2022年，我国网购用户超过8.4亿户，与电子商务相关的企业超过476万家，电子商务交易规模超过42.9万亿元，电子商务的发展势头正猛。

一、电子商务的基本概念

电子商务是一个不断发展的概念，有广义和狭义之分。人们一般理解的电子商务是狭义的电子商务。

1. 广义的电子商务

广义的电子商务是指各行各业的各种业务活动的电子化、网络化，可称电子业务。广义的电子商务包括电子政务、电子公务、电子军务、电子医务、电子教务、狭义的电子商务等。

2. 狭义的电子商务

狭义的电子商务是指通过互联网等信息网络销售商品或者提供服务的经营活动。

二、电子商务的功能

电子商务是社会发展和科技进步的产物，其功能也会在消费者需求和电子商务技术突破的双重推动下不断拓展、更新，变得更强大。目前，电子商务主要有以下8种功能。

1. 信息发布与信息检索

单位可以借助其Web服务器，在互联网上发布各类信息。商家可以利用网上主页和电子邮件（E-mail）在全球范围内发布商品信息、服务信息和商家的其他信息。单位和个人均可借助网上的检索工具快速找到自己所需的各种信息，如商品信息、服务信息、消费者或商家的公开信息等。

信息发布与信息检索可以起到广告宣传的作用，而且其所耗成本是最低的。

2. 咨询洽谈

电子商务可以帮助有需要的双方或多方在没有见面的情况下进行咨询和洽谈，省去差旅费用，降低咨询和洽谈的成本。电子商务提供了多种方便的异地交谈形式，如有需要的双方或多方可以借助实时的讨论组、非实时的电子邮件和新闻组来了解市场及商品信息，洽谈交易事项，还可以利用网上白板会议（Whiteboard Conference）来交流即时的图形信息等。

3. 网上订购

人们借助电子商务可以实现足不出户地订购商品和服务。商家通常会在商品介绍页面上提供十分友好的订购提示信息和订购交互格式框。在有订购需求的消费者填完订购单后，系统通常会发送信息确认单来保证订购信息的收悉。如果消费者或商家不想公开信息，就可以采用加密的方式确保信息不会被泄露。

4. 网上支付

我国的电子金融非常发达，可以保证电子支付的便捷与安全。网上支付是电子商务的重要环节，消费者和商家在网上直接采用电子支付手段可以降低支付成本，促进交易的完成。

5. 网上物流调配

电子商务可以通过网络进行异地物流调配，将消费者订购的商品尽快送到客户手中。有些商品可以在网上被直接传递，如软件、电子读物等。

随着我国信息化程度越来越高，网上直接传递的商品的占比会不断增大。

6. 网上撤单与退货

如果消费者在下单后反悔了，并且商家还没发货，那么消费者可以通过电子商务撤单，取消交易；如果商家已发货，那么消费者可以通过与客服在网上进行洽谈来退货。退货产生的物流费用根据退货原因由双方协商确定承担者或承担比例。

7. 意见征询

电子商务能够非常便捷地收集消费者对销售服务的反馈意见。消费者的反馈意见不仅能提高商家的售后服务水平，还有利于商家改进商品、发现市场上的商机。

8. 交易管理

电子商务为商家提供了一个良好的管理交易的网络环境，以及多种多样的应用服务系统，方便商家与消费者、商家与供应商及商家内部等各方面的协调和管理，有利于商家对商务活动进行全过程、多角度的实时管理。

三、电子商务在商贸领域的运用

电子商务在商贸领域的运用，带来了全新的商业经营模式，打破了原有的商业格局，促进了商贸领域的技术创新与发展。

1. 批发商业

在电子商务环境下，许多厂商与零售商建立起"制造商—零售商—消费者"一级商品流通渠道，直接跳过批发环节；还有一些厂商直接建立起"制造商—消费者"零级商品流通渠道，直接跳过批发商和零售商。面对电子商务环境带来的严峻挑战，批发商业的出路在哪里？欧洲批发商 Supervox Groupe 果断运用电子商务，在其网络节点将它的 8 000 种商品以目录形式列出，并建立了自动订货系统，使其年收入增加了 800 多万美元。

2. 零售商业

目前，电子工具已逐步被运用于国内零售商业的购、销、调、存等环节，降低了零售商业的商品流通成本和管理成本，提高了效率。国内大、中型零售企业也建立了自己的电商平台，除了进行实体商场销售，还开展线上销售和配送，打破了营业的时间和空间限制，增加了营业收入。当然，零售商业还必须直面越来越多的制造商自建电商平台的威胁，直面消费者所带来的严峻挑战。

3. 农产品销售

随着农村网络基础设施的不断完善，越来越多的农产品在电商平台上被销售，实现了"田间"与"餐桌"的快速对接。与传统的销售模式相比，电商销售可节省 15% 的直接成本和 75% 的间接成本。此外，电商平台还打破了时间和地域的限制，为打破农产品的结构性销售瓶颈提供了解决方案。

4. 跨境电商

电子商务与进出口贸易结合，形成了跨境电商。跨境电商促进我国进出口贸易（特别是货物贸易）大幅增长。2019—2021 年，我国跨境电商市场规模分别为 10.5 万亿元、12.5 万亿元、14.2 万亿元。2022 年上半年，我国跨境电商交易额占我国货物贸易进出口总值的 35.85%。跨境电商的发展带动和改变了整个产业链条，给传统的外贸及产业带来深远的影响。

5. 个人网店

在电商时代，开网店的门槛低，个人网店成为个人就业和创业的一条新路，吸纳了大批的从业和创业人员。开店容易，经营难，个人网店要想在激烈的竞争中站稳走好，甚至跑起来，没有好的商品和好的服务是不行的。个人网店成为电商时代商品流通中的新生力量。

【问题解答】

建立在 5G 技术、增强现实、云计算等前沿技术上的元宇宙，将为电子商务带来一个前所未有的机遇，引领电子商务走进新时代。

（1）元宇宙推动电子商务互动方式发生重大改变。

元宇宙是一个允许用户创建数字内容和体验并与之交互的虚拟世界，为商业活动提供了身临其境的虚拟环境，为消费体验提供了新的可能性，代表了电子商务互动方式的重大改变。元宇宙主题商城如图 7-1 所示。

图 7-1　元宇宙主题商城

（2）元宇宙在前沿技术的支持下，让电子商务活动变得简单、安全和有趣。

在前沿技术的支持下，元宇宙可以让买卖双方订立智能合约，创建具有约束力的自动执行协议，让电子商务活动变得简单、安全和有趣。

（3）商家在元宇宙中建立社区，推动买卖双方的社交互动，从而建立互信。

当下的电子商务有一个缺点，即缺少社交互动。在元宇宙时代，商家可以在虚拟世界中建立社区，鼓励买卖双方进行社交互动，从而建立互信，让消费者放心消费，增加企业的销售收入。

（4）元宇宙让电子商务游戏化，从而吸引更多的年轻消费群体。

在元宇宙电子商务革命的最前沿将是内置游戏体验。一旦品牌能够在元宇宙中将购物体验游戏化，就能获得良好的回报。

夏洛特·蒂尔伯里是一个受欢迎的护肤品与化妆品品牌，于2020年创建了一个VR（Virtual Reality，虚拟现实）在线商店，内置游戏功能，允许用户邀请他们的朋友进入虚拟商店玩游戏、购物，取得了良好的效益。

任务二 商贸领域电商业务的账务处理

任务驱动

某电商企业于2023年9月5日在电商平台上接到一张订单，要购买"某女郎"牌女装一套，售价为226元，以5折销售，运费（11.3元，开具增值税普通发票）由消费者承担。该电商企业于9月6日发货，向物流企业支付运费6元（开具增值税普通发票）。该品牌女装每套的进价为79.1元。9月7日，消费者确认收货。9月8日，该电商企业的第三方平台账户收到扣除1元手续费、4元返点金额后的款项119.3元。

请以该电商企业会计的身份完成上述业务的账务处理。

【知识准备】

商贸领域的电商业务的本质是商业业务，所以大部分业务的账务处理与传统商业业务的账务处理是一致的。本任务重点介绍具有电商特色业务的账务处理。

一、销售业务流程及账务处理

（一）先付款后发货，有第三方担保

1. 业务流程

业务流程A：第①步→第②步→第③步→第④步→第⑤步（这是正常的业务流程）。

业务流程B：第①步→第②步→第❶步→第❷步。

业务流程C：第①步→第②步→第③步→第❸步→第❷步。

业务流程D：第①步→第②步→第③步→第❸步→第③步→第④步→第⑤步。

其中：①指提交网店订单；②指消费者付款给担保方；③指电商企业发货或重新发货；④指消费者确认收货；⑤指电商企业收到扣除手续费后的货款；❶指消费者在发货前取消订单；❷指担保方退款；❸指消费者拒收并退货。

2. 账务处理及说明

（1）对于第①步、第②步、第❶步、第❷步，电商企业均无须进行账务处理。

（2）第③步的账务处理如下。

借：发出商品（发货不能确定成交，所以记入"发出商品"账户）
　　贷：库存商品

注：对于第❸步消费者拒收并退货，编制与第③步相反的会计分录。

（3）第④步的账务处理如下。

① 电商企业确认商品收入（若运费由消费者承担，则也应确认为收入），并做如下账务处理。

借：应收账款
　　贷：主营业务收入——商品
　　　　　　　　　　——运费
　　　应交税费——应交增值税（销项税额）

② 电商企业同时结转已销商品成本，并做如下账务处理。

借：主营业务成本——商品
　　贷：发出商品

若运费由消费者承担，则电商企业在向物流企业支付运费时，应当计入成本，并做如下账务处理。

借：主营业务成本——运费
　　贷：银行存款（或其他货币资金）

（4）第⑤步的账务处理如下。

借：其他货币资金——第三方支付平台
　　财务费用
　　贷：应收账款

（二）先付款后发货，无第三方担保（这类业务较少发生）

1. 业务流程

业务流程 A：第①步→第②步→第③步→第④步（这是正常的业务流程）。

业务流程 B：第①步→第②步→第❶步→第❷步。

业务流程 C：第①步→第②步→第③步→第❸步→第❷步。

业务流程 D：第①步→第②步→第③步→第❸步→第③步→第④步。

其中：①指提交网店订单；②指消费者在线付款到账；③指电商企业发货或重新发货；④指消费者确认收货；❶指消费者在发货前取消订单；❷指电商企业退款；❸指消费者拒收并退货。

2. 账务处理及说明

（1）对于第①步，电商企业无须进行账务处理。

（2）第②步的账务处理如下。

借：银行存款

　　财务费用——POS 手续费

　　贷：预收账款

注：第❷步的账务处理如下。

借：预收账款

　　贷：银行存款

（3）第③步的账务处理如下。

借：发出商品（发货不能确定成交，所以记入"发出商品"账户）

　　贷：库存商品

注：对于第❸步消费者拒收并退货，编制与第③步相反的会计分录。

（4）第④步的账务处理如下。

① 电商企业确认商品收入（若运费由消费者承担，则也应确认为收入），并做如下账务处理。

借：预收账款

　　贷：主营业务收入——商品

　　　　　　　　　　——运费

　　　　应交税费——应交增值税（销项税额）

② 电商企业同时结转已销商品成本，并做如下账务处理。

借：主营业务成本——商品

　　贷：发出商品

若运费由消费者承担，则电商企业在向物流企业支付运费时，应当计入成本，并做如下账务处理。

借：主营业务成本——运费

　　贷：银行存款

二、电商相关费用的账务处理

（一）固定费用的账务处理

1. 电商平台账号注册费

若电商平台账号注册费较少，则电商企业直接将其记入"管理费用"账户，对应的账务处理如下。

借：管理费用（无形资产）——商标注册费

　　应交税费——应交增值税（进项税额）

　　贷：其他货币资金（或银行存款）

若电商平台账号注册费较多，则电商企业在支付时将其记入"无形资产"账户，并按期摊销。

2. 保证金

保证金用于保证电商企业按国家相关法规及电商平台的规则进行经营。若电商企业有违规行为，则应根据相关法规及电商平台的规则，向电商平台及消费者支付违约金。

在支付保证金时，电商企业编制如下会计分录。

借：其他应收款——某电商平台
  贷：其他货币资金（或银行存款）

电商企业依法经营，在经营期结束时，可收回保证金，在收回保证金时编制相反的会计分录。

3. 技术服务费

电商平台一般都会要求在其上经营的电商企业缴纳年费。在收取年费后，电商平台在为电商企业提供技术服务时，一般不再收取费用。

（1）在支付年费时，电商企业编制如下会计分录。

借：其他应收款——某电商平台
  贷：其他货币资金（或银行存款）

当电商企业实现协议销售量时，电商平台会返还所收的年费，电商企业应编制相反的会计分录。

（2）若电商企业没有实现协议销售量，则电商平台会扣减该费用并开具发票，电商企业在收到发票后编制如下会计分录。

借：销售费用——年度技术服务费
  应交税费——应交增值税（进项税额）
  贷：其他应收款——某电商平台

4. 旺铺费

旺铺是一种更加个性、豪华的店铺界面，是电商平台的一项收费的增值服务和功能。若旺铺费按月支付，或者虽按年支付，但数额不大，则电商企业在支付时直接将其计入当期损益，并编制如下会计分录。

借：管理费用——旺铺费
  应交税费——应交增值税（进项税额）
  贷：其他货币资金（或银行存款）

（二）营销费用的账务处理

1. 佣金

佣金即给予电商平台的返点金额。

（1）在当月支付佣金时，电商企业编制如下会计分录。

借：其他应收款——某电商平台
  贷：其他货币资金——第三方支付平台账户

注：在销售款中扣除佣金，还是借记"其他应收款"账户，但不必单独编制会计分录，可以与确认收入的会计分录合并编制。

（2）在形成交易，于次月开具发票后，电商企业编制如下会计分录。

借：销售费用——佣金

　　应交税费——应交增值税（进项税额）

　　贷：其他应收款——某电商平台

2. 运费

在支付由自己承担的运费时，电商企业编制如下会计分录。

借：销售费用——运费

　　应交税费——应交增值税（进项税额）

　　贷：其他货币资金——第三方平台账户

3. 好评返现

在好评返现时，电商企业编制如下会计分录。

借：销售费用——好评返现

　　贷：其他货币资金——第三方支付平台账户

4. 直通车、钻展等推广费费

（1）在向直通车、钻展等账户充值时，电商企业编制如下会计分录。

借：其他应收款——直通车账户存款

　　　　　　　——钻展账户存款

　　贷：其他货币资金——第三方支付平台账户

（2）在使用推广费后，电商企业应及时在后台向电商平台申请对应的促销发票，并编制如下会计分录。

借：销售费用——广告宣传费（直通车、钻展、聚划算）

　　应交税费——应交增值税（进项税额）

　　贷：其他应收款——直通车账户存款

　　　　　　　　——钻展账户存款

5. 破损赔偿或公益捐赠

在发生破损赔偿或公益捐赠业务时，电商企业编制如下会计分录。

借：营业外支出——破损赔偿（公益捐赠）

　　贷：其他货币资金——第三方支付平台账户

【任务完成】

（1）2023年9月5日，该电商企业在电商平台上接到一张订单，该电商企业会计无须进行账务处理。

（2）2023年9月6日，该电商企业发货，向物流企业支付运费，该电商企业会计编制如下会计分录。

① 发货的会计分录如下。

借：发出商品——"某女郎"牌女装　　　　　　　79.1
　　贷：库存商品——"某女郎"牌女装　　　　　　　79.1

② 支付运费的会计分录如下。

借：主营业务成本——运费　　　　　　　　　　　6
　　贷：其他货币资金——第三方支付平台存款　　　6

（3）消费者于2023年9月7日确认收货，该电商企业会计应编制如下会计分录。

① 确认销售收入的会计分录。

题目解析：含税售价为226元，以5折销售，则最终成交价为含税113元；113元可被分解成价款100元、增值税13元；运费为11.3元，由消费者承担，也应被记入"主营业务收入"账户，并进行价税分离；4元的佣金应被记入"其他应收款"账户。

借：其他货币资金——第三方支付平台账户　　　119.3
　　财务费用——手续费　　　　　　　　　　　　1
　　其他应收款——某电商平台的佣金　　　　　　4
　　贷：主营业务收入——商品　　　　　　　　　100
　　　　　　　　　　——运费　　　　　　　　　10
　　　　应交税费——应交增值税（销项税额）　　14.3

② 结转已销一套"某女郎"牌女装成本的会计分录如下。

借：主营业务成本——"某女郎"牌女装　　　　79.1
　　贷：发出商品——"某女郎"牌女装　　　　　79.1

【知识延伸】

电商企业向消费者收取运费增值税的处理

电商企业是一般纳税人，在销售商品时一并收取运费。该运费属于价外费用，电商企业应按13%的税率开具增值税专用发票。即使开具的是增值税普通发票，账务处理的方式也一样，记入"销项税额"账户的金额也一样。

运费属于代收性质的费用，给消费者的增值税专用发票由物流企业或者货运代理企业开具，税率为9%。

任务三　跨境电商业务的账务处理

任务驱动

国内某跨境电商企业于2023年5月9日在电商平台上接到来自刘先生的一张订单：刘

先生要购买国外知名品牌的男士化妆品，单次订购数件，合计订单价格为 3 000 元，应缴纳跨境电商综合税 1 036.7 元，合计金额 4 036.7 元已被存入第三方支付平台账户。5 月 10 日，该跨境电商企业办理男士化妆品清关手续，代缴应纳跨境电商综合税 1 036.7 元，从保税仓经由国内快递向刘先生送货。5 月 12 日，刘先生确认收货，该跨境电商企业会计确认收入并结转该男士化妆品的进货成本 1 800 元。

请以该跨境电商企业会计的身份完成上述业务的账务处理。

【知识准备】

跨境电商是指分属于不同关境的交易主体，通过跨境电商平台达成交易，通过跨境电商物流及异地仓储送达商品，并通过第三方支付平台进行支付结算，从而完成交易的一种国际商业活动。

一、跨境电商零售出口业务

（一）跨境电商零售出口模式

1. 跨境电商 B2C 出口（海关监管方式代码：9610）

跨境电商零售出口是指境内个人或者跨境电商企业通过跨境电商平台完成出口商品零售的交易行为。跨境电商 B2C（Business to Consumer，企业对消费者）出口模式是跨境电商企业根据要求传输相关电子数据，并通过跨境电商方式申报出口，将商品送达境外消费者的模式。

2. 跨境电商 B2B 出口

（1）B2B 直接出口（海关监管方式代码：9710）。

跨境电商 B2B（Business to Business，企业对企业）直接出口是指境内企业在通过跨境电商平台与境外企业达成交易后，通过跨境物流将商品直接出口至境外企业的模式。

（2）出口海外仓（海关监管方式代码：9810）。

跨境电商出口海外仓是指境内企业通过跨境物流将商品出口至海外仓，在通过跨境电商平台实现交易后，从海外仓将商品送达境外购买者，并向海关传输相关电子数据的模式。

3. 保税跨境贸易电子商务（海关监管方式代码：1210）

（1）跨境电商特殊区域包裹零售出口。

跨境电商特殊区域包裹零售出口是指对进入特殊区域（包括保税区、保税港区、保税物流园区、出口加工区、跨境工业园区、综合保税区等）的商品，在通过电商平台完成销售后，在区内打小包并离境送达境外消费者的模式。

（2）跨境电商特殊区域出口海外仓。

跨境电商特殊区域出口海外仓是指境内企业将商品出口报关，送入特殊区域，在特殊区域内完成理货拼箱后，批量出口至海外仓，在通过电商平台完成零售后，将商品从海外仓送达境外消费者的模式。

（二）跨境电商零售出口业务的账务处理

（1）出口报关销售时的账务处理如下。

借：应收账款（或其他货币资金——PayPal 存款）

  贷：主营业务收入——出口销售收入

（2）结转出口商品成本时的账务处理如下。

借：主营业务成本

  贷：库存商品——库存出口商品

（3）出口商品进项税额转出时的账务处理如下。

借：主营业务成本

  贷：应交税费——应交增值税（进项税额转出）

（4）申报出口退税（增值税）时的账务处理如下。

借：应收出口退税

  贷：应交税费——应交增值税（出口退税）

（5）收到增值税退税款时的账务处理如下。

借：银行存款

  贷：应收出口退税

（6）通过 PayPal 收款时的账务处理如下。

借：其他货币资金——PayPal 存款

  贷：应收账款（或预收账款）

（7）将资金从 PayPal 账户转入跨境电商企业基本存款账户时的账务处理如下。

借：银行存款

  贷：其他货币资金——PayPal 存款

注：跨境电商企业应以人民币为记账本位币，所以如果收到的款项是外币，就要折算成人民币的金额并进行相关的账务处理。

二、跨境电商零售进口业务

跨境电商零售进口是指中国境内的消费者通过跨境电商平台自境外购买商品，并通过网购保税进口（海关监管方式代码：1210）或直购进口（海关监管方式代码：9610）运递进境的消费行为。

（一）跨境电商零售进口清关模式

跨境电商零售进口有 CC（代购模式）、BC（海淘模式）、BC（直邮 9610 模式）和 BBC（保税 1210 模式）4 种清关模式。随着《中华人民共和国电子商务法》于 2019 年 1 月 1 日开始实施，CC 已不合规，BC 也逐渐边缘化。当下，我国跨境电商零售进口的清关模式以 BC（直邮 9610 模式）和 BBC（保税 1210 模式）为主。

1. BC（直邮 9610 模式）

BC（直邮 9610 模式）是指消费者在跨境电商平台上下单后，跨境电商平台一边将海外仓中的商品按订单分拣和打包，并将包裹运输到境内做过企业备案的口岸，一边将消费者下单后生成的订单、支付单、物流单等数据发送到海关系统进行清关，在海关系统完成清关且商品通过 X 光机查验后，即可由国内快递将商品配送给消费者的模式。BC（直邮 9610 模式）的流程如图 7-2 所示。

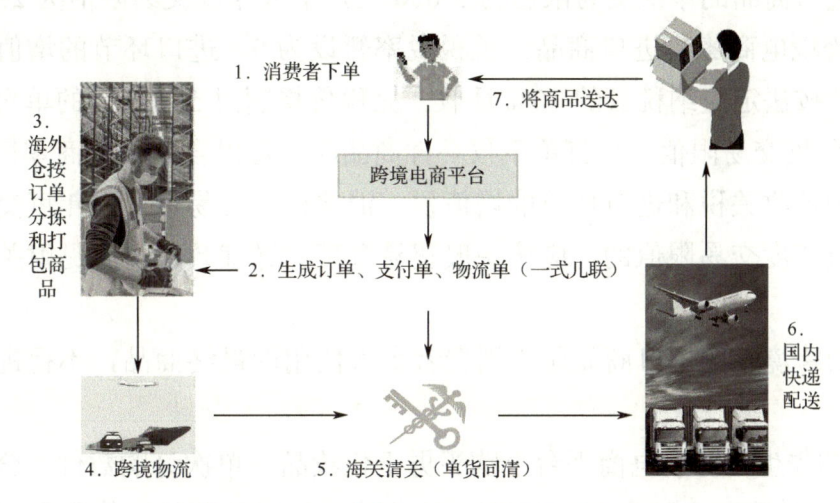

图 7-2　BC（直邮 9610 模式）的流程

2. BBC（保税 1210 模式）

BBC（保税 1210 模式）是指跨境电商企业先把商品整批进口到国内保税仓中，消费者在跨境电商平台下单后，跨境电商平台将生成的订单、支付单、物流单等数据发送到海关进行申报，在海关放行后，保税仓根据订单将商品打包并快递给消费者的模式。采用此模式，卖一件清关一件，但不允许（部分试点区域除外）即买即取和买家转手再次进行销售；没卖掉的商品无须报关，但也不能出保税仓，除非是将卖不掉的商品直接退回国外。BBC（保税 1210 模式）的流程如图 7-3 所示。

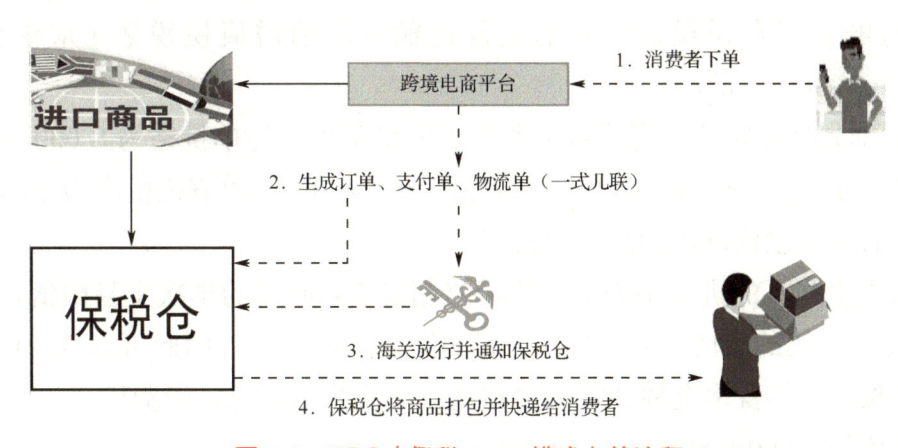

图 7-3　BBC（保税 1210 模式）的流程

BC（直邮 9610 模式）和 BBC（保税 1210 模式）均采用跨境电商模式报关报检，省去了很多一般贸易所需的前置手续，方便快捷。

（二）跨境电商零售进口的税收政策

跨境电商零售进口商品按照货物征收关税和进口环节的增值税、消费税，购买跨境电商零售进口商品的个人作为纳税义务人，电商企业、电商平台企业或物流企业可作为代收代缴义务人。详细政策请参见财关税〔2016〕18号文。

跨境电商零售进口商品以实际交易价格（包括售价、运费和保险费）作为完税价格，跨境电商零售进口商品的单次交易限值为5 000元，个人年度交易限值为26 000元。在限值以内进口的跨境电商零售进口商品，关税税率暂设为0，进口环节的增值税、消费税取消免征税额，暂按法定应纳税额的70%征收。完税价格超过5 000元的单次交易限值但低于26 000元的年度交易限值，且订单下仅一件商品时，可以自跨境电商零售渠道进口，按照货物税率全额征收关税和进口环节的增值税、消费税，交易额计入年度交易总额。但年度交易总额超过年度交易限值的，应按一般贸易管理。详细政策请参见财关税〔2018〕49号文。

已经购买的跨境电商进口商品属于消费者个人使用的最终商品，不得进入国内市场再次销售。

【案例1】刘先生在跨境电商平台上购买男士化妆品，单次订购数件，合计订单价格为3 000元，本年累计购买金额为15 000元。该化妆品进口环节的增值税税率为13%，消费税税率为25%。请计算应纳跨境电商综合税税额。

解析：刘先生购买的进口化妆品的完税价格不超过5 000元的单次交易限值，本年累计购买金额也低于26 000元的年度交易限值，可以享受税收优惠。

进口环节的关税税率为0，应纳关税税额为0。

应纳增值税税额＝（完税价格＋实征关税税额＋实征消费税税额）×增值税税率×70%＝（3 000+700）×13%×70%＝336.7（元）

应纳消费税税额＝（完税价格＋实征关税税额）/（1－消费税税率）×消费税税率×70%＝（3 000+0）/（1-25%）×25%×70%＝700（元）

应纳跨境电商综合税税额＝应纳关税税额＋应纳增值税税额＋应纳消费税税额＝0+336.7+700＝1 036.7（元）

【案例2】刘先生在跨境电商平台上购买了一块手表，订单价格为8 000元，本年累计购买金额为23 000元。该手表进口环节的关税税率为5%，增值税税率为13%，消费税税率为20%。请计算应纳跨境电商综合税税额。

解析：刘先生购买的进口手表的完税价格超过5 000元的单次交易限值，本年累计购买金额低于26 000元的年度交易限值，且订单下仅一件商品，因此可以自跨境电商零售渠道进口，但应按照货物税率全额征收关税和进口环节的增值税、消费税。

应纳关税税额＝8 000×5%＝400（元）

应纳增值税税额＝（8 000+400+2 100）×13%＝1 365（元）

应纳消费税税额=（8 000+400）/（1-20%）×20%=2 100（元）

应纳跨境电商综合税税额=400+1 365+2 100=3 865（元）

（三）跨境电商零售进口业务的账务处理

（1）跨境电商企业对进口商品进行验收并存放到海外仓或国内保税仓中的账务处理如下。

借：库存商品——零售进口商品
  贷：银行存款（或其他货币资金等）

注：进口商品成本包括买价、运费、保险费等，存放在海外仓和国内保税仓，税收并没有产生。

（2）第三方支付平台收到消费者的订单款（货款＋税款）的账务处理如下。

借：其他货币资金——第三方支付平台存款
  贷：预收账款——货款
    其他应付款——代收代缴跨境电商综合税（或代收代缴跨境行邮税）

（3）向个人购买者零售进口商品的账处理如下。

借：预收账款
  贷：主营业务收入

注：零售进口商品的关税、增值税、消费税的纳税义务人是个人购买者。

（4）代收代缴跨境电商综合税（或代收代缴跨境行邮税）的账务处理如下。

借：其他应付款——代收代缴跨境电商综合税（或代收代缴跨境行邮税）
  贷：银行存款

（5）结转零售进口商品的成本的账务处理如下。

借：主营业务成本
  贷：库存商品——零售进口商品

【任务完成】

（1）2023年5月9日，该跨境电商企业接到刘先生的订单，价款及税款4 036.7元已被存入第三方支付平台账户，该跨境电商企业会计应做如下账务处理。

借：其他货币资金——第三方支付平台 4 036.7
  贷：预收账款 3 000
    其他应付款——代收代缴跨境电商综合税 1 036.7

（2）2023年5月10日，该跨境电商企业办理清关手续，代缴应纳跨境电商综合税1 036.7元，该跨境电商企业会计应做如下账务处理。

借：其他应付款——代收代缴跨境电商综合税 1 036.7
  贷：银行存款 1 036.7

（3）2023年5月10日，保税仓发货，该跨境电商企业会计应做如下账务处理。

借：发出商品　　　　　　　　　　　　　　　　　　　　　　　1 800
　　贷：库存商品——零售进口商品采购　　　　　　　　　　　　　1 800

（4）2023年5月12日，刘先生确认收货，该跨境电商企业会计确认收入，并做如下账务处理。

借：预收账款　　　　　　　　　　　　　　　　　　　　　　　3 000
　　贷：主营业务收入——零售进口商品收入　　　　　　　　　　　3 000

（5）2023年5月12日，该跨境电商企业会计结转零售进口男士化妆品的成本，并做如下账务处理。

借：主营业务成本——零售进口商品成本　　　　　　　　　　　　1 800
　　贷：发出商品　　　　　　　　　　　　　　　　　　　　　　1 800

任务四　外币业务的核算

问题导入

2023年，我国进出口总值为41.76万亿元，同比增长0.2%，其中跨境电商进出口总值为2.38万亿元，同比增长15.6%。国内进出口企业包括跨境电商经营企业均有大量业务涉及外币。请问：应采用什么方法进行外币业务的核算？

【知识准备】

一般意义上的外币是指外国货币，会计核算上的外币则是指企业记账本位币以外的货币。外币业务就是以记账本位币以外的货币作为计量单位的经济业务。

一、汇率

汇率（也称汇价）是一国（或一种）货币兑换他国（或另一种）货币的比率或折合价。按标价方式划分，可将汇率的表示方法分为直接标价法和间接标价法。

直接标价法：以一定单位外国货币可兑换本国货币的金额来表示汇率的方法。

间接标价法：以一定单位本国货币可兑换外国货币的金额来表示汇率的方法。

目前，我国汇率采用国际通用的直接标价法。

企业在发生外币业务时记账采用的汇率称为记账汇率。记账汇率可以是业务发生当期的期初市场汇率，也可以是业务发生时的市场汇率。记账汇率一经确定，不得随意变更。

二、外币业务的核算方法

核算外币业务的方法有外币统账制和外币分账制两种。

外币统账制：企业在发生外币业务时，必须及时将外币折算为记账本位币，并以此编制会计报表。

外币分账制：企业对于其外币业务，在日常核算时按原币记账，分不同的外币币种编制会计报表，在资产负债表日一次性地将外币会计报表折算为以记账本位币表示的会计报表，并与企业记账本位币业务的会计报表汇总成企业会计报表总表。

【问题解答】

目前，我国绝大多数企业采用外币统账制核算其外币业务，并以业务发生时的市场汇率为记账汇率。

任务驱动 1

2022 年 11 月 3 日，因进口海外商品的需要，跨境电商企业海通公司用人民币向银行兑入 10 万美元，当日银行美元的卖出价是 1 美元 =7.302 5 元人民币，当日的市场汇率中间价为 1 美元 = 7.247 2 元人民币。请进行相关的账务处理。

【任务完成】

（1）海通公司审核原始凭证（兼业务分析）。

海通公司从银行兑入美元就是银行卖出美元。要兑入 10 万美元，海通公司需要付出的人民币是 730 250 元（100 000×7.302 5）。同时，海通公司的银行存款美元户增加 10 万美元，按业务发生时的市场汇率中间价折合成人民币，应当是 724 720 元（100 000×7.247 2），二者的差额 5 530 元人民币为汇兑损失。

（2）海通公司编制记账凭证（以会计分录代替）。

借：银行存款——美元户　　　　　　　　　　　　　724 720
　　财务费用　　　　　　　　　　　　　　　　　　　5 530
　　贷：银行存款——人民币户　　　　　　　　　　　730 250

（3）海通公司根据审核无误的单据或记账凭证，登记人民币银行存款日记账、美元银行存款日记账及财务费用明细账，按账务处理程序的要求登记有关总账。

想一想，练一练

如果在任务驱动 1 中，海通公司是向银行兑出 10 万美元，当日银行的美元买入价是 1 美元 =7.191 9 元人民币，那么应如何进行账务处理？

任务驱动 2

2022 年 11 月 15 日，海通公司从法国购入男士化妆品 10 箱（每箱 12 瓶），每箱的售价为 150 美元，当日的市场汇率中间价为 1 美元 =7.042 元人民币。商品已由保税仓验收入库，货款（美元）尚未支付。请进行相关的账务处理。

【任务完成】

（1）海通公司审核原始凭证（兼业务分析）。

跨境电商企业采购外国商品，存放到保税仓或海外仓中，由于尚未清关，因此不需纳税。购进商品以美元结算，记账时应按企业的记账汇率（当日或期初的市场汇率）折合成人民币。在本业务中，海通公司男士化妆品的取得成本折合成人民币为 10 563 元（10×150×7.042）。

（2）海通公司编制记账凭证（以会计分录代替）。

借：库存商品——保税商品（男士化妆品）　　　　　10 563
　　贷：应付账款——美元户（1500 美元）　　　　　　10 563

（3）海通公司根据审核无误的单据或记账凭证，登记人民币银行存款日记账和相关账户的明细账，按账务处理程序的要求登记有关总账。

任务驱动 3

2022 年 11 月 21 日，海通公司出口一批免税商品，共 1 800 件，单价为 12 美元，当日的市场汇率中间价为 1 美元＝7.125 元人民币，已办妥托收手续，但货款尚未收到。请进行相关的账务处理。

【任务完成】

（1）海通公司审核原始凭证（兼业务分析）。

按记账汇率将外币销售收入折合成人民币销售收入入账，将出口销售取得的款项或应收债权折合成人民币，同时按外币金额登记有关账户。本业务中的外币销售收入为 1 800×12＝21 600（美元），折合成人民币为 21 600×7.125＝153 900（元）。

（2）海通公司编制记账凭证（以会计分录代替）。

借：应收账款——美元户（21 600 美元）　　　　　153 900
　　贷：主营业务收入　　　　　　　　　　　　　　153 900

（3）海通公司根据审核无误的单据或记账凭证，登记美元银行存款日记账和相关账户的明细账，按账务处理程序的要求登记有关总账。

任务驱动 4

2022 年 11 月 25 日，海通公司通过银行存款美元户归还 1 个月前从中国银行借入的款项 50 000 美元及利息 250 美元。当日的市场汇率为 1 美元＝7.133 4 元人民币。请进行相关的账务处理。

【任务完成】

（1）海通公司审核原始凭证（兼业务分析）。

企业在归还（或借入）外币时，应按照外币归还（或借入）时的市场汇率折合成记账本位币入账，同时按照归还（或借入）外币的金额登记相关的外币账户。本业务中的 50 250 美元折合成人民币是 50 250×7.133 4=358 453.35（元）。

（2）海通公司编制记账凭证（以会计分录代替）。

借：短期借款——美元户（50 000 美元）　　　　　356 670
　　财务费用　　　　　　　　　　　　　　　　　　1 783.35
　　贷：银行存款——美元户（50 250 美元）　　　　358 453.35

（3）海通公司根据审核无误的单据或记账凭证，登记美元银行存款日记账和相关账户的明细账，按账务处理程序的要求登记有关总账。

任务驱动 5

2022 年 11 月 28 日，海通公司收到某外商投入的资本 200 000 美元，当日的市场汇率中间价为 1 美元 = 7.161 4 元人民币。请进行相关的账务处理。

【任务完成】

（1）海通公司审核原始凭证（兼业务分析）。

收到投资者以外币投入的资本，采用即期汇率折算，不得采用合同约定的汇率折算。

（2）海通公司编制记账凭证（以会计分录代替）。

借：银行存款——美元户（200 000 美元）　　　　　1 432 280
　　贷：实收资本——外商（200 000 美元）　　　　　1 432 280

（3）海通公司根据审核无误的单据或记账凭证，登记美元银行存款日记账和相关账户的明细账，按账务处理程序的要求登记有关总账。

任务驱动 6

假设海通公司 2022 年 11 月共发生 5 笔外汇业务（见任务驱动 1～任务驱动 5），11 月 30 日当天的汇率为 1 美元 = 7.176 8 元人民币。请计算海通公司 11 月的期末汇兑损益。

【业务单据】

海通公司 2022 年 10 月 31 日的外币账户余额调整计算表如表 7-1 所示。

表 7-1　外币账户余额调整计算表

2022 年 10 月 31 日

账户名称	美元余额	月末汇率	人民币余额		汇兑损益
①	②	③	调整后④=②×③	调整前⑤	⑥=④-⑤
银行存款（借）	30 000	7.266	217 980	200 280	17 700
应收账款（借）	0		0	0	0
应付账款（贷）	0		0	0	0
短期借款（贷）	50 000		363 300	356 000	7 300

制表：

【知识准备】

按照《企业会计准则》的规定，期末各种外币账户的外币余额，按期末市场汇率折算成记账本位币金额，与原账面记账本位币金额的差额，作为汇兑损益，分不同情况进行处理。

（1）筹建期间发生的汇兑损益，计入长期待摊费用。

（2）与购建固定资产、无形资产有关的汇兑损益，按借款费用的原则处理。

（3）外币货币性项目，包括货币性资产（如货币资金、应收账款、应收票据、持有至到期的债券投资等）项目和货币性负债（如短期借款、应付账款、长期借款、应付债券等）项目、在持有期间发生的汇兑损益记入"财务费用"账户。

（4）可供出售外币非货币性项目，如交易性金融资产、不准备持有至到期的投资、长期股权投资等，在持有期间发生的汇兑损益应计入其他综合收益。

提示：境外经营的企业，在向国内报送报表时，将外币折算差额一律记入"其他综合收益"账户。

【任务完成】

（1）根据任务驱动 1~任务驱动 5 的资料，结合 2022 年 10 月 31 日的外币账户余额调整计算表，编制 2022 年 11 月 30 日的外币账户余额调整计算表（见表 7-2）。

表 7-2　外币账户余额调整计算表

2022 年 11 月 30 日

账户名称	美元余额	月末汇率	人民币余额		汇兑损益
①	②	③	调整后④=②×③	调整前⑤	⑥=④-⑤
银行存款（借）	⑦ 279 750	7.176 8	2 007 709.8	⑪ 2 016 526.65	-8 816.85
应收账款（借）	⑧ 21 600		155 018.88	⑫ 153 900	1 118.88
应付账款（贷）	⑨ 1 500		10 765.2	⑬ 10 563	202.2
短期借款（贷）	⑩ 0		0	⑭ 6 630	-6 630

制表：

⑦=30 000（期初）+100 000（任务驱动 1）-50 250（任务驱动 4）+200 000（任务驱动 5）=279 750。

⑧=21 600（任务驱动 3）。

⑨ =1 500（任务驱动 2）。

⑩ =50 000（期初）-50 000（任务驱动 4）=0。

⑪ =217 980（期初）+724 720（任务驱动 1）-358 453.35（任务驱动 4）+1 432 280（任务驱动 5）=2 016 526.65。

⑫ =153 900（任务驱动 3）。

⑬ =10 563（任务驱动 2）。

⑭ =363 300（期初）-356 670（任务驱动 4）=6 630。

（2）根据审核无误的 2022 年 11 月 30 日的外币账户余额调整计算表编制记账凭证（以会计分录代替）。

借：短期借款——美元户　　　　　　　　　　　　　　　6 630
　　应收账款——美元户　　　　　　　　　　　　　　　1 118.88
　　财务费用——汇兑损益　　　　　　　　　　　　　　1 270.17
　　贷：银行存款——美元户　　　　　　　　　　　　　8 816.85
　　　　应付账款——美元户　　　　　　　　　　　　　202.2

（3）根据审核无误的单据或记账凭证，登记日记账、明细账，按账务处理程序的要求登记有关总账。

【知识延伸】

一、资产负债表

（1）资产类和负债类所有项目均按合并会计报表决算日的市场汇率折算为母公司的记账本位币。

（2）所有者权益类项目除未分配利润外，均按发生时的市场汇率折算为记账本位币。

（3）未分配利润项目以折算后的利润分配表中该项目的数额填列，折算后资产类项目合计数与权益类项目合计数的差额，在未分配利润项目后单独列示。

（4）年初数按上年折算后的资产负债表的数额列示。

二、利润表和利润分配表

（1）利润表中的所有项目和利润分配表中反映发生额的项目，应当按照合并会计报表的会计期间平均汇率折算为母公司的记账本位币。若采用合并会计报表决算日的市场汇率折算为母公司的记账本位币，则应在合并会计报表附注中进行说明。

（2）利润分配表中的净利润，按折算后利润表中该项目的数额填列。

（3）利润分配表中的年初未分配利润，填写上年期末折算后的未分配利润数额。

（4）利润分配表中的未分配利润，按该表折算后的其他各项目数额计算填列。

（5）上年实际数按上年折算后的利润表和利润分配表中的数额填列。

项目八

其他业务的核算

学习目标

知识目标

领会代购、代销、出租商品、周转材料、包装物、低值易耗品的含义；掌握代购费用的3种分摊方式；掌握周转材料、包装物、低值易耗品的摊销方式。

能力目标

能够独立完成不同费用分摊方式下代购、代销业务的账务处理；能够独立完成出租商品业务的账务处理；能够独立完成周转材料、包装物、低值易耗品在购进、领用、摊销、报废等环节业务的账务处理。

思政目标

在学习出租商品、周转材料、包装物、低值易耗品等业务的核算中践行爱岗敬业的会计职业道德，并用课余时间了解当下部分商品存在的过度包装等不良现象，领会低碳生产、节约资源的社会意义。

任务一　代购、代销商品的核算

任务驱动 1

2023年6月，长江副食品公司与新天农收购站签订代购合同，长江副食品公司委托新天农收购站代购绿豆8 000千克，收购价为6元/千克，代购费用实报实销。请进行相关的账务处理。

【知识准备】

委托代购商品是指收购企业委托其他企业代为收购指定商品的经营活动。委托方与受托方应签订代购合同，确定代购商品的品种、质量、数量、单价、费用负担、手续费标准、交接货方式及货款结算方式等事项。

按代购费用的分摊方式划分，可将委托代购分为实报实销、定额包干和作价交接3种。

一、代购费用实报实销时委托方的核算

（1）汇出收购资金，对应的账务处理如下。

借：应收账款——某受托代购企业

  贷：银行存款

（2）收到代购清单，补付货款及代购费用，对应的账务处理如下。

借：物资采购——某商品（含代购费用）

  应交税费——应交增值税（进项税额）

  贷：银行存款

    应收账款——某受托代购企业

（3）代购商品验收入库。

① 若采用进价金额核算法，则账务处理如下。

借：库存商品——某商品（进价＝收购价＋实报实销的代购费用）

  贷：物资采购——某商品（含代购费用）

② 若采用售价金额核算法，则账务处理如下。

借：库存商品——某商品（售价）

  贷：物资采购——某商品（含代购费用）

    商品进销差价

二、代购费用定额包干时委托方的核算

代购费用定额包干的会计分录与代购费用实报实销的会计分录相同，只是金额不同。代购商品的进价的计算公式如下：

$$代购商品的进价 = 收购价 + 定额包干的代购费用$$

三、代购费用作价交接时委托方的核算

作价交接，视同一般购进，此处不进行详述。

【任务完成】

（1）长江副食品公司于2023年6月5日签发转账支票，汇出绿豆代购资金50 000元。长江副食品公司根据审核无误的有关单据，进行如下账务处理。

借：应收账款——新天农收购站　　　　　　　　　　　　50 000
　　贷：银行存款　　　　　　　　　　　　　　　　　　　　50 000

（2）长江副食品公司于2023年6月9日收到代购清单：代购8 000千克绿豆，总收购价为48 000元，人工费为4 200元，代垫运费600元，代垫运费增值税54元（增值税专用发票）。经核查无误，长江副食品公司转账补付货款2 854元，并进行如下账务处理。

借：物资采购——绿豆（48 000×90%+4 200+600）　　48 000
　　应交税费——应交增值税（进项税额）（48 000×10%+54）
　　　　　　　　　　　　　　　　　　　　　　　　　　4 854
　　贷：银行存款　　　　　　　　　　　　　　　　　　　 2 854
　　　　应收账款——新天农收购站　　　　　　　　　　　50 000

（3）委托代购的绿豆8 000千克全部验收入库，单位售价（含税）为11.3元。长江副食品公司审核收货单等相关原始凭证，并编制记账凭证（以会计分录代替）。

借：库存商品——绿豆　　　　　　　　　　　　　　　　90 400
　　贷：物资采购——绿豆　　　　　　　　　　　　　　　 48 000
　　　　商品进销差价　　　　　　　　　　　　　　　　　 42 400

任务驱动2

2023年9月，新天农收购站与黄河副食品公司签订代购合同，新天农收购站受黄河副食品公司委托，代购白菜25 000千克，收购价为1.6元/千克，代购手续费按收购价的15%计算，代购过程中的实际费用由受托方承担。请进行相关的账务处理。

【知识准备】

一、代购费用实报实销时受托方的核算

（1）受托方收到汇入的代购资金（含代购费用），根据相关单据编制记账凭证（以会计分录代替）。

借：银行存款
　　贷：应付账款——某委托代购企业

（2）受托方支付代购商品价款，编制记账凭证（以会计分录代替）。

借：应付账款——某委托代购企业
　　贷：银行存款

（3）受托方支付代购费用，编制记账凭证（以会计分录代替）。

借：应付账款——某委托代购企业
　　贷：银行存款（或库存现金）

（4）受托方与委托方结清代购款项，编制记账凭证。

委托方补付代购款项，会计分录与（1）相同；归还委托方的多付款，会计分录与（1）相反。

二、代购费用定额包干时受托方的核算

（1）受托方收到汇入的代购资金，会计分录与代购费用实报实销的会计分录相同。

（2）受托方支付代购商品价款，会计分录与代购费用实报实销的会计分录相同。

（3）受托方支付代购费用，编制如下会计分录。

借：其他业务成本
　　贷：银行存款（或库存现金等）

（4）受托方与委托方结清代购款项，会计分录与代购费用实报实销的会计分录相同。

（5）结转定额包干代购费用，编制如下会计分录。

借：应付账款——某委托代购企业
　　贷：其他业务收入

三、代购费用作价交接时受托方的核算

作价交接，当作一般购进与销售进行会计核算，此处不进行详述。

【任务完成】

（1）新天农收购站于2023年9月10日收到黄河副食品公司汇入的代购资金30 000元，根据银行进账单等单据编制记账凭证（以会计分录代替）。

　　借：银行存款　　　　　　　　　　　　　　　　　30 000
　　　　贷：应付账款——黄河副食品公司　　　　　　　　　30 000

（2）新天农收购站于2023年9月11日用现金支付收购白菜的价款40 000元，根据付款凭证等单据编制记账凭证（以会计分录代替）。

　　借：应付账款——黄河副食品公司　　　　　　　　40 000
　　　　贷：库存现金　　　　　　　　　　　　　　　　　40 000

（3）新天农收购站于2023年9月11日用现金支付白菜采购费用2 852元，根据付款凭证等单据编制记账凭证（以会计分录代替）。

　　借：其他业务成本　　　　　　　　　　　　　　　2 852
　　　　贷：库存现金　　　　　　　　　　　　　　　　　2 852

（4）黄河副食品公司于2023年9月12日补汇代购白菜价款及定额包干费用的差额16 000元，根据银行进账单等单据编制记账凭证（以会计分录代替）。

　　借：银行存款　　　　　　　　　　　　　　　　　16 000
　　　　贷：应付账款——黄河副食品公司　　　　　　　　16 000

(5) 黄河副食品公司编制结转定额包干费用（40 000元×15%）的记账凭证（以会计分录代替）。

借：应付账款——黄河副食品公司　　　　　　　　　　　　6 000
　　贷：其他业务收入　　　　　　　　　　　　　　　　　　6 000

任务驱动3

2023年5月，吸吸饮品与百联商场签订代销新商品——潜能茶的合同。合同规定如下。

（1）吸吸饮品委托百联商场代销潜能茶，每箱的供货价为50元，另按售价的13%计算增值税。

（2）百联商场可自行决定潜能茶的售价，但不再向吸吸饮品收取代销手续费。

（3）百联商场每月提供一份代销清单，结算一次货款。

【知识准备】

企业（委托方）为了扩大销售，可以委托其他单位或个人（受托方）代销本企业的商品。委托方与受托方应签订代销合同，确定代销商品的品种、数量、质量、代销价格、代销手续费标准、结算时间、结算方式和违约责任等事项。在发生委托代销业务时，委托方应设置"委托代销商品"账户进行会计核算。

按照代销货款和手续费的结算方式划分，可将委托代销分为视同自购自销和收取手续费两种方式。

一、受托方采用视同自购自销方式时委托方的核算

（1）委托方发出商品给受托方，编制如下会计分录。
借：委托代销商品——受托方
　　贷：库存商品——某商品

（2）委托方收到受托方报送的代销清单，编制如下会计分录。
借：应收账款——受托方
　　贷：主营业务收入
　　　　应交税费——应交增值税（销项税额）

（3）委托方结转已销的代销商品成本，编制如下会计分录。
借：主营业务成本
　　贷：委托代销商品——受托方

二、受托方采用收取手续费方式时委托方的核算

（1）委托方发出商品给受托方的会计分录与采用视同自购自销方式的会计分录相同。

（2）委托方收到受托方报送的代销清单，编制如下会计分录。

借：应收账款——受托方
　　销售费用——手续费
　　贷：主营业务收入
　　　　应交税费——应交增值税（销项税额）

（3）委托方结转已销的代销商品成本的会计分录与采用视同自购自销方式的会计分录相同。

【任务完成】

（1）吸吸饮品根据合同规定于 2023 年 5 月 3 日发出潜能茶 500 箱，每箱的生产成本为 30 元。吸吸饮品根据委托代销商品发货单的财务联编制记账凭证（以会计分录代替）。

借：委托代销商品——百联商场　　　　　　　　　　15 000
　　贷：库存商品——潜能茶　　　　　　　　　　　　　15 000

（2）吸吸饮品于 2023 年 5 月 29 日收到百联商场开具的代销清单及增值税专用发票，增值税专用发票注明：销售 500 箱，价款为 25 000 元，增值税税额为 3 250 元。吸吸饮品根据有关单据编制记账凭证（以会计分录代替）。

借：应收账款——百联商场　　　　　　　　　　　　28 250
　　贷：主营业务收入　　　　　　　　　　　　　　　　25 000
　　　　应交税费——应交增值税（销项税额）　　　　　 3 250

吸吸饮品同时结转已销的代销商品成本，编制如下会计分录。

借：主营业务成本　　　　　　　　　　　　　　　　15 000
　　贷：委托代销商品——百联商场　　　　　　　　　　15 000

想一想，练一练

委托方在向受托方发出商品时，为什么不能确认收入？

任务驱动 4

百联商场的财务部门和相关部门对任务驱动 3 及与此相关的业务应如何进行处理？

【知识准备】

受托方应设置"受托代销商品"和"代销商品款"等账户，并进行会计核算。

一、采用视同自购自销方式时受托方的核算

（1）受托方收到代销商品，根据代销商品入库单等单据编制记账凭证。
① 进价金额核算法下的会计分录如下。

借：受托代销商品——委托方（接受价）
　　　贷：代销商品款——委托方（接受价）
② 售价金额核算法下的会计分录如下。
借：受托代销商品——委托方（售价）
　　　贷：代销商品款——委托方（接受价）
　　　　　商品进销差价

（2）受托方出售代销商品，根据代销清单、银行缴款单等单据编制记账凭证。
① 进价金额核算法下的会计分录如下。
借：银行存款
　　　贷：主营业务收入
　　　　　应交税费——应交增值税（销项税额）
② 售价金额核算法下的会计分录如下。
借：银行存款
　　　贷：主营业务收入

（3）受托方结转已销售的代销商品成本。
① 进价金额核算法下的会计分录如下。
借：主营业务成本（接受价）
　　　贷：受托代销商品——委托方（接受价）
② 售价金额核算法下的会计分录如下。
借：主营业务成本（售价）
　　　贷：受托代销商品——委托方（售价）

（4）受托方收到委托方开具的增值税专用发票，无论是采用进价金额核算法，还是采用售价金额核算法，均应编制如下会计分录。
借：代销商品款——委托方（接受价）
　　应交税费——应交增值税（进项税额）
　　　贷：应付账款——委托方（接受价+进项税额）

（5）在采用售价金额核算法时，受托方在期末应将销项税额从含税销售收入中分解出来，并结转已销受托代销商品的进销差价（相关会计分录详见项目四）。

二、采用收取手续费方式时受托方的核算

（1）受托方收到代销商品，根据代销商品入库单等单据编制如下记账凭证（以会计分录代替）。
借：受托代销商品——委托方（售价）
　　　贷：代销商品款——委托方（售价）
注：在代销商品售出后，应编制相反的会计分录。

（2）受托方出售代销商品，根据代销清单、银行缴款单等单据编制如下记账凭证（以会计分录代替）。

借：银行存款
　　贷：应付账款——委托方
　　　　应交税费——应交增值税（销项税额）

（3）受托方收到委托方开具的增值税专用发票，编制如下记账凭证（以会计分录代替）。

借：应交税费——应交增值税（进项税额）
　　贷：应付账款——委托方

（4）受托方在扣除手续费后向委托方支付价税款，编制如下记账凭证（以会计分录代替）。

借：应付账款——委托方
　　贷：其他业务收入（手续费）
　　　　银行存款

【任务完成】

（1）百联商场2023年5月3日收到吸吸饮品发来的潜能茶500箱，每箱接受价为50元，含税售价为76.84元。百联商场根据代销商品入库单的财务联编制如下记账凭证（以会计分录代替）。

　　借：受托代销商品——潜能茶　　　　　　　　　　　38 420
　　　　贷：代销商品款——吸吸饮品　　　　　　　　　　25 000
　　　　　　商品进销差价　　　　　　　　　　　　　　　13 420

（2）百联商场的食品柜于2023年5月29日送来的缴款单和商品进销存报告单显示：500箱潜能茶全部销售完毕，款项均已直接存入银行基本存款账户。百联商场编制如下记账凭证（以会计分录代替）。

　　借：银行存款　　　　　　　　　　　　　　　　　　38 420
　　　　贷：主营业务收入　　　　　　　　　　　　　　　38 420

百联商场同时结转已销的代销商品成本，编制如下会计分录。

　　借：主营业务成本　　　　　　　　　　　　　　　　38 420
　　　　贷：受托代销商品——潜能茶　　　　　　　　　　38 420

（3）百联商场于2023年5月30日收到吸吸饮品开具的增值税专用发票，据此编制如下记账凭证（以会计分录代替）。

　　借：代销商品款——吸吸饮品　　　　　　　　　　　25 000
　　　　应交税费——应交增值税（进项税额）　　　　　　3 250
　　　　贷：应付账款——吸吸饮品　　　　　　　　　　　28 250

（4）百联商场单独结转受托代销商品潜能茶的进销差价，编制如下记账凭证（以会计分录代替）。

  借：商品进销差价   13 420
    贷：主营业务成本   13 420

（5）百联商场单独分解受托代销商品潜能茶的销项税额，编制如下记账凭证（以会计分录代替）。

  借：主营业务收入   4 420
    贷：应交税费——应交增值税（销项税额）   4 420

? 想一想，练一练

假设百联商城采用收取手续费的方式代销潜能茶，代销手续费为含税售价的10%，请编制以下业务的会计分录：①收到代销潜能茶；②售出潜能茶；③收到吸吸饮品开具的增值税专用发票；④扣除手续费后向吸吸饮品支付价税款。

任务二 出租商品的核算

任务驱动

2023年9月，闽海百货将5台T188型数码照相机用于出租。请进行相关的账务处理。

【知识准备】

企业将一部分存货的使用权在某一时期内转移给消费者，并向消费者收取一定的租金或者押金，这部分存货就是出租商品。

一、账户设置

企业应设置"出租商品"账户。该账户的借方反映出租商品的实际成本，贷方摊销报废出租商品的金额；期末余额在借方，反映尚未摊销报废的出租商品成本。

"出租商品"账户按出租商品的类别、品名、规格设置明细账。

二、账务处理

（1）购进商品用于出租，验收入库时的账务处理如下。

  借：出租商品
    贷：在途物资

（2）从库存商品中划出用于出租的商品。

① 采用进价金额核算法时的账务处理如下。

  借：出租商品
    贷：库存商品

② 采用售价金额核算法时的账务处理如下。

借：出租商品
　　商品进销差价
　　　贷：库存商品

（3）收到出租商品租金收入时的账务处理如下。

借：银行存款
　　其他应付款（从押金中扣除）
　　　贷：其他业务收入
　　　　　应交税费——应交增值税（销项税额）

（4）出租商品成本摊销的账务处理如下。

借：其他业务成本
　　　贷：出租商品

（5）出租商品收回并报废时的账务处理如下。

借：原材料——残料（或银行存款）
　　　贷：其他业务成本

注：若收回的出租商品还可以继续使用，则在备查簿中登记。

【任务完成】

（1）闽海百货采用进价金额核算法。2023年9月3日，闽海百货的商品内部调拨单显示，将5台单位进价为1 920元的T188型数码照相机用于出租。闽海百货编制如下会计分录。

　　借：出租商品——T188型数码照相机　　　　　　　　　9 600
　　　　贷：库存商品——T188型数码照相机　　　　　　　　　9 600

（2）闽海百货出租T188型数码照相机一台，租期为一年，通过转账收取押金4 000元，并根据有关原始单据编制如下会计分录。

　　借：银行存款　　　　　　　　　　　　　　　　　　　4 000
　　　　贷：其他应付款——某客户　　　　　　　　　　　　　4 000

（3）一年租期到期，闽海百货收回出租的T188型数码照相机，在扣除租金（含税）3 390元后转账退还剩余押金，并编制会计分录如下。

　　借：其他应付款——某客户　　　　　　　　　　　　　4 000
　　　　贷：其他业务收入　　　　　　　　　　　　　　　　3 000
　　　　　　应交税费——应交增值税（销项税额）　　　　　　390
　　　　　　银行存款　　　　　　　　　　　　　　　　　　　610

（4）闽海百货分12个月摊销出租T188型数码照相机的成本，每月应摊销160元（1 920/12），编制如下会计分录。

　　借：其他业务成本　　　　　　　　　　　　　　　　　160

贷：出租商品——T188 型数码照相机　　　　　　　　　　　160

? 想一想，练一练

假设闽海百货采用售价金额核算法，T188 型数码照相机的每台含税售价为 3 390 元，将 5 台 T188 型数码照相机用于出租，应如何进行账务处理？

任务三　周转材料的核算

🎯 任务驱动

2023 年 5 月，闽海百货购入螺钉等材料物资。请进行相关的账务处理。

【知识准备】

一、周转材料概述

周转材料是企业用于业务经营、设备维修、劳动保护、办公等方面的材料物资、包装物、低值易耗品等。建筑企业的钢模板、木模板、脚手架也属于周转材料。周转材料是企业的非商品存货，多供企业内部使用，除包装物外，一般不随商品流转而转移。

企业应设置"周转材料"账户，反映周转材料的增减变动及其结存情况。

二、周转材料的账务处理

（1）周转材料购进与商品购进一样，也通过"材料采购"账户进行核算，并区分单货同到、单先到货后到、货到单未到 3 种情形，与项目三中的批发企业商品购进情况类似，只是在验收入库时，借记"周转材料"账户。

（2）领用的核算（若领用的是材料物资，则一般采用一次摊销法）如下。

借：管理费用（管理部门领用）

　　销售费用（销售部门使用或为销售商品而用）

　　在建工程（工程建设领用）

　贷：周转材料——某材料

（3）销售的核算（一般不对外销售，但在特殊情况下也允许对外销售）。

① 取得收入时的账务处理如下。

借：银行存款

　贷：其他业务收入

　　　应交税费——应交增值税（销项税额）

② 结转成本时的账务处理如下。

借：其他业务成本

　　　　贷：周转材料——某材料

（4）周转材料的盘点的账务处理与库存商品的盘点的账务处理基本相同。

【任务完成】

（1）闽海百货于2023年5月2日购进的材料物资为螺钉，增值税专用发票显示：价款为3 200元，增值税为416元。螺钉已验收入库，价税款尚未支付。闽海百货编制如下会计分录。

　　借：周转材料——螺钉　　　　　　　　　　　　　　　　3 200
　　　　应交税费——应交增值税（进项税额）　　　　　　　　416
　　　　贷：应付账款——某供应商　　　　　　　　　　　　　　　3 616

（2）各部门按企业的周转材料领用制度领用材料，月末材料物资领用汇总表显示：本月对管理部门的设备进行小修理，领用螺钉的价值为852元。闽海百货编制如下会计分录。

　　借：管理费用——维修费　　　　　　　　　　　　　　　　852
　　　　贷：周转材料——螺钉　　　　　　　　　　　　　　　　　852

任务四　包装物的核算

【任务驱动1】

新华都晋江店购进纸箱500个，单价为6元，合计价款为3 000元，增值税为390元，价税款转账付讫，纸箱全部验收入库。请根据有关凭证进行账务处理。

【知识准备】

一、包装物概述

商品流通企业的包装物是用于盛装和包扎商品的物资，包括一次性耗用的包装材料、周转用包装物、储存和保管用包装物。

一次性耗用的包装材料，如纸、绳、铁丝等，应通过"周转材料"账户进行核算；储存和保管用的包装物，如储油罐、铁桶等，应通过"固定资产"或"低值易耗品"账户进行核算；作为商品经营购进的包装物，应通过"库存商品"账户进行核算；只有周转用包装物才通过"包装物"账户进行核算。

二、账户设置

商品流通企业应设置"包装物"账户。该账户的借方登记购进、腾空、回收、盘盈包装物的实际成本，贷方登记领用、出租、出借、出售、摊销、报废、盘亏包装物的实际成本；期末余额在借方，反映结存包装物的成本。

商品流通企业应在"包装物"账户下设置"库存包装物""在用包装物""包装物摊销""出租包装物""出借包装物"等明细账，也可以按包装物的类别或品名设置明细账。

商品流通企业的包装物也可以通过"周转材料——包装物"账户进行核算。

【任务完成】

新华都晋江店根据增值税专用发票、包装物入库单和银行结算单据编制记账凭证（以会计分录代替）。

借：包装物——库存包装物（纸箱） 3 000
　　应交税费——应交增值税（进项税额） 390
　贷：银行存款 3 390

注：包装物的采购成本包括买价和采购费用，但若采购费用数额较小，不便于分配，则可以直接计入当期损益。

任务驱动 2

新华都晋江店水果柜腾空纸箱50个，其中有40个纸箱可作为包装物继续使用，每个纸箱的估价为5元；另外10个纸箱被当作废品出售，共收到现金20元。请根据有关单据进行账务处理。

【知识准备】

随货购进的包装物，若单独计价，则其核算与单独购进包装物的核算相同；若不单独计价，则在腾空前不单独核算。

商品售出，包装物腾空后，能继续作为包装物使用的包装材料，借记"包装物"账户；不能作为包装物使用的包装材料，借记"周转材料"账户；废旧包装物出售收到现金的，借记"库存现金"账户，相应地贷记"其他业务收入"账户。

【任务完成】

新华都晋江店根据包装物入库单和收款收据等单据编制记账凭证（以会计分录代替）。

借：包装物——库存包装物（纸箱） 200
　　库存现金 20
　贷：其他业务收入 220

任务驱动 3

新华都晋江店受青岛啤酒厂委托，回收啤酒瓶3 000只，每只啤酒瓶的回收价为0.4元，共支付现金1 200元。青岛啤酒厂在取回啤酒瓶时，支付代垫款1 200元及手续费300元。请根据有关凭证进行相关的账务处理。

【任务完成】

（1）新华都晋江店回收啤酒瓶，支付费用，应编制如下记账凭证（以会计分录代替）。

借：其他应收款——青岛啤酒厂　　　　　　　　　　　　　1 200
　　贷：库存现金　　　　　　　　　　　　　　　　　　　1 200

注：将回收的啤酒瓶计入备查账（若为自用回收的包装物，则视同单独购进）。

（2）青岛啤酒厂取回啤酒瓶，支付代垫款及手续费，应编制如下记账凭证（以会计分录代替）。

借：库存现金　　　　　　　　　　　　　　　　　　　　　1 500
　　贷：其他应收款——青岛啤酒厂　　　　　　　　　　　 1 200
　　　　其他业务收入——手续费　　　　　　　　　　　　　 300

注：注销备查账上的啤酒瓶。

任务驱动 4

新华都晋江店食品柜领用铁桶 20 个，每个铁桶为 50 元。其中 8 个铁桶随同商品出售，不单独计价；12 个铁桶被当作食品柜，供周转使用。请进行相关的账务处理。

【知识准备】

一、包装物领用的核算

（1）因销售业务需要一次性领用包装物，对应的会计分录如下。

借：销售费用
　　贷：包装物——库存包装物（某包装物）

（2）内部领用供周转使用的包装物，对应的会计分录如下（在交回时编制相反的会计分录）。

借：包装物——在用包装物（某包装物）
　　贷：包装物——库存包装物（某包装物）

注：由于供内部周转使用并没有转移所有权，因此可以不进行账务处理。

二、包装物出售的核算

（1）随同商品出售不单独计价的包装物，其账务处理与因销售业务需要一次性领用的包装物的账务处理相同。

（2）随同商品出售单独计价的包装物，对应的账务处理如下。

① 在确认收入实现时，根据增值税专用发票等单据编制记账凭证（以会计分录代替）。

借：银行存款
　　贷：其他业务收入

应交税费——应交增值税（销项税额）

② 结转已销包装物成本，编制如下会计分录。

借：其他业务成本
　　贷：包装物——库存包装物

【任务完成】

新华都晋江店根据相关原始凭证编制记账凭证（以会计分录代替）。

借：销售费用——包装费　　　　　　　　　　　　　　400
　　包装物——在用包装物（铁桶）　　　　　　　　　600
　　贷：包装物——库存包装物（铁桶）　　　　　　　　　1 000

任务驱动 5

新华都晋江店在销售商品时出租铁桶一批，租期为6个月，月租为678元（含税），从押金中扣除。该批铁桶的实际成本为3 300元，新华都晋江店收取押金4 500元。请根据有关凭证进行账务处理。

【知识准备】

出租、出借包装物就是将包装物提供给客户暂时使用，区别在于出借是无偿使用，出租是有偿使用。包装物领用的核算如下。

1. 一次摊销法下出租、出借包装物的核算

（1）发出包装物，对应的会计分录如下。

借：销售费用（出借）
　　其他业务成本（出租）
　　贷：包装物——库存包装物（某包装物）

（2）收回被租借包装物的残料，对应的会计分录如下。

借：周转材料——残料
　　贷：销售费用（出借）
　　　　其他业务成本（出租）

2. 分次摊销法下出租、出借包装物的核算

（1）发出包装物，对应的会计分录如下。

借：包装物——出租（借）包装物
　　贷：包装物——库存包装物（某包装物）

（2）出租、出借包装物摊销，对应的会计分录如下。

借：销售费用（出借）
　　其他业务成本（出租）

贷：包装物——包装物摊销
（3）收回被出租、出借包装物的残料，对应的会计分录如下。
借：周转材料——残料
　　包装物——包装物摊销
　　贷：销售费用（出借）
　　　　其他业务成本（出租）
　　　　包装物——出租（借）包装物
注：出租、出借包装物收回可用的，计入备查账，不记入"包装物"账户。

3. 包装物押金收取、退还与没收的会计核算
（1）收取押金，对应的会计分录如下。
借：银行存款（或库存现金）
　　贷：其他应付款——某客户
注：若退还押金，则编制相反的会计分录。
（2）没收押金或以押金抵租金，对应的会计分录如下。
借：其他应付款——某客户
　　贷：其他业务收入
　　　　应交税费——应交增值税（销项税额）
注：若是直接收取租金，则将（2）中的借方账户改为"银行存款"或"库存现金"。

【任务完成】

（1）新华都晋江店发出包装物铁桶，根据包装物出库单编制如下记账凭证（以会计分录代替）。

借：包装物——出租包装物（铁桶）　　　　3 300
　　贷：包装物——库存包装物（铁桶）　　　　3 300

（2）新华都晋江店收到押金，根据收款收据和银行进账单编制如下记账凭证（以会计分录代替）。

借：银行存款　　　　4 500
　　贷：其他应付款——客户　　　　4 500

（3）新华都晋江店按月摊销出租包装物，编制如下记账凭证（以会计分录代替）。

借：其他业务成本　　　　550
　　贷：包装物——包装物摊销　　　　550

（4）新华都晋江店按月确认租金收入（从押金中扣除），编制如下记账凭证（以会计分录代替）。

借：其他应付款——客户　　　　678
　　贷：其他业务收入　　　　600

应交税费——应交增值税（销项税额）　　　　　　　　　　78

（5）新华都晋江店在客户按时归还铁桶，并扣除6个月租金后，用现金退还剩余押金，编制如下记账凭证（以会计分录代替）。

　　借：其他应付款——客户　　　　　　　　　432
　　　　贷：库存现金　　　　　　　　　　　　　432

（6）新华都晋江店将收回的铁桶按报废处理，将残料入库，作价288元，编制如下记账凭证（以会计分录代替）。

　　借：周转材料——旧铁皮　　　　　　　　　288
　　　　其他业务成本　　　　　　　　　　　　262
　　　　包装物——包装物摊销（假设只摊销了5个月）　2 750
　　　　贷：包装物——出租包装物　　　　　　3 300

任务五　低值易耗品的核算

任务驱动

新华都晋江店对低值易耗品采用五五摊销法。2019年8月2日，管理部门领用工具一批，成本为2 400元。请进行相关的账务处理。

【知识准备】

一、低值易耗品的概念

低值易耗品是指单位价值较低或者使用年限较短的用具，如柜台、货柜、仪器、玻璃器皿、办公用具等。为了方便管理，有些用具即使单位价值较高而且使用年限较长，也作为低值易耗品处理，如各种磅秤、非机动车辆等。

二、账户设置

商品流通企业可通过"周转材料"账户对低值易耗品进行核算，也可单设"低值易耗品"账户对低值易耗品进行核算。"低值易耗品"账户的借方登记企业因购入、调入、盘盈等增加的低值易耗品价值，贷方登记企业因领用、调出、报废、盘亏等减少的低值易耗品的价值；期末余额在借方，反映结存低值易耗品的价值。

商品流通企业可在"低值易耗品"账户下设置"库存低值易耗品""在用低值易耗品""低值易耗品摊销"等明细账，也可以按低值易耗品的类别或品名设置明细账。

三、账务处理

1. 购进的核算

购进的核算如下。

借：低值易耗品——库存低值易耗品（买价+运杂费等采购费用）
　　应交税费——应交增值税（进项税额）
　　贷：银行存款（或应付账款等）

注：采购费用数额较小不便分配的，直接计入当期损益。

2. 领用与摊销的核算

（1）若采用一次摊销法（在领用时将低值易耗品的价值一次性计入费用），则账务处理如下。

借：销售费用（专设销售机构领用）
　　管理费用（管理部门领用）
　　贷：低值易耗品——库存低值易耗品

（2）若采用五五摊销法，则账务处理如下。

① 领用低值易耗品的账务处理如下。

借：低值易耗品——在用低值易耗品
　　贷：低值易耗品——库存低值易耗品

② 首次摊销50%的账务处理如下。

借：销售费用（或管理费用）
　　贷：低值易耗品——低值易耗品摊销

③ 报废时摊销另50%的账务处理如下。

借：低值易耗品——低值易耗品摊销
　　周转材料（残料入库）
　　销售费用（或管理费用）
　　贷：低值易耗品——在用低值易耗品

【任务完成】

（1）领用工具，对应的会计分录如下。

借：低值易耗品——在用工具　　　　　　　　　　　　2 400
　　贷：低值易耗品——库存工具　　　　　　　　　　2 400

（2）首次摊销50%，对应的会计分录如下。

借：管理费用　　　　　　　　　　　　　　　　　　1 200
　　贷：低值易耗品——低值易耗品摊销　　　　　　　1 200

? 想一想，练一练

假设该批工具在使用一年后报废，出售残值，收到20元现金，应如何进行账务处理？

项目九 商品流通费用的核算

学习目标

知识目标

熟悉商品流通费用、销售费用、管理费用的含义；理解商品流通费用的开支范围；掌握费用核算方法（直接认定法和比例分摊法）。

能力目标

能够准确判定企业的各项支出是否属于商品流通费用，能够独立完成销售费用、管理费用、财务费用的核算。

思政目标

掌握商品流通费用的含义及构成，思考商品流通企业如何在确保商品和服务质量的前提下降低费用、节约资源，为我国实现2030年前碳达峰与2060年前碳中和的目标贡献力量。

任务一 商品流通费用概述

问题导入

商品流通企业的哪些支出不得被列为商品流通费用？

【知识准备】

根据《企业会计准则》的规定，费用是企业生产经营过程中发生的各项耗费。企业直接为生产商品和提供劳务发生的直接材料、直接人工、商品进价及其他直接费用，直接计入生产经营成本；企业为生产商品和提供劳务发生的各项间接费用，应按一定标准分配计入生产经营成本。企业的行政管理部门为组织和管理生产经营活动而发生的管理费用、财务费用，为销售和提供劳务而发生的进货费用、销售费用等，应当作为期间费用，直接计入当期损益。

本任务所指的商品流通费用为商品流通企业的期间费用。

一、商品流通费用的含义

商品流通企业的费用即商品流通费用，是商品流通企业在商品流通过程中耗费的活劳动和物化劳动的货币表现。

商品流通费用是商品从生产领域转入消费领域的必要支出，会导致经济利益流出商品流通企业，直接影响商品流通企业的经济效益。商品流通费用的高低直接反映了商品流通企业的综合管理水平。

每家商品流通企业都应当在保证商品流通顺畅和提供优质服务的前提下，厉行节约，进行绿色经营，降低商品流通费用，以尽可能少的劳动耗费实现尽可能多的利润，为自身和国家建设积累更多的资金。

二、商品流通费用的开支范围

（1）支付给商品流通企业工作人员的工资、福利费、津贴和奖金，以及为工作人员向有关部门支付的社会保险费与住房公积金等。

（2）支付给国民经济其他部门的劳务报酬，如运杂费、维修费、广告费、手续费、电信费等。

（3）商品在购进、销售、储存过程中发生的正常损耗。

（4）商品流通企业在经营过程中发生的各种物资消耗，如固定资产折旧、周转材料摊销等。

（5）商品流通企业经营期间发生的利息净支出、汇兑净损失、现金折扣，以及支付给金融机构的手续费等。

（6）商品流通过程中其他必要的开支。

三、商品流通费用的分类

（1）按经济用途划分，可将商品流通费用分为销售费用、管理费用和财务费用。

（2）按与商品流转额的关系划分，可将商品流通费用分为直接费用和间接费用。

① 直接费用是指费用开支数额随商品流转额的大小而发生相应变化的费用，如进货运费、商品损耗、业务招待费和利息支出等。

② 间接费用是指费用开支数额在一定范围内不受商品流转变动影响的费用，如折旧费、低值易耗品摊销等。

【问题解答】

凡是与商品流通过程没有直接关系的支出，都不能被列为商品流通费用。以下支出不得被列为商品流通费用。

（1）对外投资支出。
（2）赞助（不包含带有广告性质的赞助）和捐赠支出。
（3）被没收的财产。
（4）赔偿金、违约金、罚款和滞纳金。
（5）与固定资产、无形资产等长期资产有关的支出。
（6）计提不良资产减值准备。
（7）其他与商品流通过程没有直接关系的各项支出，如固定资产盘亏、非常损失等。

任务二　销售费用的核算

任务驱动 1

2024年1月25日，金海商场制作的10则灯箱广告已在指定地点按合同规定安装完毕。金海商场的财务部门开出转账支票，支付广告公司灯箱广告制作及安装费用20 000元，以及增值税1 200元。请进行相关的账务处理。

【知识准备】

销售费用是商品流通企业在商品销售、保管环节发生的各项必要耗费。

商品流通企业应当设置"销售费用"总账进行总分类核算，并按下列项目设置明细账，进行明细分类核算：①运杂费；②装卸费；③整理费；④包装费；⑤保险费；⑥展览费；⑦仓储保管费；⑧检验费；⑨广告费；⑩商品损耗；⑪出口商品累计佣金；⑫经营人员的薪酬等。

提示：商品流通企业开网店发生的网店装修费、推广费等也通过"销售费用"账户进行核算。

"销售费用"账户的借方登记支付、预提、分摊本期应负担的销售费用，贷方登记本期转入"本年利润"账户的销售费用，期末一般无余额。

【任务完成】

（1）金海商场根据银行结算凭证、灯箱广告验收合格证明等单据编制如下会计分录。

借：销售费用——广告费　　　　　　　　　　　　　20 000
　　应交税费——应交增值税（进项税额）　　　　　 1 200
　　贷：银行存款　　　　　　　　　　　　　　　　21 200

（2）金海商场根据审核无误的记账凭证及原始凭证，登记销售费用明细账。

任务驱动 2

光年电器城 2024 年 5 月的全部销售收入为 3 000 000 元,其中家电柜的销售收入为 1 800 000 元,五金柜的销售收入为 300 000 元,通信器材柜的销售收入为 900 000 元;本月销售商品共发生运杂费 120 000 元。请分摊各柜组应负担的运杂费、装卸费,并进行相关的账务处理。

【知识准备】

实行分类或柜组核算的商品流通企业,除了"主营业务收入""主营业务成本""库存商品"等账户按商品大类或柜组进行明细分类核算,期间费用中的销售费用也应按商品大类或柜组分户,进行明细分类核算,以便计算各商品大类或各柜组的经营成果。

销售费用按商品大类或柜组进行核算的,可以根据具体业务选择直接认定法或比例分摊法。

一、直接认定法

直接认定法是指在销售费用发生以后,根据有关费用凭证,直接确定该项费用应由哪类商品或哪个柜组负担的方法。

二、比例分摊法

比例分摊法是指在销售费用发生后,不能根据有关凭证直接认定应由哪类商品或哪个柜组负担,需要按照某种比例,通过计算才能确定各类商品或各柜组应分摊的费用额的方法。

比例分摊法的计算步骤如下。

(1)计算各商品大类或各柜组的销售收入占全部销售收入的百分比,计算公式如下:

某商品大类或某柜组的销售收入占全部销售收入的百分比 = 某商品大类或某柜组的销售收入 / 全部销售收入 × 100%

(2)计算某商品大类或某柜组本期应分摊的费用,计算公式如下:

某商品大类或某柜组本期应分摊的费用 = 本期共同费用总额 × 某商品大类或某柜组的销售收入占全部销售收入的百分比

【任务完成】

(1)平时,支付运杂费,根据原始凭证逐笔登记银行存款日记账或库存现金日记账,会计不进行账务处理。

(2)月末,会计在汇总当月发生的运杂费后进行一次性分摊。

① 家电柜:

销售收入占全部销售收入的百分比 = 1 800 000/3 000 000×100% = 60%

本月应分摊的费用 = 120 000×60% = 72 000（元）

② 五金柜：

销售收入占全部销售收入的百分比 = 300 000/3 000 000×100% = 10%

本月应分摊的费用 = 120 000×10% = 12 000（元）

③ 通信器材柜：

销售收入占全部销售收入的百分比 = 900 000/3 000 000×100% = 30%

本月应分摊的费用 = 120 000×30% = 36 000（元）

（3）会计根据出纳员提供的审核无误的付款单据、本月运杂费分配表等原始凭证编制如下会计分录。

借：销售费用——家电柜组（运杂费） 72 000
　　　　　　——五金柜组（运杂费） 12 000
　　　　　　——通信器材柜组（运杂费） 36 000
　贷：银行存款（或库存现金等） 120 000

（4）会计根据审核无误的记账凭证及其原始凭证，登记销售费用明细账（见图 9-1）。

销售费用

二级账户：×× 柜　　　　　　　　　　　　　　　　　　　　　　　　　单位：元

年		记账凭证		摘要	借方金额									核对号	运杂费	装卸费	整理费	保险费	展览费
月	日	种类	号码		百	十	万	千	百	十	元	角	分						

图 9-1　销售费用明细账

任务三　管理费用的核算

任务驱动 1

2023 年 12 月 9 日，金海商场的总经理在晋江金景大酒店设宴招待某商业考察团一行 6 人，以现金支付招待费 800 元、增值税 104 元。请进行相关的账务处理。

【业务单据】

业务单据包括增值税专用发票的发票联和抵扣联（略）。

【知识准备】

管理费用是商品流通企业的行政管理部门为组织和管理其经营活动所发生的各项必要

耗费。

商品流通企业应设置"管理费用"总账，进行总分类核算，并按下列项目设置明细账进行明细分类核算：①管理人员的薪酬；②业务招待费；③技术开发费；④董事会费；⑤工会经费；⑥职工教育经费；⑦劳动保险费；⑧涉外费；⑨租赁费；⑩咨询费；⑪诉讼费；⑫商标注册费；⑬技术转让费；⑭无形资产摊销；⑮折旧费；⑯低值易耗品摊销；⑰修理费；⑱消防费；⑲审计费；⑳开办费。

"管理费用"账户的借方登记支付、预提、分摊本期应负担的管理费用，贷方登记本期转入"本年利润"账户的管理费用，期末一般无余额。

【任务完成】

金海商场根据增值税专用发票的发票联和抵扣联等单据编制如下会计分录。

借：管理费用——业务招待费　　　　　　　　　　800
　　应交税费——应交增值税（进项税额）　　　　104
　　贷：银行存款　　　　　　　　　　　　　　　　　　904

任务驱动 2

2023 年 1 月 3 日，福建晋江万有商城财务部门转账支付本企业行政部门本年度定额备用金 10 万元。请进行相关的账务处理。

【业务单据】

业务单据包括中国工商银行转账支票存根（见图 9-2）和福建晋江万有商城内部付款凭证（见图 9-3）。

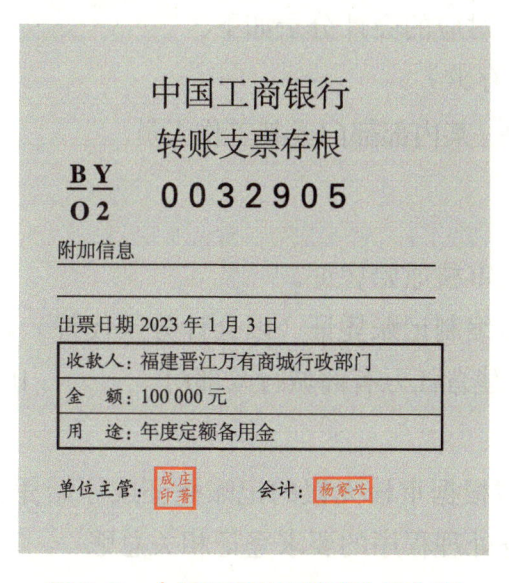

图 9-2　中国工商银行转账支票存根

福建晋江万有商城内部付款凭证

2023年1月3日　　　　　　　　　　　　　　　　　　　　　　No. 2020081716

领款人	福建晋江万有商城行政部门	付出性质	内部往来
款项内容	定额备用金		
人民币（大写）	壹拾万元整		十万千百十元角分 1 0 0 0 0 0 0 0
审批人 戚庄印著	会计：(盖章) 杨家兴	出纳：(盖章) 黄洋洋	备注： 行政部门为本企业非独立核算单位

第三联财务联

图 9-3　福建晋江万有商城内部付款凭证

【知识准备】

定额备用金是商品流通企业对经常使用备用金的内部各部门或工作人员根据日常零星开支等实际需要而核定的，并在一定时期内（一般为一年）固定不变的备用数额。

定额备用金是其他应收款的一种，通过"其他应收款"账户进行总分类核算，并按应收单位或个人设置相应的明细账，进行明细分类核算。

（1）商品流通企业某内部部门或工作人员按规定预借备用金，对应的会计分录如下。

借：其他应收款——某内部部门或某工作人员

　　贷：库存现金（或银行存款）

（2）商品流通企业某内部部门或工作人员来报销（先以备用金支付）费用支出，对应的会计分录如下。

借：管理费用（根据费用的归属部门记入对应账户）

　　贷：库存现金（或银行存款）

（3）收回定额备用金，对应的会计分录如下。

借：库存现金（或银行存款）

　　贷：其他应收款——某内部部门或某工作人员

【任务完成】

（1）福建晋江万有商城审核原始凭证。

（2）福建晋江万有商城编制记账凭证（以会计分录代替）。

借：其他应收款——福建晋江万有商城行政部门　　100 000

　　贷：银行存款　　　　　　　　　　　　　　　　　100 000

（3）福建晋江万有商城根据审核无误的记账凭证或原始凭证，登记银行存款日记账、其他应收款明细账，按账务处理程序的要求登记相关总账。

任务驱动 3

2023年1月末，福建晋江万有商城行政部门向财务部门报销会议费15 000元、差旅费3 000元。请进行相关的账务处理。

【任务完成】

（1）福建晋江万有商城审核原始凭证。

（2）福建晋江万有商城编制记账凭证（以会计分录代替）。

借：管理费用——会议费　　　　　　　　　　　　　　15 000
　　　　　　——差旅费　　　　　　　　　　　　　　 3 000
　　贷：银行存款　　　　　　　　　　　　　　　　　18 000

注：采用定额备用金制，日常报销各项费用应全额支付，不能收回备用金。

（3）福建晋江万有商城根据审核无误的记账凭证或原始凭证，登记银行存款日记账、管理费用明细账，按账务处理程序的要求登记相关总账。

【课后任务】

（1）企业员工参加培训（企业按规定提取职工教育经费）回来，报销培训费10 000元、培训期间的差旅费3 600元（参训职工预借差旅费15 000元）。出纳员在报销的同时结清预借款项。

（2）企业提取本月员工工资85 000元，其中商品销售人员的工资为49 000元，行政管理人员的工资为26 300元，财务人员的工资为9 700元。

（3）企业分别按员工工资（85 000元）的1.5%和3%提取工会经费和职工教育经费。

（4）企业计提本月固定资产折旧13 500元，其中销售部门的固定资产折旧为9 300元，行政管理部门的固定资产折旧为2 700元，财务部门的设备折旧为1 500元。

请以企业会计人员的身份完成上述业务的账务处理。

任务四　财务费用的核算

任务驱动 1

2023年6月22日，福建晋江万有商城财务部门收到银行转来的存款利息通知单。该存款利息通知单显示：金海商场2023年3月22日—6月21日，银行活期存款利息为9 280元。请进行相关的账务处理。

【知识准备】

财务费用是商品流通企业为筹集业务经营所需资金而发生的各项费用。

商品流通企业应当设置"财务费用"总账进行总分类核算，并按下列项目设置明细账，进行明细分类核算。

（1）利息：商品流通企业为经营业务筹集流动资金所发生的银行借款利息、商业汇票贴现利息等。商品流通企业为购建固定资产、无形资产等长期资产筹集资金所发生的利息支出，发生在长期资产尚未完工建成之前的，应当计入长期资产的成本；发生在长期资产完工结算之后的，则应记入"财务费用——利息支出"账户。

若是企业经营资金的存款利息收入，则贷记"财务费用"账户。

（2）汇兑损益（详见项目七的任务四）：企业在发生外币交易、兑换业务，以及进行期末账户调整及外币报表换算时，由于采用不同货币，或同一货币不同比价的汇率核算时产生的，按记账本位币折算的差额。

（3）金融机构手续费：企业办理金融业务所支付的手续费，包括转账手续费、汇款手续费、账户管理费、购买支付密码器等物品的费用。

（4）现金折扣支出（详见项目三的任务二中的任务驱动5）。

"财务费用"账户的借方登记支付、预提的财务费用，贷方登记本期转入"本年利润"账户的财务费用，期末一般无余额。

【任务完成】

福建晋江万有商城财务部门根据审核无误的存款利息通知单编制记账凭证（以会计分录代替）。

借：银行存款　　　　　　　　　　　　　　　　　　　　　9 280
　　贷：财务费用——利息收入　　　　　　　　　　　　　　9 280

任务驱动 2

2023年6月30日，福建晋江万有商城从中国工商银行晋江支行借入年利率为6%、期限为半年的临时款项240 000元。合同规定每季的季末付息，期满一次还本。请进行相关的账务处理。

【业务单据】

业务单据包括中国工商银行（流动资金贷款）借款凭证回单（见图9-4）等。

【知识准备】

短期借款是商品流通企业为了满足正常商业经营的需要而向银行或其他金融机构借入的期限在1年以内（包含1年）的各种款项。

商品流通企业应设置"短期借款"账户，核算各种借款的取得与归还，并按债权人设置相应的明细账，进行明细核算。

中国工商银行（流动资金贷款）借款凭证（回单） ③

编号　　　　日期 2023 年 6 月 30 日　　　　银行编号 98418

收款单位	全称	福建晋江万有商城	借款单位	全称	福建晋江万有商城
	账号	5263086353		放款账号	601323071
	开户行	中国工商银行晋江支行		开户行	中国工商银行晋江支行

借款期限（最后还款日）	2023 年 12 月 30 日	利率	6%	起息日期	2023 年 6 月 30 日

借款申请额	人民币（大写）	贰拾肆万元整		千	百	十	万	千	百	十	元	角	分
			¥		2	4	0	0	0	0	0	0	0

借款原因及用途	流动周转资金	银行核定金额	千	百	十	万	千	百	十	元	角	分
		¥		2	4	0	0	0	0	0	0	0

备注：	期限	计划还款日期	计划还款金额
	6 个月	2023 年 12 月 30 日	¥240 000

上述借款业已同意贷给并转入你单位往来账户，借款到期应按期归还。
此致
借款单位：福建晋江万有商城
（银行盖章）2023 年 6 月 30 日

此联系核定放款回单代借款单位往来户收款通知

图 9-4　中国工商银行（流动资金贷款）借款凭证（回单）

商品流通企业应设置"应付利息"和"财务费用"两个账户，核算短期借款利息的提取和支付。在实际工作中，银行一般于季末收取当季的短期借款利息，所以商品流通企业的短期借款利息一般采用分月预提、季末支付的方式进行核算。利息数额较小的，也可以不分月预提，而是在季末支付时直接记入"财务费用"账户。

【任务完成】

（1）福建晋江万有商城财务部门于 2023 年 6 月 30 日，根据中国工商银行（流动资金贷款）借款凭证（回单）等原始凭证编制如下会计分录。

借：银行存款　　　　　　　　　　　　　　　　240 000
　　贷：短期借款——中国工商银行晋江支行　　　240 000

（2）福建晋江万有商城财务部门于 2023 年 7 月 30 日，按月提取短期借款利息，根据自制原始凭证编制如下会计分录。

借：财务费用——利息支出　　　　　　　　　　1 200
　　贷：应付利息——中国工商银行晋江支行　　　1 200

注：月息 = 240 000×6%/12 = 1 200（元）。

（3）福建晋江万有商城财务部门于 2023 年 9 月 30 日，支付本季度应付利息，根据银行结算单据编制如下会计分录。

借：财务费用——利息支出　　　　　　　　　　1 200
　　应付利息——中国工商银行晋江支行　　　　2 400
　　贷：银行存款——中国工商银行晋江支行　　　3 600

注：7—8月的利息均有预先提取，9月的利息没有提取就直接支付了。

【课后任务】

2023年12月，福建晋江万有商城的部分业务如下，请以福建晋江万有商城财务会计的身份编制会计分录。

（1）福建晋江万有商城财务部门接到银行通知，本月银行为其提供转账服务，应收手续费98元，银行已从其基本账户中扣除。

（2）福建晋江万有商城财务部门的出纳员转账支付订阅2024年《会计研究》月刊的全年费用2 712元。

（3）福建晋江万有商城财务部门的李会计出差回来报销差旅费850元，出纳员以现金支付。

项目十 税金的核算

学习目标

知识目标

了解税收的含义及其分类；熟悉增值税、消费税、城市维护建设税、教育费附加、房产税、城镇土地使用税、车船税、印花税的含义、计税依据及其应纳税额的计算公式。

能力目标

掌握税金的核算流程，能够完成与增值税、消费税、城市维护建设税、教育费附加、房产税、城镇土地使用税、车船税、印花税相关的业务的账务处理。

思政目标

了解税收的含义及分类，掌握税金的核算流程，领会我国税收"取之于民、用之于民"的社会主义性质，从而自觉纳税、诚信纳税。

任务一 税金概述

问题导入

国家税收主要用在哪些方面？我国税收的用途反映了什么？

【知识准备】

一、税收的含义

税收是国家为了向社会提供公共产品、满足社会共同需要，按照法律的规定，参与社会产品的分配，强制、无偿取得财政收入的一种规范形式。税收是一种非常重要的政策工具。2023年，我国全年实现税收收入15.9万亿元，为加快中国式现代化进程提供了坚实的物质基础。

二、税收的分类

税收分类是从一定的目的和要求出发，按一定的标准，对不同税种隶属税类所做的一种划分。按照不同的划分标准，可以把税收分成不同的种类。

1. 按课税对象划分

（1）流转税，是指以商品生产流转额和非生产流转额为课税对象征收的一类税。流转税是我国税制结构中的主体税类，增值税、消费税、关税等均属于流转税。

（2）所得税，又称收益税，是指国家对法人、自然人和其他经济组织在一定时期内的各种所得征收的一类税。所得税也是我国税制结构中的主体税类，包括企业所得税和个人所得税。

（3）财产税，是对法人或自然人在某一时点占有或可支配财产课征的一类税的统称，主要包括房产税、土地增值税等。

（4）行为税，是国家为了对某些特定行为进行限制或开辟某些财源而课征的一类税，包括城市维护建设税、印花税等。

（5）资源税，是以各种自然资源为课税对象，为了调节资源级差收入并体现国有资源有偿使用原则而征收的一类税，如耕地占用税、城镇土地使用税等。

2. 按与价格的关系划分

（1）价内税，是指税款包含在应税商品价格内，作为商品价格的一个组成部分的一类税，如我国现行的消费税、关税等。

（2）价外税，是指税款不包含在商品价格之内，不作为商品价格的一个组成部分的一类税，如我国现行的增值税。

此外，还可以以计量依据为划分标准，将税收分成从价税、从量税；以管理和支配权限的归属为划分标准，将税收分成中央税（如消费税、关税、证券交易印花税等）、地方税（如土地增值税、房产税、车船税等）、中央和地方共享税（如增值税、所得税、资源税等）。

三、税金的核算流程

（1）确定计税依据。计税依据又叫税基，是计算征税对象应纳税额的直接数量依据。价值形态的计税依据包括销售收入、应纳税所得额等，物理形态的计税依据包括重量、体积、面积等。

（2）计算应纳税额。不同税种的应纳税额的计算方法不尽相同，如所得税、增值税、消费税的应纳税额，其计算方法就不一样。后文结合各税种的教学内容分别阐述各税种应纳税额的计算方法。

（3）进行账务处理。

【问题解答】

我国通过税收筹集财政资金，用于国家的财政支出，为社会提供公共产品和公共服务，保证无收入、低收入及遭受各种意外灾害的公民能够维持生存，保障劳动者在年老、失业、患病、工伤、生育时的基本生活不受影响，发展教育、卫生、文化、科技、环境保护等事业，加强公共安全和国防建设，推动我国的外交事业不断进步，为国家经济发展、社会稳定和提高人民生活水平提供强大的物质保障。

我国税收的用途充分反映了"取之于民、用之于民"的社会主义税收分配关系。

任务二　增值税的核算

任务驱动 1

2023年1月9日，福建著成服饰有限公司从国内购进一批由彩色棉生产的彩色布料，进价为2 000 000元，增值税为260 000元。1月25日，该公司将加工制作成的夹克衫出口到国外，售价折合人民币为5 000 000元，退税率为13%。请进行相关的账务处理。

【知识准备】

增值税是对从事销售货物或提供加工、修理修配劳务和应税服务，以及进口货物的单位和个人，以其取得的增值额为计税依据而征收的一种流转税。

增值税纳税人按照经营规模的大小和会计核算是否健全可以被分成一般纳税人和小规模纳税人。

一般纳税人是指年应征增值税销售收入超过《中华人民共和国增值税暂行条例实施细则》规定的小规模纳税人标准的企业和企业性单位。一般纳税人销售或者进口货物、销售劳务，适用的增值税税率（另有列举的货物除外）为13%。

1. 增值税应纳税额的计算

增值税应纳税额的计算公式如下：

$$增值税应纳税额 = 销项税额 - （进项税额 - 进项税额转出）$$

$$销项税额 = 不含税销售收入 \times 税率$$

或

$$销项税额 = 含税销售收入 / （1 + 增值税税率） \times 税率$$

（1）下列行为视同销售货物。

① 委托他人代销货物或销售代销货物。

② 将代购货物交付委托人。

③ 将自产货物用于不征增值税项目、非生产经营用固定资产建设、集体福利或个人消费。

④ 将自产、进口或购入货物无偿转让给其他单位或个人。

⑤ 将自产、进口或购入货物作为投资,提供给其他单位或个人。

⑥ 因停业、破产、解散等,将剩余存货抵偿债务、分配给投资人。

⑦ 设有两个以上机构的纳税人,将货物从一个机构移送到其他机构,但机构在同一个县(市)的除外。

(2) 可以抵扣的进项税额(必须有合法的扣税凭证)有以下几种。

① 从销售方取得的增值税专用发票上注明的增值税税额。

② 从海关取得的完税凭证上注明的增值税税额。

③ 购买免税农产品按买价 9% 或 10% 的扣除率计算的进项税额。

④ 外购、销售货物所支付的运费按 9% 的扣除率计算的进项税额。

(3) 不得从销项税额中抵扣的进项税额有以下几种。

① 购进应征消费税的自用摩托、汽车、游艇,以及专门用于非应征项目、应税项目的固定资产。

② 用于非增值税应税项目、免征增值税项目的购进货物及相关的应税劳务。

③ 用于集体福利、个人消费的购进货物或应税劳务。

④ 非正常损失的购进货物。

⑤ 非正常损失的在产品、产成品所耗用的购进货物或应税劳务。

⑥ 上述规定的货物的运输费用和销售免税货物的运输费用。

2. 账户设置及账务处理

企业应设置"应交税费——应交增值税"账户进行核算,并在二级明细账"应交增值税"下设置"进项税额""已交税金""转出未交增值税""销项税额""出口退税""进项税额转出""转出多交增值税"等三级明细账,进行三级核算。

"应交税费——应交增值税"明细账的账页格式如图 10-1 所示。

应交税费——应交增值税

单位:元

年		凭证号数	摘要	借方				贷方				
月	日			合计	进项税额	已交税金	转出未交增值税	合计	销项税额	出口退税	进项税额转出	转出多交增值税

图 10-1 "应交税费——应交增值税"明细账的账页格式

(1) 进项税额的账务处理详见项目三、项目四等。

(2) 预缴当月增值税,对应的会计分录如下。

借:应交税费——应交增值税(已交税金)

　　　　贷：银行存款

　　（3）若转出未交增值税［（销项税额＋出口退税＋进项税额转出）－（进项税额＋已交税金）］为正数，则编制如下会计分录。

　　　　借：应交税费——应交增值税（转出未交增值税）
　　　　　　贷：应交税费——未交增值税

　　（4）销项税额的账务处理详见项目三、项目四等。

　　（5）出口退税。

　　企业出口可以退税的货物，在向海关办理报关出口手续后，凭出口报关单等凭证向税务机关申报办理该出口货物进项税额的全额或部分退税，编制如下会计分录。

　　　　借：应收出口退税
　　　　　　贷：应交税费——应交增值税（出口退税）

　　注：适用13%或9%税率的货物或劳务，出口时退税率为13%或9%。

　　（6）进项税额转出，对应的会计分录如下。

　　　　借：有关账户（出口货物不得免征和抵扣的税额记入"主营业务成本"账户）
　　　　　　贷：应交税费——应交增值税（进项税额转出）

　　（7）若转出多交增值税［（销项税额＋出口退税＋进项税额转出）－（进项税额＋已交税金）］为负数，则编制如下会计分录。

　　　　借：应交税费——应交增值税
　　　　　　贷：应交税费——应交增值税（转出多交增值税）

　　（8）缴纳上月所欠的增值税，对应的会计分录如下。

　　　　借：应交税费——未交增值税
　　　　　　贷：银行存款

【任务完成】

　　（1）福建著成服饰股份有限公司于2023年1月9日购进一批彩色布料，编制如下会计分录。

　　　　借：原材料　　　　　　　　　　　　　　　　　　　　　2 000 000
　　　　　　应交税费——应交增值税（进项税额）　　　　　　　　260 000
　　　　　　贷：银行存款（假设价税款全部通过银行转账付讫）　　2 260 000

　　（2）福建著成服饰股份有限公司于2023年1月25日申报出口退税，编制如下会计分录。

　　　　借：应收出口退税　　　　　　　　　　　　　　　　　　　260 000
　　　　　　贷：应交税费——应交增值税（出口退税）　　　　　　260 000

　　注：应收出口退税额＝2 000 000×13%＝260 000（元）。

　　（3）福建著成服饰股份有限公司根据上述记账凭证，逐笔登记"应交税费——应交增值税"明细账。

任务驱动 2

福建著成服饰有限公司 2023 年 1 月 31 日有关增值税的明细账已登记入账，如图 10-2 所示。请计算本月未交或多交的增值税，并进行相关的账务处理。

应交税费——应交增值税

2023年		凭证号数	摘要	借方				贷方				
月	日			合计	进项税金	已交税额	转出未交增值税	合计	销项税额	出口退税	进项税额转出	转出多交增值税
1	5	略	采购		390 000							
1	9	略	采购		260 000							
1	21	略	内销						650 000			
1	25	略	外销							260 000		
1	25	略	转出								30 000	
1	30	略	预缴			200 000						

图 10-2 "应交税费——应交增值税"明细账

【任务完成】

（1）计算。

销项税额＋出口退税＋进项税额转出 =650 000+260 000+30 000=940 000（元）

进项税额＋已交税金 =390 000+260 000+200 000=850 000（元）

（销项税额＋出口退税＋进项税额转出）－（进项税额＋已交税金）=940 000-850 000 = 90 000（元）

（2）编制转出未交增值税的记账凭证（以会计分录代替）。

借：应交税费——应交增值税（转出未交增值税）　　90 000
　　　贷：应交税费——未交增值税　　　　　　　　　　90 000

（3）登记"应交税费——应交增值税"明细账和"应交税费——未交增值税"明细账。

任务驱动 3

2023 年 2 月 19 日，小规模纳税人金井超市从一般纳税人新夏服装厂购进 120 件男款 T 恤，增值税普通发票显示：总价为 4 200 元，增值税为 546 元。T 恤已验收入库，价税款也转账付讫。请进行相关的账务处理。

【知识准备】

小规模纳税人销售货物或提供加工、修理修配劳务，销售应税服务、无形资产的，增值税征收率为 3%；销售不动产、经营租赁不动产的，增值税征收率为 5%。

小规模纳税人在购进商品时，编制如下会计分录。

借：库存商品（买价＋增值税等）
　　贷：银行存款（或应付账款等）

注：小规模纳税人购进商品不得使用增值税专用发票，即使使用，也不能抵扣进项税额。

【任务完成】

金井超市根据审核无误的原始凭证，编制如下会计分录。

借：库存商品——男款 T 恤　　　　　　　　　　　　4 746
　　贷：银行存款　　　　　　　　　　　　　　　　　4 746

任务驱动 4

接任务驱动 3，金井超市当月将 120 件男款 T 恤全部销售完毕，含税销售收入为 6 180 元，有关款项均为现金收入。请进行相关的账务处理。

【知识准备】

小规模纳税人在销售商品（价税合一）时，编制如下会计分录。

借：银行存款（或应收账款等）
　　贷：主营业务收入（含税销售收入）

【任务完成】

金井超市根据审核无误的原始凭证，编制如下会计分录。

借：库存现金　　　　　　　　　　　　　　　　　　6 180
　　贷：主营业务收入——男款 T 恤收入　　　　　　　6 180

任务驱动 5

接任务驱动 4，金井超市的增值税征收率为 3%，月末对所售男款 T 恤的含税销售收入 6 180 元进行价税分解。

【知识准备】

月末小规模纳税人将含税销售收入分解成不含税销售收入和销项税额，编制如下会计分录。

借：主营业务收入
　　贷：应交税费——应交增值税
注：销项税额=含税销售收入/（1+增值税征收率）。
小规模纳税人在缴纳增值税时，编制如下会计分录。
借：应交税费——应交增值税
　　贷：银行存款

【任务完成】

含税销售收入为 6 180 元，按 3% 的增值税征收率，可分解出销项税额 180 元。金井超市根据审核无误的原始凭证，编制如下会计分录。

借：主营业务收入——男款 T 恤收入　　　　　　　　180
　　贷：应交税费——应交增值税　　　　　　　　　　　　180

任务三　消费税的核算

任务驱动

2023 年 8 月 9 日，晋江先海百货进口一批防晒霜，关税完税价格为 250 000 元，缴纳关税 100 000 元。请计算该进口商品的消费税并进行缴纳消费税的账务处理。

【知识准备】

消费税是对从事生产、委托加工和进口应税消费品的单位及个人所取得的销售收入征收的一种流转税。

一、消费税的纳税环节

（1）在境内生产的应税消费品，由生产者于确认销售收入时纳税。
（2）自产自用的消费品，用于连续生产的不纳税；用于其他方面的，在移送使用时纳税。
（3）委托加工的应税消费品，在受托方向委托方提货时代收代缴税款。
（4）进口的消费品，由进口报关者于报关进口时纳税。

二、消费税的征收方法

（1）按从价定率办法计算的应纳税额的计算公式如下：

$$应纳税额 = 销售收入 \times 税率$$

（2）按从量定额办法计算的应纳税额的计算公式如下：

$$应纳税额 = 销售数量 \times 单位税额$$

三、消费税的计税口径

（1）从价定率征收：应税消费品计税销售收入是指纳税人销售时收取的不含增值税的全部价款及一切价外费用。对于包含增值税的销售收入，应换算成不含增值税的计税销售收入。

（2）纳税人自产自用消费品：在没有同类消费品的销售价格可供参考的情况下，按组成计税价格计算。其计算公式如下：

$$组成计税价格 = (生产成本 + 利润) / (1 - 消费税税率)$$

（3）委托加工的应税消费品：在没有同类消费品的销售价格可供参考的情况下，按组成计税价格计算。其计算公式如下：

$$组成计税价格 = (材料成本 + 加工费) / (1 - 消费税税率)$$

（4）进口实行从价定率征收的应税消费品：按照成本计税价格计算。其计算公式如下：

$$组成计税价格 = (关税完税价格 + 关税) / (1 - 消费税税率)$$

（5）实行从价定率的应税消费品：包装物随同销售的，无论是否单独计价，其价格都应计入消费品销售收入中一并纳税。包装物押金不计入消费品的销售收入，但对包装物逾期不还而没收的押金应转为应税消费品的销售收入，按税率缴纳消费税。

消费税税目税率表如表 10-1 所示。

表 10-1 消费税税目税率表

税目	比例税率	定额税率
一、烟		
1. 卷烟 工业 （1）甲类卷烟（每标准条调拨价在 70 元及以上） （2）乙类卷烟（每标准条调拨价在 70 元以下） 商业批发环节	 56% 36% 11%	 30 元/万支 30 元/万支 50 元/万支
2. 雪茄烟	36%	—
3. 烟丝	30%	—
4. 电子烟 工业 商业批发	 36% 11%	 — —
二、酒		
1. 白酒	20%	0.5 元/500 克或毫升
2. 黄酒	—	240 元/吨
3. 啤酒 （1）甲类啤酒（出厂价在 3 000 元/吨及以上） （2）乙类啤酒（出厂价在 3 000 元/吨以下）	 — —	 250 元/吨 220 元/吨
4. 其他酒	10%	—
三、高档化妆品	15%	—
四、贵重首饰及珠宝玉石		
1. 金银首饰、铂金首饰和钻石及钻石首饰	5%	—
2. 其他贵重首饰和珠宝玉石	10%	—

续表

税目	比例税率	定额税率
五、鞭炮、焰火	15%	—
六、成品油		
1. 汽油	—	1.52元/升
2. 柴油	—	1.2元/升
3. 航空煤油	—	1.2元/升
4. 石脑油	—	1.52元/升
5. 溶剂油	—	1.52元/升
6. 润滑油	—	1.52元/升
7. 燃料油	—	1.2元/升
七、摩托车		
1. 气缸容量（排气量，下同）等于250毫升的	3%	—
2. 气缸容量在250毫升以上的	10%	—
八、小汽车		
1. 乘用车		
（1）气缸容量（排气量，下同）在1升（含1升）以下的	1%	—
（2）气缸容量在1升以上至1.5升（含1.5升）的	3%	—
（3）气缸容量在1.5升以上至2升（含2升）的	5%	—
（4）气缸容量在2升以上至2.5升（含2.5升）的	9%	—
（5）气缸容量在2.5升以上至3升（含3升）的	12%	—
（6）气缸容量在3升以上至4升（含4升）的	25%	—
（7）气缸容量在4升以上的	40%	—
2. 中轻型商用客车	5%	—
3. 超豪华小汽车	10%	—
九、高尔夫球及球具	10%	—
十、高档手表	20%	—
十一、游艇	10%	—
十二、木制一次性筷子	5%	—
十三、实木地板	5%	—
十四、电池	4%	—
十五、涂料	4%	—

四、消费税的账务处理

企业应设置"应交税费——应交消费税"账户，核算相关业务。

（1）委托加工应税消费品消费税的账务处理详见项目五的任务二。

（2）进口应税消费品，进口企业在报关时缴纳消费税，编制如下会计分录。

借：库存商品（或固定资产）

　　贷：银行存款

注：消费税业务有时不必通过"应交税费——应交消费税"账户进行核算。

（3）企业正常销售应税消费品，按规定提取消费税，编制如下会计分录。

借：税金及附加
　　贷：应交税费——应交消费税

【任务完成】

（1）组成计税价格=（250 000+100 000）/（1-30%）=500 000（元）。

（2）应纳消费税税额=500 000×30%=150 000（元）。

晋江先海百货缴纳消费税，并编制如下会计分录。

借：库存商品——防晒霜　　　　　　　　　　　　　　150 000
　　贷：银行存款　　　　　　　　　　　　　　　　　　　　150 000

（3）晋江先海百货登记"应交税费——应交消费税"明细账。

任务四　城市维护建设税及教育费附加的核算

任务驱动

晋江先海百货2023年8月实际缴纳增值税300 000元、消费税50 000元。请计算并提取晋江先海百货8月应缴纳的城市维护建设税及教育费附加，并进行相关的账务处理。

【知识准备】

城市维护建设税是国家为了加强城市的维护建设，扩大和稳定城市维护建设资金的来源，向增值税、消费税（合称"二税"）的纳税人，以其实际缴纳的"二税"税额为计税依据而征收的一种税。

教育费附加是国家为了发展地方教育事业而向"二税"的纳税人，以其实际缴纳的"二税"税额为计费依据而征收的一种附加费。

一、税率和征收率

（1）城市维护建设税实行地区差别的3档比例税率，具体如下。

① 纳税人所在地为市区的，税率为7%。

② 纳税人所在地为县城、镇的，税率为5%。

③ 纳税人所在地为非市区、县城或镇的，税率为1%。

（2）教育费附加视同税款进行征收，征收率统一为3%。

二、账务处理

（1）企业应设置"应交税费——应交城市维护建设税"账户，进行会计核算。企业在提取城市维护建设税时，编制如下会计分录。

借：税金及附加

　　　　贷：应交税费——应交城市维护建设税

　　（2）企业应设置"应交税费——教育费附加"账户，进行会计核算。企业在提取教育费附加时，编制如下会计分录。

　　　　借：税金及附加
　　　　　　贷：应交税费——教育费附加

【任务完成】

　　（1）晋江先海百货8月应缴纳的城市维护建设税＝（300 000+50 000）×7%＝24 500（元）。晋江先海百货应编制如下会计分录。

　　　　借：税金及附加　　　　　　　　　　　　　　　　　24 500
　　　　　　贷：应交税费——应交城市维护建设税　　　　　　24 500

　　（2）晋江先海百货8月应缴纳的教育费附加＝（300 000+50 000）×3%＝10 500（元）。晋江先海百货应编制如下会计分录。

　　　　借：税金及附加　　　　　　　　　　　　　　　　　10 500
　　　　　　贷：应交税费——教育费附加　　　　　　　　　　10 500

　　（3）晋江先海百货登记"应交税费——应交城市维护建设税"和"应交税费——教育费附加"明细账。

任务五　房产税、城镇土地使用税、车船税和印花税的核算

任务驱动 1

　　晋江先海百货的会计账簿记载该企业拥有房产的原值为500万元，福建省政府规定按房产原值一次性扣除25%后的余值计算缴纳房产税。请计算晋江先海百货2023年应缴纳的房产税。

【知识准备】

　　房产税是国家向在城市、县城、建制镇、工矿区拥有房产的产权所有人征收的一种税。房产税的征收标准有从价或从租两种。

　　1. 从价计征

　　从价计征的计税依据是房产余值，税率为1.2%。房产余值是房产原值一次性减除一定比例后的余额。具体减除比例，在10%～30%范围内由各省、自治区、直辖市人民政府确定，如浙江省人民政府规定具体减除比例为30%。

　　房产税从价计征的，年应纳税额的计算公式如下：

$$年应纳税额 = 房产原值 \times [1-(10\% \sim 30\%)] \times 1.2\%$$

没有房产原值的，由所在地税务机关参考同类房产核定。

2. 从租计征

从租计征以房屋租金收入为房产税的计税依据，年税率为12%。以房屋租金为计税依据的，年应纳税额的计算公式如下：

$$年应纳税额 = 房产年租金 \times 12\%$$

【任务完成】

晋江先海百货2023年应缴纳的房产税 =5 000 000×(1-25%)×1.2%=45 000（元）

晋江先海百货2023年每月应缴纳的房产税 =45 000/12=3 750（元）

任务驱动2

晋江先海百货2023年实际占用的土地面积为8 280平方米，属于二级土地。由于晋江被列为大城市，按新标准，二级土地的单位税额为10元/平方米·年。请计算晋江先海百货2023年应缴纳的城镇土地使用税。

【知识准备】

城镇土地使用税是国家为合理利用城镇土地，调节土地级差收入，提高土地使用效率，加强土地管理而开征的一种税。城镇土地使用税以纳税人实际占用的土地面积为计税依据，按规定的税额计算征收。

城镇土地使用税每平方米的年税额如下。

（1）大城市为1.5～30元。

（2）中等城市为1.2～24元。

（3）小城市为0.9～18元。

（4）县城、建制镇、工矿区为0.6～12元。

【任务完成】

晋江先海百货2023年应缴纳的城镇土地使用税 =8 280×10= 82 800（元）

晋江先海百货2023年每月应缴纳的城镇土地使用税 =82 800/12=6 900（元）

任务驱动3

晋江先海百货有乘用车一辆，气缸容量为2升，每年应缴纳车船税750元；另有货车3辆，一辆核载2吨，一辆核载5吨，一辆核载10吨。请计算晋江先海百货2023年应缴纳的车船税（所在省份规定对货车按每吨60元征收车船税）。

【知识准备】

车船税是由拥有车船并且使用车船的单位和个人，按适用的税额计算缴纳的一种财产税。

车船税属于地方税，在遵照《中华人民共和国车船税法》等规定的基础上，按照各地税务局的具体管理办法予以确定。

虽然每个地方的车船税是不一样的，但计算方法是一样的。全国各地都按气缸容量和车型计算车船税。车型主要有5种，分别是乘用车、商用车、挂车、其他车辆和摩托车。其中乘用车按照发动机的气缸容量分档。以2019年车船税的标准来说，其具体数额如下。

气缸容量在1升及其以下的汽车的车船税是60～360元。

气缸容量在1升以上至1.6升（含1.6升）的汽车的车船税是300～540元。

气缸容量在1.6升以上至2.0升（含2.0升）的汽车的车船税是360～660元。

气缸容量在2升以上至2.5升（含2.5升）的汽车的车船税是660～1200元。

气缸容量在2.5升以上至3升（含3.0升）的汽车的车船税是1 200～2 400元。

气缸容量在3升以上至4升（含4.0升）的汽车的车船税是2 400～3 600元。

气缸容量在4升以上的汽车的车船税是3 600～5 400元。

车船税按年申报缴纳，一年一交。

【任务完成】

晋江先海百货2023年应缴纳的车船税 =60×（2+5+10）+750 =1 770（元）

晋江先海百货2023年每月应缴纳的车船税 =1 770/12=147.5（元）

任务驱动4

2023年8月31日，晋江先海百货用库存现金向当地税务局购买了500元的印花税票。请进行相关的账务处理。

【知识准备】

印花税是对书立、领受购销合同等凭证行为征收的税款。企业缴纳的印花税是由纳税人根据规定，自行计算应纳税额，购买并一次贴足印花税票的方法缴纳的税款。

企业缴纳的印花税不需要通过"应交税费"账户进行核算。

【任务完成】

（1）晋江先海百货根据有关单据编制如下记账凭证（以会计分录代替）。

借：税金及附加　　　　　　　　　　　　　　　　　　　　500
　　贷：库存现金　　　　　　　　　　　　　　　　　　　　　　500

（2）晋江先海百货登记"税金及附加"明细账及库存现金日记账。

任务驱动 5

2023 年 8 月 31 日，晋江先海百货提取房产税 3 750 元、城镇土地使用税 6 900 元、车船税 147.5 元。请进行相关的账务处理。

【知识准备】

房产税、城镇土地使用税、车船税、印花税均在"税金及附加"账户中列支，其中房产税、城镇土地使用税、车船税应通过"应交税费"账户进行核算。

【任务完成】

（1）晋江先海百货根据相关原始凭证编制如下记账凭证（以会计分录代替）。

借：税金及附加　　　　　　　　　　　　　　　　　10 797.5
　　贷：应交税费——应交房产税　　　　　　　　　 3 750
　　　　　　　　——应交城镇土地使用税　　　　　 6 900
　　　　　　　　——应交车船税　　　　　　　　　 147.5

（2）晋江先海百货登记"税金及附加""应交税费——应交房产税""应交税费——应交城镇土地使用税""应交税费——应交车船税"明细账。

项目十一

利润的核算

学习目标

知识目标

熟悉利润核算前的准备工作；熟悉利润的构成，掌握利润的计算公式，领会利润核算的账结法和表结法；理解所得税费用的含义，掌握应纳税额、应纳所得税额、应纳税所得额、纳税调整后所得的计算公式，熟练掌握应付税款法的账务处理；熟悉利润分配的原则与顺序。

能力目标

能够正确计算企业的营业利润、利润总额、净利润、综合收益总额；能够正确计算企业应纳税额、应纳所得税额、应纳税所得额和纳税调整后所得；能够熟练完成企业利润形成、提取和结转所得税费用及利润分配的账务处理。

思政目标

结合利润形成、所得税费用、利润分配等业务认真学习《企业所得税法》和利润分配的有关规定，坚守诚信做账、依法纳税的底线，形成正确的会计观与价值观。

任务一　利润核算前的准备工作

任务驱动

2023年12月20日，福建万象天街批发有限公司下发通知，要求财务部门做好2023年年度利润核算前的准备工作，其他部门应配合财务部门的工作。请以福建万象天街批发有限公司财务部门负责人的身份完成这一业务。

【知识准备】

利润是反映企业管理水平的一项综合性指标，企业的经营能力、费用控制水平和资金使用效益都可以通过利润表现出来。

为了真实、准确地核算企业的利润，财务部门在进行利润核算前应做好如下准备工作。

（1）账证核对：确保已发生的经济业务均已编制记账凭证并登记入账且账证相符。

（2）账账核对：核实各类会计账簿记录，做到账账相符。

（3）财产清查：在月、季、年终结账前对商品和财产进行清点。特别指出：年终前的财产清查必须是全面清查。

（4）账项调整：在计算利润总额前，应根据权责发生制的原则，进行账项调整，保证应提项目均已提取、应摊销项目均已摊销、应结转项目均已结转。

【任务完成】

（1）福建万象天街批发有限公司财务部门在进行2023年年度利润核算前应进行账证核对。

① 核对已发生的经济业务是否均已编制记账凭证并登记入账。

核对结果：已发生的经济业务均已编制记账凭证并登记入账。

② 核对账证是否相符。

核对结果：账证相符。

（2）福建万象天街批发有限公司财务部门在进行2023年年度利润核算前应进行账账核对。

① 核对总账的资产总额与负债和所有者权益总额是否平衡。

核对结果：平衡。

② 核对总账余额与所包括的明细账余额之和是否相等。

核对结果：相等。

③ 核对库存商品及财产的明细账余额与保管、管理、使用部门的账卡是否相符。

核对结果：相符。

（3）福建万象天街批发有限公司财务部门在进行2023年年度利润核算前应进行全面的财产清查，并在此基础上进行账实核对。

① 清查和盘点库存现金、有价证券。

核对结果：账实相符。

② 清查和盘点库存商品。

核对结果：除散装大米多出25千克、散装面粉多出18千克外，其余商品均账实相符。对多出的大米和面粉进行批准前的账务处理，并根据溢缺原因，向有关部门报请处理。

③ 清查和盘点包装物、低值易耗品及各项周转材料。

核对结果：账实相符。

④ 清查和盘点固定资产。

核对结果：账实相符。

⑤ 核对银行存款日记账与银行对账单的余额是否相符。

核对结果：不相符，但经调整后相符。

⑥ 核对各应收和应付款项明细账的余额与对方的账项余额是否相符。

核对结果：相符。

（4）福建万象天街批发有限公司财务部门在进行2023年年度利润核算前应进行账项调整。

① 本期内发生的一切经济业务均已记入有关账户之内，不需要调整。

② 本期应付税金和费用已根据预提应付数入账，不需要调整。

③ 本期应待摊的费用已转账摊销。

④ 本期使用的包装物、低值易耗品等周转材料的磨损费用均已摊销。

⑤ 本期固定资产折旧已经计提。

⑥ 对已挂账的待处理财产损溢（大米多出25千克，散装面粉多出18千克）尚未进行处理，经与有关方面联系，现已批复，并进行相关的账务处理。

⑦ 对已发生的各种债权、债务已按合同规定收回或偿付。

⑧ 已售商品的进价成本（采用进价金额法）已及时计算和结转。

⑨ 工会经费、职工教育经费、职工福利费、盈余公积金已按规定计提和结转。

任务二　利润形成的核算

任务驱动

福建万象天街批发有限公司2023年5月的损益类账户发生额（结转本年利润前）汇总表如表11-1所示。

表 11-1　损益类账户发生额（结转本年利润前）汇总表

2023 年 5 月 31 日　　　　　　　　　　　　　　　　　　　　　　　　单位：元

会计账户	借方发生额	贷方发生额
主营业务收入		3 980 000
主营业务成本	2 100 000	
其他业务收入		189 000
其他业务成本	120 000	
税金及附加	115 600	
销售费用	334 000	
管理费用	245 400 其中：研发费用 32 000	

续表

会计账户	借方发生额	贷方发生额
财务费用	79 600 其中：利息费用 58 000 利息收入 12 400	
资产减值损失	31 000	
信用减值损失	25 000	
投资收益	280 000	
营业外收入		63 000
营业外支出	15 000	
资产处置收益		100 000

请根据上述资料完成以下任务。

（1）编制结转损益类账户的会计分录。

（2）计算当月的营业利润和利润总额。

【知识准备】

企业在进行账证核对、账账核对、财产清查、账项调整之后就可以进行利润核算了。

一、利润的构成

利润包括收入减去费用后的净额，以及直接计入当期利润的利得和损失等。

（一）营业利润

营业利润的计算公式如下：

营业利润 = 营业收入 − 营业成本 − 税金及附加 − 销售费用 − 管理费用 − 研发费用 − 财务费用 − 资产减值损失 − 信用减值损失 ± 其他收益 ± 投资收益 ± 净敞口套期收益 ± 公允价值变动收益 ± 资产处置收益

其中：

营业收入 = 主营业务收入 + 其他业务收入

营业成本 = 主营业务成本 + 其他业务成本

（二）利润总额

利润总额包括营业利润和营业外收支净额。其中营业外收入是指与企业日常经营活动没有直接关系的各项利得，其构成如图 11-1 所示。

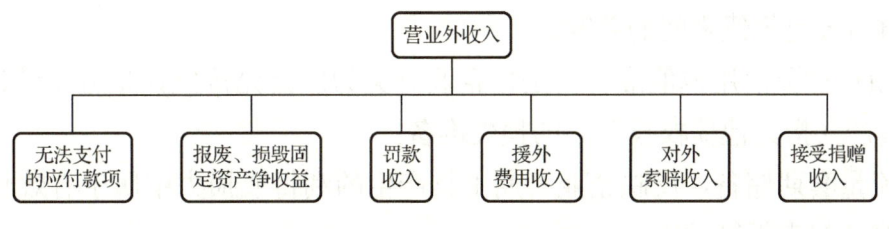

图 11-1　营业外收入的构成

营业外支出是指与企业日常经营活动没有直接关系的各项损失,其构成如图 11-2 所示。

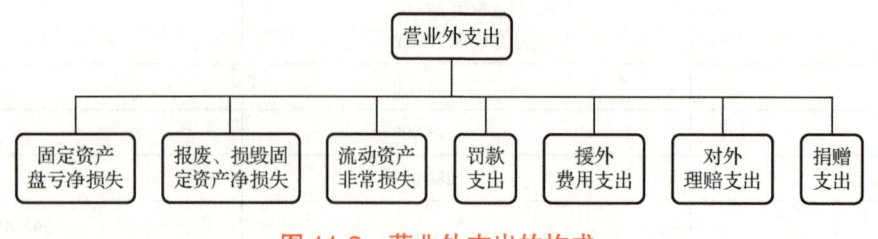

```
                        营业外支出
    ┌──────┬──────┬──────┬──────┬──────┬──────┐
  固定资产  报废、损毁固  流动资产  罚款   援外    对外    捐赠
  盘亏净损失  定资产净损失  非常损失  支出   费用支出  理赔支出  支出
```

图 11-2 营业外支出的构成

(三)净利润

净利润的计算公式如下:

$$净利润 = 利润总额 - 所得税费用$$

二、综合收益总额

综合收益总额的计算公式如下:

$$综合收益总额 = 净利润 + 其他综合收益的税后净额$$

其他综合收益是指企业根据其他会计准则的规定未在当期损益中确认的各项利得与损失,包括不能重分类进损益的其他综合收益和将重分类进损益的其他综合收益。

(1)以后会计期间不能重分类进损益的其他综合收益。

① 重新计量设定受益计划净资产或净负债导致的变动。

② 权益法下不能转损益的其他综合收益。

③ 其他权益工具投资的公允价值变动,是指企业以公允价值计量且变动计入其他综合收益的非交易性权益工具投资发生的公允价值变动。

④ 企业自身信用风险公允价值变动,是指以公允价值计量且其变动计入当期损益的金融负债,由于企业自身信用风险变动引起公允价值变动而计入其他综合收益的金额。

(2)以后会计期间在满足规定条件时,将重分类进损益的其他综合收益。

① 权益法下可转损益的其他综合收益。

② 其他债权投资的公允价值变动,是指企业分类为以公允价值计量且变动计入其他综合收益的债权投资发生的公允价值变动。

③ 金融资产重分类计入其他综合收益的金额,是指企业将一项以摊余成本计量的金融资产重分类为以公允价值计量且变动计入其他综合收益的金融资产时,计入其他综合收益的原账面价值与公允价值之间的差额。

④ 其他债权投资信用减值准备,是指企业分类为以公允价值计量且变动计入其他综合收益的金融资产(指其他债权投资)的损失准备。

⑤ 现金流量套期储备,反映企业套期工具产生的利得或损失中属于有效套期的部分。

⑥ 外币会计报表折算差额。

⑦ 当自用房地产转为以公允模式计量的投资性房地产时，公允价值大于账面价值的差额计入的其他综合收益。

三、企业利润形成的核算

利润核算方法一般有两种，即表结法和账结法。

1. 表结法

企业在各月月末均不结转本年利润，"本年利润"账户在1—11月期间无任何记录，年末才将各损益类账户自年初以来累计实现的收入及累计发生的费用转入"本年利润"账户。

2. 账结法

企业在每月月末将损益类账户中各收入类账户的余额转入"本年利润"账户的贷方；将各成本、费用、支出类账户的余额转入"本年利润"账户的借方。转账后，若"本年利润"账户为借方有余额，则反映企业自年初开始累计发生的亏损数；若"本年利润"账户为贷方有余额，则反映企业自年初开始累计实现的利润。

当企业所得税费用分月结转时，本年利润既可采用表结法，又可采用账结法；当企业所得税费用年末一次结转时，由于企业平时没有结转所得税费用，企业平时的费用构成不完整，因此适合采用表结法。商品流通企业一般采用账结法结转本年利润。

【任务完成】

（1）编制结转损益类账户的会计分录。

① 编制结转损益类账户中各收入、收益类账户的会计分录。

借：主营业务收入　　　　　　　　　　　　　　　3 980 000
　　其他业务收入　　　　　　　　　　　　　　　　189 000
　　营业外收入　　　　　　　　　　　　　　　　　 63 000
　　投资收益　　　　　　　　　　　　　　　　　　280 000
　　资产处置收益　　　　　　　　　　　　　　　　100 000
　　贷：本年利润　　　　　　　　　　　　　　　4 052 000

② 编制结转损益类账户中各成本、费用、支出类账户的会计分录。

借：本年利润　　　　　　　　　　　　　　　　　3 065 600
　　贷：主营业务成本　　　　　　　　　　　　　2 100 000
　　　　其他业务成本　　　　　　　　　　　　　　120 000
　　　　税金及附加　　　　　　　　　　　　　　　115 600
　　　　销售费用　　　　　　　　　　　　　　　　334 000
　　　　管理费用　　　　　　　　　　　　　　　　245 400
　　　　财务费用　　　　　　　　　　　　　　　　 79 600
　　　　资产减值损失　　　　　　　　　　　　　　 31 000

| 信用减值损失 | 25 000 |
| 营业外支出 | 15 000 |

（2）计算当月的营业利润和利润总额。

营业利润 =3 980 000+189 000－280 000+100 000－2 100 000－120 000－115 600－334 000－245 400－79 600－31 000－25 000=938 400（元）

利润总额 =938 400+63 000－15 000 =986 400（元）

任务三　所得税费用的核算

问题导入

什么是所得税费用？所得税费用与应缴所得税有什么联系与区别？

【知识准备】

所得税又称所得课税、收益税，是指国家对法人、自然人和其他经济组织在一定时期内的各种所得征收的一类税。

所得税费用是企业根据所得税会计准则确认的应从当期利润中扣除的税收费用。所得税费用又包含当期应缴所得税和递延所得税两个部分。

企业当期应缴所得税的相关计算公式如下：

应纳税额＝应纳所得税额－减免所得税额－抵免所得税额

应纳所得税额＝应纳税所得额×税率

应纳税所得额＝纳税调整后所得－减免所得－税前弥补的以前年度亏损－抵扣应纳税所得额

纳税调整后所得＝利润总额＋纳税调整增加额－纳税调整减少额－免税、减计收入及加计扣除

所谓递延所得税，是指会计认定的缴税金额与税法认定的缴税金额由于暂时性不一致所产生的差额。

【问题解答】

所得税费用是根据《企业会计准则第18号——所得税》的规定确认的应从当期利润中扣除的税收费用。

应缴所得税是根据《中华人民共和国企业所得税法》（以下简称《企业所得税法》）的规定计算应缴纳的所得税。

二者的联系可以用公式表示：所得税费用＝当期应缴所得税＋递延所得税。

二者的区别源于各自的定义。

任务驱动 1

创投企业卓越公司 2023 年的利润总额为 934 000 元，同时发生如下调整事项。

（1）本年度的业务招待费发生额为 67 000 元，营业收入为 8 100 000 元。

（2）本年度的工资总额为 1 958 000 元，福利费实际支出为 283 000 元。

（3）本年度的广告费和业务宣传费发生额为 1 235 000 元。

（4）本年度的税收罚款发生额为 25 000 元。

（5）对某项电子设备采用年数总和法计提折旧，今年计提的折旧额为 5 000 元。若按平均年限法计提折旧，则今年应计提的折旧额为 8 000 元。

（6）本年度的国债利息收入发生额为 18 028 元。

（7）招聘了两名残疾员工，2023 年两人的全年工资合计为 97 152 元。

请根据以上资料，计算卓越公司 2023 年的纳税调整后所得。

【知识准备】

纳税调整后所得的计算公式如下：

纳税调整后所得＝利润总额＋纳税调整增加额－纳税调整减少额－
免税、减计收入及加计扣除

一、纳税调整增加额

纳税调整增加额是指按会计准则的规定没有确认为收入收益，但在计算应纳税所得额时应作为收益缴纳所得税的项目，以及按会计准则的规定确认为费用或损失，但在计算应纳税所得额时不允许扣减的项目，主要包括以下内容。

（1）企业超过年度利润总额 12% 的公益救济性捐赠。

（2）企业的非广告性赞助支出。

（3）企业从非金融机构借款超出同期金融机构贷款利率的利息费用。

（4）企业工资中超过支出标准的部分。在企业职工福利费中，超过工资总额 14% 的那部分支出，也一并调增。

（5）企业业务招待费中超过支出标准的部分。企业发生的与生产经营有关的业务招待费支出，按照发生额的 60% 扣除，但最高不得超过当年营业收入的 5‰。

（6）企业广告费和业务宣传费中超过支出标准的部分。企业发生的符合条件的广告费和业务宣传费支出，除国务院财政、税务部门另有规定外，不超过当年营业收入 15% 的部分，准予税前扣除；超过 15% 的部分，准予在以后纳税年度结转扣除，但本年度应先调增。

（7）企业因违法违规而交付的罚款、罚金和滞纳金。

（8）企业以超过国家税法规定比例计提的各种减值准备。

二、纳税调整减少额

纳税调整减少额主要是指税收上规定当年可以在税前列支或提取，而企业尚未在税前列支或提取的调整，主要包括以下内容。

（1）企业当年折旧未提足而进行的调整。

（2）以前年度进行纳税调增的减值准备，本年度发生了减值的各项准备金。

（3）本年度转回、转销的除坏账准备以外的各项资产减值准备，包括因处置资产而冲销的减值准备。

三、免税、减计收入及加计扣除

1. 免税项目

（1）购买国债的利息收入。

（2）符合条件的居民企业之间的股息红利等权益性投资收益。

（3）符合条件的非营利性组织的收入等。

2. 减计收入项目

（1）综合利用资源生产国家非限制和禁止并且符合国家及行业相关标准的产品取得的收入，在计算应纳税所得额时可减计 10% 的收入。

（2）金融、保险机构取得的涉农贷款利息、保费收入，在计算应纳税所得额时可减计 10% 的收入。

（3）铁路债券的利息收入，在计算应纳税所得额时可减计 50% 的收入。

（4）提供社区养老、托育、家政服务取得的收入，在计算应纳税所得额时可减计 10% 的收入。

3. 加计扣除项目

（1）企业开展研发活动中实际发生的研发费用，未形成无形资产计入当期损益的，在按规定据实扣除的基础上，自 2023 年 1 月 1 日起，再按实际发生额的 100% 在税前加计扣除；形成无形资产的，自 2023 年 1 月 1 日起，按照无形资产成本的 200% 在税前摊销。

另外，集成电路企业和工业母机企业开展研发活动中实际发生的研发费用，未形成无形资产计入当期损益的，在按规定据实扣除的基础上，在 2022 年 1 月 1 日—2027 年 12 月 31 日期间，再按实际发生额的 120% 在税前扣除；形成无形资产的，在上述期间按照无形资产成本的 220% 在税前摊销。

（2）企业残疾人员的工资，在据实扣除的基础上，可以在计算应纳税所得额时按支付给残疾职工工资的 100% 加计扣除。

【任务完成】

卓越公司 2023 年的利润总额为 934 000 元，在计算纳税调整后所得时，调增项目有以下几个。

（1）本年度的业务招待费发生额为 67 000 元，应调增额 =67 000－67 000×60% =26 800（元）。因为 8 100 000（营业收入）×5‰ >67 000×60%。

（2）本年度的福利费支出为 283 000 元，应调增额 =283 000－1 958 000 × 14%=8 880（元）。

（3）本年度的广告费和业务宣传费发生额为 1 235 000 元，应调增额 =1 235 000－ 8 100 000 × 15%=20 000（元）。

（4）本年度的税收罚款发生额 25 000 元为应调增额。

调增项目金额合计 =26 800+8 880+20 000+25 000=80 680（元）。

卓越公司在计算纳税调整后所得时，调减项目有：按税法规定的应计提折旧额 8 000 元，企业实际计提 5 000 元，应调减 3 000 元。

卓越公司在计算纳税调整后所得时，免税项目有：国债利息收入 18 028 元。

卓越公司 2023 年没有收入减计项目，但有加计扣除项目，应扣除金额为 97 152 元。

经计算，卓越公司 2023 年纳税调整后所得 =934 000+80 680-3 000-18 028-97 152= 896 500（元）。

任务驱动 2

卓越公司 2023 年当年的纳税调整后所得为 870 000 元，无所得减免项目，但到 2023 年年底尚有 5 年内未弥补亏损累计 85 300 元。同时，卓越公司于 2020 年 12 月 30 日采取股权投资方式向一家未上市的高新技术企业投资了 100 万元。请计算卓越公司 2023 年的应纳税所得额。

【知识准备】

应纳税所得额的计算公式如下：

$$应纳税所得额 = 纳税调整后所得 - 减免所得 - 税前弥补的以前年度亏损 - 抵扣应纳税所得额$$

（1）减免所得：项目所得优惠，减免的是项目的应纳税所得额。减免所得需要核算出单个项目所得，即使是同一类别的不同项目也要单独核算，再对每个项目所得根据文件规定进行减免。

（2）弥补以前年度亏损：按《企业所得税法》的规定，企业 5 年内的经营亏损可在税前弥补，超过 5 年的亏损不得在税前弥补。

（3）抵扣应纳税所得额：按照税法规定在计算应纳税所得额时不属于扣除项目的投资，准予按照一定比例直接抵扣应纳税所得额的一种税收优惠方式。

《企业所得税法》规定："创业投资企业从事国家需要重点扶持和鼓励的创业投资，可以按投资额的一定比例抵扣应纳税所得额。"创业投资的类型及优惠内容如表 11-2 所示。

表 11-2 创业投资的类型及优惠内容

创业投资的类型	优惠内容
公司制创业投资企业采取股权投资方式投资于未上市的中小型高新技术企业 2 年以上的	可按其股权投资额的 70% 在股权持有满 2 年的当年抵扣该创业投资企业的应纳税所得额；当年不足抵扣的，可以在以后纳税年度结转抵扣
有限合伙制创业投资企业采取股权投资方式投资于未上市的中小型高新技术企业满 2 年（24 个月）的	其法人合伙人可按其对未上市中小型高新技术企业股权投资额的 70% 抵扣该法人合伙人从该有限合伙制创业投资企业分得的应纳税所得额；当年不足抵扣的，可以在以后纳税年度结转抵扣

【任务完成】

卓越公司 2023 年的应纳税所得额 =870 000−85 300−1000 000×70%= 84 700（元）

任务驱动 3

某小型微利企业 2023 年的当年应纳税所得额为 350 万元，且无境外所得。请计算该小型微利企业 2023 年的应纳税额。

【知识准备】

应纳所得税额的计算公式如下：

$$应纳所得税额 = 应纳税所得额 \times 税率$$

$$应纳税额 = 应纳所得税额 - 减免所得税额 - 抵免所得税额$$

减免所得税额是国家税务总局对国家需要重点扶持的高新技术企业和小型微利企业，给予的一定比例的企业所得税减免优惠金额。

若对国家需要重点扶持的高新技术企业减按 15% 的税率征收企业所得税，则企业的减免所得税额等于应纳税所得额乘以 10% 的优惠比例。

小型微利企业，对年应纳税所得额不超过 100 万元的部分，减按 25% 计入应纳税所得额，按 20% 的税率缴纳企业所得税；对年应纳税所得额超过 100 万元但不超过 300 万元的部分，减按 50% 计入应纳税所得额，按 20% 的税率缴纳企业所得税。

抵免所得税额是指企业取得的所得已在境外缴纳所得税的税额，可从当期应纳税额中抵免，但抵免限额为该项所得依照我国《企业所得税法》的规定计算的应纳税额，而不是该项所得在境外缴纳的所得税额。

例如，某居民企业 2023 年的境内应纳税所得额为 250 万元，境外应纳税所得额为 50 万（该所得已在境外缴纳所得税 10 万元）。假设该企业适用的所得税税率为 25%，则该企业的应纳税所得额 =（250+50）×25%=75（万元），由于该企业的减免所得税额为 0 元，抵免所得税额为 10 万元，因此该企业的应纳税额为 65 万元。

如果该企业的境外所得为 50 万元，已在境外缴纳了所得税 15 万元，那么在境内的抵免所得税额应为 12.5 万元（50×25%），应纳税额为 62.5 万元。

【任务完成】

（1）该小型微利企业 2023 年的应纳所得税额 =350×25%=87.5（万元）。

（2）该小型微利企业 2023 年无境外所得，因此没有抵免所得税额。

（3）该小型微利企业 2023 年的减免所得税额的计算如下。

① 年应纳税所得额不超过 100 万元的部分的减免所得税额 =100×25%-100×25%×20%=20（万元）。

② 年应纳税所得额超过 100 万元但不超过 300 万元的部分的减免所得税额 =200×25%-200×50%×20%=30（万元）。

③ 年应纳税所得额超过 300 万的部分无减免所得税额。

④ 总的减免所得税额 =20+30=50（万元）。

（4）该小型微利企业 2023 年的应纳税额 =87.5-50-0=37.5（万元）。

任务驱动 4

晋江金井天街商品批发部门 2023 年实现会计税前利润 100 万元，其中国债利息收入为 3 万元，违法经营罚款为 2 万元，非公益性捐赠为 0.5 万元。请采用应付税款法计算提取并结转晋江金井天街商品批发部门 2023 年的所得税费用。

【知识准备】

应纳税所得额与利润总额之间的差异包括永久性差异和暂时性差异。

永久性差异是指某一会计期间，由于会计准则与税法在计算收益、费用或损失时的口径不同，所产生的会计税前利润与应纳税所得额之间的差异。永久性差异在本期发生，不会在以后各期转回，不存在账务调整问题。

暂时性差异是由于会计税前利润与应纳税所得额之间的计算时间不一致而产生的，虽在当期发生，但可在若干期内转回。在一段较长的时间内，会计税前利润总额与应纳税所得总额是一致的。暂时性差异的主要项目有累计折旧。

一、应付税款法

应付税款法是指企业不考虑暂时性差异对所得税的影响金额，直接根据当期计算的应纳税所得额，求出当期所得税费用的方法。这种方法适用于规模较小、会计核算不健全的商品流通企业。

（1）提取应缴所得税，对应的会计分录如下。

借：所得税费用

    贷：应交税费——应交所得税

（2）结转所得税费用，对应的会计分录如下。

借：本年利润

贷：所得税费用

（3）以银行存款缴纳所得税（略）。

二、纳税影响会计法

纳税影响会计法是指企业确认暂时性差异对所得税的影响金额，按照当期应缴所得税和暂时性差异对所得税影响金额的合计，确认当期所得税费用的方法。

（1）某一暂时性差异项目如果造成在一段较长的时间内，企业所得税前期缴得多、后期缴得少，那么根据会计税前利润求出的所得税费用与根据应纳税所得额求出的应缴所得税之差额应确认为递延所得税资产。

① 在前期提取所得税费用时（前期应纳税所得额大于会计税前利润），编制如下会计分录。

借：所得税费用（按会计税前利润计算的所得税）
　　递延所得税资产（差额）
　　贷：应交税费——应交所得税（按应纳税所得额计算的所得税）

② 在后期提取所得税费用时（后期应纳税所得额小于会计税前利润），编制如下会计分录。

借：所得税费用（按会计税前利润计算的所得税）
　　贷：应交税费——应交所得税（按应纳税所得额计算的所得税）
　　　　递延所得税资产（差额）

（2）某一暂时性差异项目如果造成在一段较长的时间内，企业所得税前期缴得少、后期缴得多，那么根据应纳税所得额求出的应缴所得税与根据会计税前利润求出的所得税费用之差额应确认为递延所得税负债。

① 在前期提取所得税费用时（前期应纳税所得额小于会计税前利润），编制如下会计分录。

借：所得税费用（按会计税前利润计算的所得税）
　　贷：应交税费——应交所得税（按应纳税所得额计算的所得税）
　　　　递延所得税负债（差额）

② 在后期提取所得税费用时（后期应纳税所得额大于会计税前利润），编制如下会计分录。

借：所得税费用（按会计税前利润计算的所得税）
　　递延所得税负债（差额）
　　贷：应交税费——应交所得税（按应纳税所得额计算的所得税）

【任务完成】

（1）应纳税所得额 = 1 000 000 + 20 000 + 5 000 - 30 000 = 995 000（元）；

应缴所得税 = 995 000×25% = 248 750（元）。

（2）提取所得税费用，对应的会计分录如下。

借：所得税费用　　　　　　　　　　　　　　　　　248 750
　　贷：应交税费——应交所得税　　　　　　　　　　　　　248 750

（3）结转所得税费用，对应的会计分录如下。

借：本年利润　　　　　　　　　　　　　　　　　　248 750
　　贷：所得税费用　　　　　　　　　　　　　　　　　　　248 750

任务四　利润分配的核算

任务驱动 1

2023 年年初，晋江精品批发有限公司历年结存的尚未分配的利润为 130 125 元。该公司 2023 年实现的净利润为 751 250 元，按规定提取税后利润的 10% 作为法定盈余公积金，提取税后利润的 4% 作为任意公积金，提取税后利润的 11% 作为现金股利分配给投资人。请进行相关的账务处理，并计算至 2023 年年末历年结存的尚未分配利润的数额。

【知识准备】

商品流通企业将当年实现的净利润加上以前年度累积的未分配利润（或减去尚未弥补的历年累积亏损）作为企业可供分配的利润。根据《企业会计准则》的规定，分配可供分配的利润就是企业的利润分配。

一、利润分配的原则

1. 依法分配的原则

利润分配必须依法进行，与利润分配相关的法律主要有《中华人民共和国公司法》《中华人民共和国外商投资企业法》等。本原则是正确处理企业各项财务关系的关键。

2. 资本保全的原则

企业在利润分配中不能侵蚀资本，利润分配是对资本增值额的分配，不是对资本本金的返还，企业不能用股本或资本公积来发放股利。企业若存在尚未弥补的亏损，则应首先弥补亏损，再进行其他分配。

3. 充分保护债权人利益的原则

企业在进行利润分配之前，必须先向债权人偿还到期的债务，否则不能进行利润分配。在进行利润分配后，企业还应当保存一定的偿债能力，以免产生债务危机，影响企业的生存与发展。

4. 分配与累积并重的原则

企业在进行利润分配时应长短兼顾，累积一部分利润，以供未来年度进行分配。

二、利润分配的顺序

企业在对可供分配利润进行分配时,应按下列顺序进行分配。

(1) 弥补以前年度亏损,5 年以内的亏损用税前利润弥补,超过 5 年的亏损用税后利润弥补。

(2) 提取法定盈余公积金,按照当年税后利润的 10% 提取法定盈余公积金,但当以前年度累积的法定盈余公积金达到注册资本的 50% 时,可以不再提取。

(3) 向优先股股东分配股利。企业应按优先股发放章程的有关规定,按约定的股息率或金额向优先股股东发放股利。

(4) 提取任意盈余公积金。任意盈余公积金的计提标准由股东大会确定。任意盈余公积金的主要用途是扩大再生产,当然经股东大会同意后,也可用于分配。

(5) 向普通股股东分配现金股利。

(6) 向普通股股东分配股票股利。

三、利润分配的核算

1. 企业当年亏损

(1) 将当年发生的净亏损转入未分配利润,对应的会计分录如下。

借:利润分配——未分配利润
　　贷:本年利润

(2) 用以前年度未分配利润弥补亏损,或将本年亏损用以后年度实现的利润弥补,均不需要单独编制会计分录。

(3) 用盈余公积金弥补亏损,对应的会计分录如下。

借:盈余公积
　　贷:利润分配——其他转入

(4) 结平"利润分配"的有关明细账,对应的会计分录如下。

借:利润分配——其他转入
　　贷:利润分配——未分配利润

2. 企业当年实现盈利

(1) 将当年实现的净利润转入未分配利润,对应的会计分录如下。

借:本年利润
　　贷:利润分配——未分配利润

(2) 提取盈余公积金,对应的会计分录如下。

借:利润分配——提取法定盈余公积
　　　　　　——提取任意盈余公积
　　贷:盈余公积——法定盈余公积
　　　　　　　——任意盈余公积

（3）向股东分配现金股利，对应的会计分录如下。

借：利润分配——应付优先股股利
　　　　　　——应付普通股股利
　　贷：应付股利

（4）向普通股股东分派股票股利。

① 在宣告支付股票股利时，不进行账务处理。

② 在实际支付时（完成转赠资本手续），编制如下会计分录。

借：利润分配——转为资本（或股本）的普通股股利
　　贷：股本

（5）结平"利润分配"的有关明细账，对应的会计分录如下。

借：利润分配——未分配利润
　　贷：利润分配——提取法定盈余公积
　　　　　　　　——提取任意盈余公积
　　　　　　　　——应付优先股股利、应付普通股股利
　　　　　　　　——转为资本（或股本）的普通股股利

【任务完成】

（1）晋江精品批发有限公司将2023年实现的净利润转入未分配利润，对应的会计分录如下。

借：本年利润　　　　　　　　　　　　　　　　751 250
　　贷：利润分配——未分配利润　　　　　　　751 250

（2）晋江精品批发有限公司按照税后利润的10%和4%，分别提取法定盈余公积金和任意盈余公积金，对应的会计分录如下。

借：利润分配——提取法定盈余公积　　　　　　75 125
　　　　　　——提取任意盈余公积　　　　　　30 050
　　贷：盈余公积——法定盈余公积　　　　　　75 125
　　　　　　　　——任意盈余公积　　　　　　30 050

（3）晋江精品批发有限公司按税后利润的12%提取现金股利，分配给普通投资者，对应的会计分录如下。

借：利润分配——应付普通股股利　　　　　　　90 150
　　贷：应付股利　　　　　　　　　　　　　　90 150

（4）分配结束，结平"利润分配"的有关明细账，对应的会计分录如下。

借：利润分配——未分配利润　　　　　　　　　195 325
　　贷：利润分配——提取法定盈余公积　　　　75 125
　　　　　　　　——提取任意盈余公积　　　　30 050

——应付普通股股利　　　　　　　　　　　　　　　　　90 150

（5）在2023年年末，历年结存的尚未分配的利润=130 125+751 250-195 325 = 686 050（元）。

任务驱动 2

　　某公司在对上一年度的会计报表进行内部审计时，发现上一年度的会计报表多提固定资产折旧费用 98 000 元，少提无形资产摊销 64 000 元，由此导致上一年度少计利润 34 000 元。请进行相关的账务处理。

【知识准备】

　　以前年度损益调整是企业对以前年度会计报表中的重大错误的更正，包括重要的前期差错、资产负债表日至财务报告批准报出日之间发生的需要调整报告年度损益的事项，以及其他必须调整以前年度损益的事项。

　　以前年度损益调整是企业对以前年度多计或少计的盈亏数额所进行的调整，其调整金额不体现在本期利润表上，不影响本年利润。

　　企业以前年度损益的账务处理包括如下内容。

　　（1）企业调整增加以前年度利润或减少以前年度亏损的事项，应编制如下会计分录。

　　借：有关账户

　　　　贷：以前年度损益调整

若企业调整减少以前年度利润或增加以前年度亏损的事项，则应编制相反的会计分录。

　　（2）企业由于以前年度损益调增，因此应相应地调增应缴所得税，编制如下会计分录。

　　借：以前年度损益调整

　　　　贷：应交税费——应交所得税

若以前年度损益调减，相应地调减企业应缴所得税，则应编制相反的会计分录。

　　（3）企业结转"以前年度损益调整"账户，应编制如下会计分录。

　　借：以前年度损益调整（结转前，本账户余额在贷方）

　　　　贷：利润分配——未分配利润

若结转前，企业"以前年度损益调整"账户余额在借方，则应编制相反的会计分录。结转后，"以前年度损益调整"账户无余额。

　　（4）净利润增加，企业应调增法定盈余公积金，编制如下会计分录。

　　借：利润分配——未分配利润

　　　　贷：盈余公积——法定盈余公积

　　以前年度损益调整致使未分配利润调减的，企业应编制相反的会计分录，调减法定盈余公积金。

【知识延伸】

《小企业会计准则》第八十八条规定："小企业对会计政策变更、会计估计变更、会计差错更正采用未来适用法进行会计处理。"所谓未来适用法，是指将变更后的会计政策和会计估计应用于变更日及以后发生的交易或事项，或者在会计差错发生或发现的当期更正差错的方法。

因此，小企业不需要因以前年度会计报表中的重大错误而对以前年度损益进行调整。

【任务完成】

（1）冲减以前年度多提的固定资产折旧，相应调增以前年度损益，对应的会计分录如下。

借：累计折旧　　　　　　　　　　　　　　　　　　　　　　　　98 000
　　贷：以前年度损益调整　　　　　　　　　　　　　　　　　　　98 000

（2）补提以前年度少提的无形资产摊销，相应调减以前年度损益，对应的会计分录如下。

借：以前年度损益调整　　　　　　　　　　　　　　　　　　　　64 000
　　贷：累计摊销——无形资产摊销　　　　　　　　　　　　　　　64 000

（3）综合固定资产折旧和无形资产摊销两笔前期差错，合计少算利润34 000元，应补缴企业所得税8 500元，对应的会计分录如下。

借：以前年度损益调整　　　　　　　　　　　　　　　　　　　　8 500
　　贷：应交税费——应交所得税　　　　　　　　　　　　　　　　8 500

（4）综合以上业务，"以前年度损益调整"账户结转前为贷方余额25 500元，现予以结转，对应的会计分录如下。

借：以前年度损益调整　　　　　　　　　　　　　　　　　　　　25 500
　　贷：利润分配——未分配利润　　　　　　　　　　　　　　　　25 500

（5）根据业务（4）的资料，补提法定盈余公积金2 550元，对应的会计分录如下。

借：利润分配——未分配利润　　　　　　　　　　　　　　　　　2 550
　　贷：盈余公积——法定盈余公积　　　　　　　　　　　　　　　2 550

项目十二 财务会计报告

学习目标

知识目标

熟悉财务会计报告的含义、会计报表的分类；熟悉资产负债表、利润表、现金流量表的含义、结构及编制方法。

能力目标

能够独立完成资产负债表、利润表、现金流量表的编制。

思政目标

熟练掌握商品流通企业财务会计报告的编制方法，并延伸学习国家资产负债表的含义，拓宽自身的眼界与格局。在编制财务会计报告的过程中，应认真践行敬业、诚信的社会主义核心价值观，并进一步领会国家财经法规的内涵和意义，形成敬畏法律之心。

任务一 财务会计报告概述

问题导入

请指出财务会计报告的主体和核心，并谈谈企业编制财务会计报告的意义所在。

【知识准备】

一、财务会计报告的含义

财务会计报告是根据审核无误的账簿记录和有关资料编制的，由单位统一对外提供的，反映单位某一特定日期的财务状况，以及某一会计期间的经营成果、现金流量等会计信息的书面文件。

二、财务会计报告的目标

根据《企业会计准则——基本准则》第四条的规定，财务会计报告的目标是向财务会计报告使用者提供与企业财务状况、经营成果和现金流量等有关的会计信息，反映企业管理层受托责任履行情况，有助于财务会计报告使用者做出经济决策。

三、财务会计报告的组成

根据《会计法》第二十条的规定，财务会计报告由会计报表、会计报表附注和财务情况说明书组成。

（1）会计报表是会计要素确认、计量的结果和综合性描述，是财务会计报告的主体和核心。

（2）会计报表附注是财务会计报告的一个重要组成部分，是对会计报表的编制基础、编制依据、编制原则、编制方法及主要项目等所做的解释。

（3）财务情况说明书也是财务会计报告的重要组成部分，是对一定会计期间（通常是一年）的财务、成本等情况进行分析和总结的书面文字说明，是对会计报表的补充，是决算报告的组成部分。财务情况说明书全面提供企业的生产经营、业务活动情况，分析和总结企业的经营业绩，指出企业经营中存在的问题和不足。

会计报表附注和财务情况说明书有利于提高会计信息的可理解性，提高会计信息的可比性，突出重要的会计信息。

四、会计报表的分类

我们可按经济内容、服务对象、编制基础和编报期间等不同的标准对会计报表进行划分。

1. 按反映的经济内容划分

按反映的经济内容划分，可将会计报表分成反映财务状况的报表和反映经营成果的报表。

（1）反映财务状况的报表有资产负债表（静态状态）和现金流量表（动态状态）。

（2）反映经营成果的报表有利润表（动态报表）。

2. 按服务对象划分

按服务对象划分，可将会计报表分成外部报表和内部报表。

（1）外部报表是按规定必须向政府相关部门、投资人、债权人及社会公众报送的报表，主要有"四表一注"和财务情况说明书。其中"四表"的构成如图 12-1 所示。

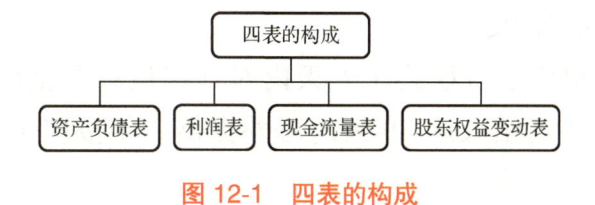

图 12-1　四表的构成

外部报表的格式、编制方法、报送时间均由财政部门统一规定，各单位遵照执行。

（2）内部报表是指单位因内部经营管理的需要而自行设计、定期编制、不对外公开的会计报表，如主营业务成本明细表、销售费用明细表等。

3. 按编制基础划分

按编制基础划分，可将会计报表分成个别会计报表和合并会计报表。

（1）个别会计报表是以企业自身为会计主体，由企业在自身会计核算的基础上，对账簿记录进行加工而编制的会计报表。

（2）合并会计报表是以母公司和子公司组成的企业集团为会计主体，根据母公司和子公司的会计报表，由母公司编制的综合反映企业集团的财务状况、经营成果和现金流量的会计报表。

4. 按编报期间划分

按编报期间划分，可将会计报表分成中期会计报表和年度会计报表。

（1）中期会计报表是以短于一个完整会计年度的报告期间为基础编制的会计报表，包括月报、季报和半年报等。中期会计报表主要有资产负债表、利润表和应缴增值税明细表等。

（2）年度会计报表（简称年报）又称决算报表，包括资产负债表、利润表、现金流量表、所有者（或股东）权益变动表及其他附表。

五、会计报表的编制要求

企业应当以持续经营为基本前提编制会计报表，以权责发生制为会计基础编制资产负债表和利润表，以收付实现制编制现金流量表，要确保会计报表的质量。企业在编制会计报表时还应当满足下列要求。

1. 数字真实

企业必须对实际发生的交易或事项，按照会计准则的规定进行确认、计量和记录，在账证相符、账账相符、账实相符的基础上编制会计报表，真实且公允地反映企业的财务状况、经营成果和现金流量。

2. 计算准确

企业呈现在会计报表中的各项数据都应当从规定的渠道获得，并做到计算准确。

3. 内容完整

企业必须根据会计准则规定的报表种类、格式和项目来编制会计报表；对每种报表的各项目及补充资料（企业真实发生的项目及存在的资料不得漏填漏报），都必须填列齐全。

4. 报送及时

及时性是会计信息质量的要求之一。

根据有关规定，月报应于月度终了6天内对外提供；季报应于季度终了15天内对外提供；半年报应于半年度结束后60天内对外提供；年报应于年度终了4个月内对外提供。

【问题解答】

会计报表是财务会计报告的主体和核心。

财务会计报告是企业财务会计确认与计量的最终结果的体现,是企业向政府相关部门、投资者、债权人等财务会计报告使用者提供会计信息的主要载体和重要渠道,是企业管理层与投资者、债权人等财务会计报告使用者进行沟通的桥梁和纽带。

任务二 资产负债表的编制

问题导入

资产负债表在企业的经营管理,以及企业与财务报告使用者的交流与沟通中,可以发挥哪些积极作用?

【知识准备】

一、资产负债表的含义

资产负债表是综合反映企业在某一特定日期(月末、季末、年末)全部资产、负债和所有者权益状况的报表。资产负债表是会计报表的主要报表,为企业的财务分析提供客观数据。

二、资产负债表的编制依据

(1)理论依据:资产 = 负债 + 所有者权益(会计平衡公式)。
(2)各项目计算依据:各项目相关总账和明细账的期末余额。

三、资产负债表的结构

报告式资产负债表的结构是上下式结构,账户式资产负债表的结构是左右结构。根据《企业会计准则》的规定,我国境内的资产负债表一般采用账户式结构,如图12-2所示。

【问题解答】

资产负债表是企业的主表之一,在企业的经营管理,以及企业与财务报告使用者的交流与沟通中发挥着重要作用。

首先,资产负债表反映了企业某一特定日期(一般是期末)拥有和控制各种经济资源的总量及其分布情况。财务会计报告使用者通过进行数据分析,可以进一步了解企业资产的质量。

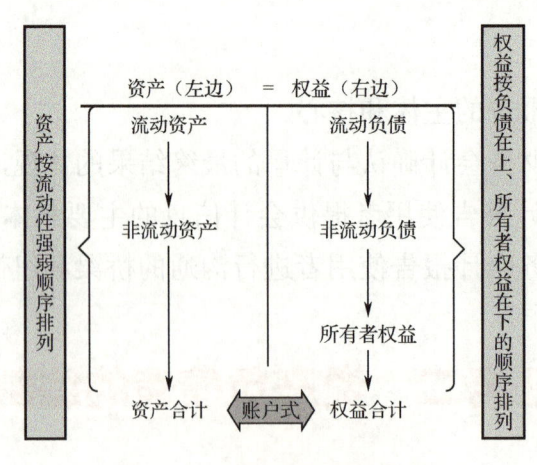

图 12-2 资产负债表的结构

其次，资产负债表反映了企业某一特定日期（一般是期末）承担的债务总额及其结构。财务会计报告使用者通过进行数据分析，可以进一步了解企业的偿债能力。

最后，资产负债表反映了企业某一特定日期（一般是期末）所有者权益及其构成情况。财务会计报告使用者通过进行数据分析，可以判断企业资本的保值、增值情况，以及对债务的保障程度。

任务驱动

请根据以下资料编制金景商城股份有限公司 2023 年 5 月的资产负债表。

资料一：金景商城股份有限公司 2022 年的资产负债表（见表 12-1）。

表 12-1 资产负债表

编制单位：金景商城股份有限公司　　　　　　　2022 年 12 月 31 日　　　　　　　会企 01 表　单位：元

资产	年初数	期末数	负债和所有者权益（或股东权益）	年初数	期末数
流动资产：			流动负债：		
货币资金		205 000	短期借款		200 000
交易性金融资产		100 000	交易性金融负债		
衍生金融资产			衍生金融负债		
应收票据			应付票据		
应收账款		380 700	应付账款		213 900
应收款项融资			预收款项		
预付款项		32 000	合同负债		
其他应收款		3 500	应付职工薪酬		20 000
存货		1 384 100	应交税费		12 390
合同资产			其他应付款		
持有待售资产			持有待售负债		27 000
一年内到期的非流动资产			一年内到期的非流动负债		

续表

资产	年初数	期末数	负债和所有者权益（或股东权益）	年初数	期末数
其他流动资产			其他流动负债		
流动资产合计		2 105 300	流动负债合计		473 290
非流动资产：			非流动负债：		
债权投资			长期借款		600 000
其他债权投资			应付债券		
长期应收款			其中：优先股		
长期股权投资		150 000	永续债		
其他权益工具投资			租赁负债		
其他非流动金融资产			长期应付款		
投资性房地产			预计负债		
固定资产		317 000	递延收益		
在建工程			递延所得税负债		
生产性生物资产			其他非流动负债		
油气资产			非流动负债合计		600 000
使用权资产			负债合计		1 073 290
无形资产		28 000	所有者权益（或股东权益）：		
开发支出			实收资本（或股本）		1 200 000
商誉			其他权益工具		
长期待摊费用			其中：优先股		
递延所得税资产			永续债		
其他非流动资产			资本公积		200 000
非流动资产合计		495 000	减：库存股		
			其他综合收益		
			专项储备		
			盈余公积		18 270
			未分配利润		108 740
			所有者权益（或股东权益）合计		1 527 010
资产总计		2 600 300	负债和所有者权益（或股东权益）总计		2 600 300

资料二： 金景商城股份有限公司 2023 年 5 月总账的账户资料（见图 12-3～图 12-29）。

总　　账

分第____页 总第____页

科目：库存现金

2023年		记账凭证		摘要	借方金额								核对号	贷方金额								借或贷	余额							
月	日	种类	号数		百	十	万	千	百	十	元	角	分		百	十	万	千	百	十	元	角	分		百	十	万	千	百	十	元	角	分
5	31	汇		汇总过入			2	5	0	0	0	0	0	√			2	3	2	0	0	0	0	借				6	0	0	0	0	0

图 12-3　总账 1

总账

科目：银行存款   分第____页 总第____页

2023年		记账凭证		摘要	借方金额								核对号	贷方金额								借或贷	余额							
月	日	种类	号数		百	十	万	千	百	十	元	角	分		百	十	万	千	百	十	元	角	分		百	十	万	千	百	十	元	角	分
5	31	汇		汇总过入			7	9	1	4	0	0	0	√			5	8	6	3	0	0	0	借			3	5	0	0	0	0	0

图12-4　总账2

总账

科目：其他货币资金   分第____页 总第____页

2023年		记账凭证		摘要	借方金额									核对号	贷方金额									借或贷	余额								
月	日	种类	号数		百	十	万	千	百	十	元	角	分		百	十	万	千	百	十	元	角	分		百	十	万	千	百	十	元	角	分
5	31	汇		汇总过入				1	0	0	0	0	0	√										借				1	0	0	0	0	0

图12-5　总账3

总账

科目：交易性金融资产   分第____页 总第____页

2023年		记账凭证		摘要	借方金额									核对号	贷方金额									借或贷	余额								
月	日	种类	号数		百	十	万	千	百	十	元	角	分		百	十	万	千	百	十	元	角	分		百	十	万	千	百	十	元	角	分
5	31	汇		汇总过入										√				5	0	0	0	0	0	借				5	0	0	0	0	0

图12-6　总账4

总账

科目：应收票据   分第____页 总第____页

2023年		记账凭证		摘要	借方金额									核对号	贷方金额									借或贷	余额								
月	日	种类	号数		百	十	万	千	百	十	元	角	分		百	十	万	千	百	十	元	角	分		百	十	万	千	百	十	元	角	分
5	31	汇		汇总过入				2	0	0	0	0	0	√										借				2	0	0	0	0	0

图12-7　总账5

总账

科目：其他应收款   分第____页 总第____页

2023年		记账凭证		摘要	借方金额									核对号	贷方金额									借或贷	余额								
月	日	种类	号数		百	十	万	千	百	十	元	角	分		百	十	万	千	百	十	元	角	分		百	十	万	千	百	十	元	角	分
5	31	汇		汇总过入				1	0	0	0	0	0	√										借					4	5	0	0	0	0

图12-8　总账6

总账

科目：材料采购

2023年		记账凭证		摘要	借方金额									核对号	贷方金额									借或贷	余额								
月	日	种类	号数		百	十	万	千	百	十	元	角	分		百	十	万	千	百	十	元	角	分		百	十	万	千	百	十	元	角	分
5	31	汇		汇总过入			2	8	7	0	0	0	0	√				2	3	6	0	0	0	借				9	7	0	0	0	0

图 12-9　总账 7

总账

科目：库存商品

2023年		记账凭证		摘要	借方金额									核对号	贷方金额									借或贷	余额								
月	日	种类	号数		百	十	万	千	百	十	元	角	分		百	十	万	千	百	十	元	角	分		百	十	万	千	百	十	元	角	分
5	31	汇		汇总过入		1	2	8	3	0	0	0	0	√				6	1	3	9	2	0	借		1	2	4	6	8	0	0	0

图 12-10　总账 8

总账

科目：包装物

2023年		记账凭证		摘要	借方金额									核对号	贷方金额									借或贷	余额								
月	日	种类	号数		百	十	万	千	百	十	元	角	分		百	十	万	千	百	十	元	角	分		百	十	万	千	百	十	元	角	分
5	31	汇		汇总过入				3	9	0	0	0	0	√					9	2	0	9	5	借					5	6	3	3	5

图 12-11　总账 9

总账

科目：低值易耗品

2023年		记账凭证		摘要	借方金额									核对号	贷方金额									借或贷	余额								
月	日	种类	号数		百	十	万	千	百	十	元	角	分		百	十	万	千	百	十	元	角	分		百	十	万	千	百	十	元	角	分
5	31	汇		汇总过入					2	1	0	0	0	√					1	8	5	0	0	借						3	8	2	5

图 12-12　总账 10

总账

科目：周转材料

2023年		记账凭证		摘要	借方金额									核对号	贷方金额									借或贷	余额								
月	日	种类	号数		百	十	万	千	百	十	元	角	分		百	十	万	千	百	十	元	角	分		百	十	万	千	百	十	元	角	分
5	31	汇		汇总过入				1	3	6	4	0	0	√					9	1	5	0	0	借					3	5	9	8	0	0

图 12-13　总账 11

总账

分第____页 总第____页

科目：长期股权投资

2023年		记账凭证		摘要	借方金额									核对号	贷方金额									借或贷	余额								
月	日	种类	号数		百	十	万	千	百	十	元	角	分		百	十	万	千	百	十	元	角	分		百	十	万	千	百	十	元	角	分
1	1			上年结转																				借		1	5	0	0	0	0	0	0

图 12-14　总账 12

总账

分第____页 总第____页

科目：固定资产

2023年		记账凭证		摘要	借方金额									核对号	贷方金额									借或贷	余额								
月	日	种类	号数		百	十	万	千	百	十	元	角	分		百	十	万	千	百	十	元	角	分		百	十	万	千	百	十	元	角	分
1	1			上年结转																				借		3	4	8	1	2	0	0	0

图 12-15　总账 13

总账

分第____页 总第____页

科目：无形资产

2023年		记账凭证		摘要	借方金额									核对号	贷方金额									借或贷	余额								
月	日	种类	号数		百	十	万	千	百	十	元	角	分		百	十	万	千	百	十	元	角	分		百	十	万	千	百	十	元	角	分
1	1			上年结转																				借			5	0	0	0	0	0	0

图 12-16　总账 14

总账

分第____页 总第____页

科目：短期借款

2023年		记账凭证		摘要	借方金额									核对号	贷方金额									借或贷	余额								
月	日	种类	号数		百	十	万	千	百	十	元	角	分		百	十	万	千	百	十	元	角	分		百	十	万	千	百	十	元	角	分
5	31	汇		汇总过入										√			5	0	0	0	0	0	0	贷			2	5	0	0	0	0	0

图 12-17　总账 15

总账

分第____页 总第____页

科目：应付票据

2023年		记账凭证		摘要	借方金额									核对号	贷方金额									借或贷	余额								
月	日	种类	号数		百	十	万	千	百	十	元	角	分		百	十	万	千	百	十	元	角	分		百	十	万	千	百	十	元	角	分
5	31	汇		汇总过入										√		1	2	0	0	0	0	0	0	贷		1	2	0	0	0	0	0	0

图 12-18　总账 16

总账

科目：应交税费

2023年		记账凭证		摘要	借方金额								核对号	贷方金额								借或贷	余额							
月	日	种类	号数		百	十	万	千	百	十	元	角	分	百	十	万	千	百	十	元	角	分		百	十	万	千	百	十	元	角	分
5	31	汇		汇总过入			3	4	7	5	0	0	0	√			3	9	5	0	0	0	0	贷				1	1	8	9	0	0

图12-19 总账17

总账

科目：应付职工薪酬

2023年		记账凭证		摘要	借方金额								核对号	贷方金额								借或贷	余额							
月	日	种类	号数		百	十	万	千	百	十	元	角	分	百	十	万	千	百	十	元	角	分		百	十	万	千	百	十	元	角	分
5	31	汇		汇总过入				9	2	0	0	0	0	√			1	0	0	0	0	0	0	贷				8	0	0	0	0	0

图12-20 总账18

总账

科目：应付利息

2023年		记账凭证		摘要	借方金额								核对号	贷方金额								借或贷	余额							
月	日	种类	号数		百	十	万	千	百	十	元	角	分	百	十	万	千	百	十	元	角	分		百	十	万	千	百	十	元	角	分
5	31	汇		汇总过入					5	0	0	0	0	√										贷					5	0	0	0	0

图12-21 总账19

总账

科目：实收资本

2023年		记账凭证		摘要	借方金额								核对号	贷方金额								借或贷	余额							
月	日	种类	号数		百	十	万	千	百	十	元	角	分	百	十	万	千	百	十	元	角	分		百	十	万	千	百	十	元	角	分
1	1			上年结转																				贷		1	2	0	0	0	0	0	0

图12-22 总账20

总账

科目：资本公积

2023年		记账凭证		摘要	借方金额								核对号	贷方金额								借或贷	余额							
月	日	种类	号数		百	十	万	千	百	十	元	角	分	百	十	万	千	百	十	元	角	分		百	十	万	千	百	十	元	角	分
1	1			上年结转																				贷		2	0	0	0	0	0	0	0

图12-23 总账21

总账

科目：盈余公积

分第____页 总第____页

2023年		记账凭证		摘要	借方金额	核对号	贷方金额	借或贷	余额
月	日	种类	号数		百十万千百十元角分		百十万千百十元角分		百十万千百十元角分
1	1			上年结转				贷	1 8 2 7 0 0 0

图 12-24　总账 22

总账

科目：坏账准备

分第____页 总第____页

2023年		记账凭证		摘要	借方金额	核对号	贷方金额	借或贷	余额
月	日	种类	号数		百十万千百十元角分		百十万千百十元角分		百十万千百十元角分
1	1			上年结转				贷	4 2 3 0 0 0 0

图 12-25　总账 23

总账

科目：累计折旧

分第____页 总第____页

2023年		记账凭证		摘要	借方金额	核对号	贷方金额	借或贷	余额
月	日	种类	号数		百十万千百十元角分		百十万千百十元角分		百十万千百十元角分
1	1			上年结转		√	1 3 7 0 0 0	贷	7 4 9 0 0 0 0

图 12-26　总账 24

总账

科目：累计摊销

分第____页 总第____页

2023年		记账凭证		摘要	借方金额	核对号	贷方金额	借或贷	余额
月	日	种类	号数		百十万千百十元角分		百十万千百十元角分		百十万千百十元角分
1	1			上年结转		√	1 7 5 0 0 0	贷	2 6 0 0 0 0 0

图 12-27　总账 25

总账

科目：利润分配

分第____页 总第____页

2023年		记账凭证		摘要	借方金额	核对号	贷方金额	借或贷	余额
月	日	种类	号数		百十万千百十元角分		百十万千百十元角分		百十万千百十元角分
1	1			上年结转				贷	1 0 8 7 4 0 0 0

图 12-28　总账 26

总 账

分第___页 总第___页

科目：本年利润

2023年		记账凭证		摘要	借方金额								核对号	贷方金额								借或贷	余额							
月	日	种类	号数		百	十	万	千	百	十	元	角	分		百	十	万	千	百	十	元	角	分		百	十	万	千	百	十	元	角	分
5	31	汇		汇总过入																				贷			4	2	0	0	0	0	0

图 12-29　总账 27

资料三：金井商城股份有限公司 2023 年 5 月部分明细账的账户资料。

（1）应收账款所属明细账的资料（见图 12-30 和图 12-31）。

明 细 账

分第___页 总第___页

科目：应收账款　户名：九新宾馆

2023年		记账凭证		摘要	借方金额									核对号	贷方金额									借或贷	余额								
月	日	种类	号数		百	十	万	千	百	十	元	角	分		百	十	万	千	百	十	元	角	分		百	十	万	千	百	十	元	角	分
5	25	记	55	床上用品款			3	1	6	4	0	0	0											借			3	1	6	4	0	0	0
5	31			本月合计			3	1	6	4	0	0	0																				

图 12-30　明细账 1

明 细 账

分第___页 总第___页

科目：应收账款　户名：著龙服饰

2023年		记账凭证		摘要	借方金额									核对号	贷方金额									借或贷	余额								
月	日	种类	号数		百	十	万	千	百	十	元	角	分		百	十	万	千	百	十	元	角	分		百	十	万	千	百	十	元	角	分
5	26	记	60	收到货款													1	1	6	3	8	5	0	0	贷				1	6	3	8	5	0	0
5	31			本月合计			1	0	0	0	0	0	0				1	1	6	3	8	5	0	0										

图 12-31　明细账 2

（2）预付账款所属明细账的资料（见图 12-32 和图 12-33）。

明 细 账

分第___页 总第___页

科目：预付账款　户名：绿海农场

2023年		记账凭证		摘要	借方金额									核对号	贷方金额									借或贷	余额								
月	日	种类	号数		百	十	万	千	百	十	元	角	分		百	十	万	千	百	十	元	角	分		百	十	万	千	百	十	元	角	分
5	27	记	56	付茶叶预购款			1	5	0	0	0	0	0											借			1	5	0	0	0	0	0
5	31			本月合计			1	5	0	0	0	0	0																				

图 12-32　明细账 3

明细账

科目：预付账款　户名：九发服装

分第___页 总第___页

2023年		记账凭证		摘要	借方金额								核对号	贷方金额								借或贷	余额							
月	日	种类	号数		百	十	万	千	百	十	元	角	分		百	十	万	千	百	十	元	角	分		百	十	万	千	百	十	元	角	分
5	28	记	57	用预付款采购														1	2	3	9	0	0	0	0	贷				2	3	9	0	0	0	0
5	31			本月合计				1	0	0	0	0	0	0	0				1	2	3	9	0	0	0	0										

图12-33　明细账4

（3）应付账款所属明细账的资料（见图12-34和图12-35）。

明细账

科目：应付账款　户名：长虹家电

分第___页 总第___页

2023年		记账凭证		摘要	借方金额									核对号	贷方金额									借或贷	余额								
月	日	种类	号数		百	十	万	千	百	十	元	角	分		百	十	万	千	百	十	元	角	分		百	十	万	千	百	十	元	角	分
5	29	记	58	应付电视机款													2	4	0	0	0	0	0	0	贷			2	4	0	0	0	0	0	0
5	31			本月合计													2	4	0	0	0	0	0	0										

图12-34　明细账5

明细账

科目：应付账款　户名：海尔家电

分第___页 总第___页

2023年		记账凭证		摘要	借方金额									核对号	贷方金额									借或贷	余额								
月	日	种类	号数		百	十	万	千	百	十	元	角	分		百	十	万	千	百	十	元	角	分		百	十	万	千	百	十	元	角	分
5	30	记	59	预付部分货款				3	0	0	0	0	0											借				3	0	0	0	0	0
5	31			本月合计				3	0	0	0	0	0					1	0	0	0	0	0	0										

图12-35　明细账6

（4）长期借款所属明细账的资料（见图12-36和图12-37）。

明细账

科目：长期借款　户名：中国建设银行

分第___页 总第___页

2023年		记账凭证		摘要	借方金额									核对号	贷方金额									借或贷	余额								
月	日	种类	号数		百	十	万	千	百	十	元	角	分		百	十	万	千	百	十	元	角	分		百	十	万	千	百	十	元	角	分
1	1			上年结转																				贷			4	0	0	0	0	0	0	0

图12-36　明细账7

注：此笔款项于2022年2月25日借入，期限为3年。

明 细 账   分第____页 总第____页

科目：长期借款 户名：中国工商银行

2023年		记账凭证		摘要	借方金额 百十万千百十元角分	核对号	贷方金额 百十万千百十元角分	借或贷	余额 百十万千百十元角分
月	日	种类	号数						
1	1			上年结转				贷	1 0 0 0 0 0 0 0

图 12-37　明细账 8

注：此笔款项于 2020 年 7 月 30 日借入，期限为 3 年。

【知识准备】

资产负债表的编制方法如下。

一、各项目年初数的填列

各项目的年初数应根据上一年度资产负债表的期末数填列。如果资产负债表本年度某些项目的名称和内容与上一年度不一致，那么应按照本年度的规定，对上一年度资产负债表中该项目的名称和金额进行调整，才可填入本年度对应项目的"年初数"栏内。

二、各项目期末数的确定方法

各项目期末数的确定方法有以下几种。

1. 根据同名总账的期末余额直接填列

有些项目和总账同名，且内涵相同，如短期借款、应付票据、实收资本等，这些项目就可以根据同名总账的期末余额直接填列。

2. 根据有关总账或明细账的期末余额分析计算填列

有些项目虽有同名总账，但内涵不同，如固定资产、长期借款等，还有一些项目没有同名总账，如存货、一年内到期的非流动资产等，这些项目的期末数需要根据有关总账或明细账的期末余额分析计算填列。

三、资产负债表具体项目的填列说明

1. 资产项目的填列说明

资产项目的填列说明如表 12-2 所示。

表 12-2　资产项目的填列说明

项目	填列说明
货币资金	本项目的填列金额 = 库存现金 + 银行存款 + 其他货币资金
交易性金融资产	根据"交易性金融资产"科目的相关明细科目的期末余额分析填列
衍生金融资产	根据"衍生工具""套期工具""被套期工具"等科目的期末借方余额分析计算填列
应收票据	根据"应收票据"科目的期末余额，减去"坏账准备"科目中相关坏账准备期末余额后的金额分析填列

续表

项目	填列说明
应收账款	根据"应收账款"所属明细账、"预收账款"所属明细账的期末借方余额合计数,减去"坏账准备"科目中相关坏账准备期末余额后的金额分析填列
应收款项融资	反映资产负债表日以公允价值计量且变动计入其他综合收益的应收票据和应收账款等
预付款项	根据"预付账款"所属明细账、"应付账款"所属明细账的期末借方余额合计数,减去"坏账准备"科目中相关坏账准备期末余额后的金额分析填列
其他应收款	根据"应收利息""应收股利""其他应收款"科目的期末余额合计数,减去"坏账准备"科目中相关坏账准备期末余额后的金额分析填列
存货	根据"物资采购""原材料""自制半成品""库存商品""周转材料""包装物""低值易耗品""发出商品""委托加工物资""委托代销商品""生产成本""存货跌价准备""材料成本差异""商品进销差价"科目的期末余额分析计算填列
合同资产	根据"合同资产"和"合同负债"科目的相关明细科目的期末余额分析填列。同一合同下的合同资产与合同负债相互抵销后净额在借方的,根据其流动性,在合同资产或其他非流动资产项目填列。 提示:非同一合同下的合同资产与合同负债不能相互抵销
持有待售资产	根据"持有待售资产"科目的期末余额,减去"持有待售资产减值准备"科目的期末余额后的金额分析填列
一年内到期的非流动资产	根据一年内到期的债权投资(账面价值)、其他债权投资、一年内可收回的长期应收款计算填列。 提示:通常情况下,预计自资产负债表日起一年内能变现的非流动资产才可归入本项目,并且对按相关准则采用折旧、摊销等方法进行后续计量的固定资产、无形资产、长期待摊费用等非流动资产,即使在一年内到期,也不能归为流动资产
其他流动资产	根据相关科目的期末余额填列,若"待处理财产损溢——待处理流动资产净损溢"科目未处理转账,期末有余额,则在本项目填列
流动资产合计	由上述流动资产各项目的金额汇总得出
债权投资	根据"债权投资"科目的相关明细科目的期末余额,减去"债权投资减值准备"科目中相关减值准备的期末余额后的金额分析填列。 提示:自资产负债表日起一年内到期的长期债权投资的期末账面价值,在一年内到期的非流动资产项目反映;企业购入以摊余成本计量的一年内到期的债权投资的期末账面价值,在其他流动资产项目反映
其他债权投资	根据"其他债权投资"科目的相关明细科目的期末余额分析填列。 提示:自资产负债表日起一年内到期的其他长期债权投资的期末账面价值,在一年内到期的非流动资产项目反映;企业购入以摊余成本计量的一年内到期的其他债权投资的期末账面价值,在其他流动资产项目反映
长期应收款	根据"长期应收款"科目的期末余额,减去未实现的融资收益,减去因长期应收款而计提的坏账准备,减去一年内可收回的长期应收款后的金额填列
长期股权投资	根据"长期股权投资"科目的期末余额,减去"长期股权投资减值准备"科目的期末余额后的金额填列
其他权益工具投资	根据"其他权益工具投资"科目的期末余额填列
其他非流动金融资产	自资产负债表日起超过一年到期且预期持有超过一年的,以公允价值计量且其变动计入当期损益的非流动金融资产的期末账面价值,在其他非流动金融资产项目反映
投资性房地产	采用成本模式计量:根据"投资性房地产"科目的期末余额,减去"投资性房地产累计折旧"科目的期末余额,减去"投资性房地产减值准备"科目的期末余额后的金额填列。 采用公允价值计量:根据"投资性房地产"科目的期末余额填列
固定资产	根据"固定资产"科目的期末余额,减去"累计折旧"科目的期末余额,减去"固定资产减值准备"科目的期末余额,减去或者加上"固定资产清理"科目的期末余额后的金额填列
在建工程	根据"在建工程"科目的期末余额,减去"在建工程减值准备"科目的期末余额,加上"工程物资"科目的期末余额,减去"工程物资减值准备"科目的期末余额后的金额填列
生产性生物资产	根据"生产性生物资产"科目的期末余额,减去"生产性生物资产累计折旧"科目的期末余额,减去"生产性生物资产减值准备"科目的期末余额后的金额填列
油气资产	根据"油气资产"科目的期末余额,减去"累计折耗"科目的期末余额,减去"油气资产减值准备"科目的期末余额后的金额填列

续表

项目	填列说明
使用权资产	根据"使用权资产"科目的期末余额，减去"使用权资产累计折旧"科目的期末余额，减去"使用权资产减值准备"科目的期末余额后的金额填列
无形资产	根据"无形资产"科目的期末余额，减去"累计摊销"科目的期末余额，减去"无形资产减值准备"科目的期末余额后的金额填列
开发支出	根据"研发支出——资本化支出"明细科目的期末余额填列
商誉	根据"商誉"科目的期末余额，减去"商誉减值准备"科目的期末余额后的金额填列
长期待摊费用	根据"长期待摊费用"科目的期末余额填列
递延所得税资产	根据"递延所得税资产"科目的期末余额填列
其他非流动资产	根据相关科目的期末余额填列
非流动资产合计	由上述非流动资产各项目的金额汇总得出
资产总计	本项目的填列金额＝流动资产合计＋非流动资产合计

2. 权益项目的填列说明

权益项目的填列说明如表12-3所示。

表12-3 权益项目的填列说明

项目	填列说明
短期借款	根据"短期借款"科目的期末余额直接填列
交易性金融负债	根据"交易性金额负债"科目的期末余额填列
衍生金融负债	根据"衍生工具""套期工具""被套期工具"等科目的期末贷方余额分析计算填列
应付票据	根据"应付票据"科目的期末余额直接填列
应付账款	根据"应付账款"所属明细科目的期末贷方余额，加上"预付账款"所属明细科目的期末贷方余额后的金额填列
预收款项	根据"预收账款"所属明细科目的期末贷方余额，加上"应收账款"所属明细科目期末贷方余额后的金额填列
合同负债	根据"合同资产"和"合同负债"科目的相关明细科目的期末余额分析填列。同一合同下的合同资产与合同负债相互抵销后净额在贷方的，根据其流动性，在合同负债或其他非流动负债项目填列。 提示：非同一合同下的合同资产与合同负债不能相互抵销
应付职工薪酬	根据"应付职工薪酬"科目的期末贷方余额填列。若期末余额在借方，则以"－"号填列
应交税费	根据"应交税费"科目的期末贷方余额填列。若期末余额在借方，代表预缴或留抵税额，则在其他非流动资产项目填列
其他应付款	根据"其他应付款"科目的期末余额，加上"应付利息"科目的期末余额，加上"应付股利"科目的期末余额后的金额填列
持有待售负债	根据"持有待售负债"科目的期末余额填列
一年内到期的非流动负债	根据"长期借款"科目的明细科目、"应付债券"科目的明细科目、"长期应付款"科目、"租赁负债"科目的明细科目分析计算填列
其他流动负债	根据有关科目的期末余额分析计算填列
流动负债合计	由上述流动负债各项目的金额汇总得出
长期借款	根据"长期借款"科目的期末余额，减去一年内到期的长期借款金额后的金额填列
应付债券	根据"应付债券"科目的期末余额，减去一年内到期的应付债券金额后的金额填列
租赁负债	根据"租赁负债"科目的期末余额，减去一年内到期的租赁负债金额后的金额填列

续表

项目	填列说明
长期应付款	本项目的填列金额＝同名科目的期末余额－未确认融资费用的期末余额－一年内到期的长期应付款＋专项应付款的期末余额
预计负债	根据"预计负债"科目的期末余额填列
递延收益	根据"递延收益"科目的期末余额填列
递延所得税负债	根据"递延所得税负债"科目的期末余额填列
其他非流动负债	根据相关科目的期末余额分析填列
非流动负债合计	由上述非流动负债各项目的金额汇总得出
负债合计	本项目的填列金额＝流动负债合计＋非流动负债合计
实收资本（或股本）	根据"实收资本（或股本）"科目的期末余额填列
其他权益工具	根据"其他权益工具"科目的期末余额填列
资本公积	根据"资本公积"科目的期末余额填列
其他综合收益	根据"其他综合收益"科目的期末余额分析计算填列，但列示总额为扣除所得税影响后的金额
专项储备	根据"专项储备"科目的期末余额填列
盈余公积	根据"盈余公积"科目的期末余额填列
未分配利润	根据"本年利润"科目的结转前余额和"利润分配"科目的期末余额分析计算填列
所有者权益（或股东权益）合计	由上述所有者权益（或股东权益）各项目的金额汇总得出
负债和所有者权益（或股东权益）总计	本项目的填列金额＝负债合计＋所有者权益（或股东权益）合计

注：本资产负债表模式及填列方法适用于已执行新金融准则、新收入准则和新租赁准则的企业。

【任务完成】

（1）根据金景商城股份有限公司2022年的资产负债表中的"期末数"栏填列该公司2023年5月的资产负债表中的"年初数"栏，如表12-4所示。

表12-4　资产负债表

编制单位：金景商城股份有限公司　　　　2023年5月31日　　　　会企01表　单位：元

资产	年初数	期末数	负债和所有者权益（或股东权益）	年初数	期末数
流动资产：			流动负债：		
货币资金	205 000	366 000	短期借款	200 000	250 000
交易性金融资产	100 000	50 000	交易性金融负债		
衍生金融资产			衍生金融负债		
应收票据		20 000	应付票据		120 000
应收账款	380 700	274 100	应付账款	213 900	263 900
应收款项融资			预收款项		16 385
预付款项	32 000	180 000	合同负债		
其他应收款	3 500	4 500	应付职工薪酬	20 000	80 000
存货	1 384 100	1 474 365	应交税费	12 390	11 890

续表

资产	年初数	期末数	负债和所有者权益（或股东权益）	年初数	期末数
合同资产			其他应付款	27 000	5 000
持有待售资产			持有待售负债		
一年内到期的非流动资产			一年内到期的非流动负债		100 000
其他流动资产			其他流动负债		
流动资产合计	2 105 300	2 368 965	流动负债合计	473 290	847 175
非流动资产：			非流动负债：		
债权投资			长期借款	600 000	400 000
其他债权投资			应付债券		
长期应收款			其中：优先股		
长期股权投资	150 000	150 000	永续债		
其他权益工具投资			租赁负债		
其他非流动金融资产			长期应付款		
投资性房地产			预计负债		
固定资产	317 000	273 220	递延收益		
在建工程			递延所得税负债		
生产性生物资产			其他非流动负债		
油气资产			非流动负债合计	600 000	400 000
使用权资产			负债合计	1 073 290	1 247 175
无形资产	28 000	24 000	所有者权益（或股东权益）：		
开发支出			实收资本（或股本）	1 200 000	1 200 000
商誉			其他权益工具		
长期待摊费用			其中：优先股		
递延所得税资产			永续债		
其他非流动资产			资本公积	200 000	200 000
非流动资产合计	495 000	447 220	减：库存股		
			其他综合收益		
			专项储备		
			盈余公积	18 270	18 270
			未分配利润	108 740	150 740
			所有者权益（或股东权益）合计	1 527 010	1 569 010
资产总计	2 600 300	2 816 185	负债和所有者权益（或股东权益）总计	2 600 300	2 816 185

（2）根据金景商城股份有限公司 2023 年 5 月总账的账户资料和部分明细账的账户资料编制期末余额试算平衡表，如表 12-5 所示。

表 12-5 金景商城股份有限公司 2023 年 5 月的期末余额试算平衡表

单位：元

账户名称	方向	期末余额	账户名称	方向	期末余额
库存现金	借	6 000	短期借款	贷	250 000
银行存款	借	350 000	应付票据	贷	120 000
其他货币资金	借	10 000	应交税费	贷	11 890
交易性金融资产	借	50 000	应付职工薪酬	贷	80 000
应收票据	借	20 000	应付利息	贷	5 000
应收账款——九新宾馆	借	316 400	应付账款——长虹家电	贷	240 000
——著龙服饰	贷	16 385	——海尔家电	借	30 000
预付账款——绿海农场	借	150 000	长期借款	贷	500 000
——九发服装	贷	23 900	其中：一年内到期的长期借款为 100 000		
坏账准备	贷	42 300	实收资本	贷	1 200 000
其他应收款	借	4 500	资本公积	贷	200 000
材料采购	借	97 000	盈余公积	贷	18 270
库存商品	借	1 246 800	本年利润	贷	42 000
包装物	借	56 335	利润分配	贷	108 740
低值易耗品	借	38 250			
周转材料	借	35 980			
长期股权投资	借	150 000			
固定资产	借	348 120			
累计折旧	贷	74 900			
无形资产	借	50 000			
累计摊销	贷	26 000			
合计		2 745 900	合计		2 745 900

（3）根据金景商城股份有限公司 2023 年 5 月的期末余额试算平衡表及有关资料，分析计算填列该公司 2023 年 5 月的资产负债表中的"期末数"栏，如表 12-4 所示。

【知识延伸】

国家资产负债表

国家资产负债表是指将一个国家所有经济部门的资产和负债进行分类后分别加总得到的报表。一张完整的国家资产负债表一般由政府、居民、企业和金融机构 4 个经济部门的子表构成，显示了一个国家在某一时点上的"家底"。

中国国家资产负债表的主要特点是政府拥有较大比例的国家资产，为我国集中力量办大事和实现共同富裕奠定了良好的物质基础。

任务三　利润表的编制

问题导入

利润表在企业的经营管理，以及企业与财务报告使用者的交流与沟通中，可以发挥哪些积极作用？

【知识准备】

一、利润表的含义及组成

利润表是反映企业在一定期间盈利或亏损情况的报表。利润表由表首、基本部分和补充资料 3 个部分组成。

二、利润表的编制依据

（1）编制利润表的理论依据：收入－费用＝利润。
（2）利润表各项目的计算依据：各项目相关账户的本期累计发生额。

三、利润表的结构

利润表的结构有单步式和多步式两种。根据《企业会计准则》的规定，我国境内各类企业的利润表均采用多步式结构。

【问题解答】

利润表是企业的主表之一，在企业的经营管理，以及企业与财务报告使用者的交流与沟通中发挥着重要作用。

首先，利润表反映了企业一定会计期间的营业利润、利润总额、净利润等经营成果。财务会计报告使用者通过进行数据分析，可以进一步了解企业的获利能力。

其次，利润表提供的信息是企业某一会计期间（通常以一年为一个会计期间）盈利方面的综合性信息，涉及企业的供应、生产、销售等多个环节，收入、成本、费用等多项指标，是考核各部门计划执行结果的重要依据。财务会计报告使用者通过进行数据分析，可以进一步了解企业管理者的综合管理水平。

最后，利润表是对过去经营活动的客观记录。财务会计报告使用者通过进行数据分析，可以更好地判断企业未来的盈利状况，预测企业的发展前景。

任务驱动

晋江先海百货为一家中型的商业股份有限公司，总股本为2 000万股，没有潜在普通股。请根据以下资料编制晋江先海百货2024年2月的利润表。

资料一：晋江先海百货2023年2月的利润表（见表12-6）。

表12-6 利润表

会企02表

编制单位：晋江先海百货	2023年2月	单位：元
项目	本期金额	上期金额
一、营业收入	4 584 650	
减：营业成本	2 385 400	
税金及附加	188 000	
销售费用	515 230	
管理费用	443 180	
研发费用	69 350	
财务费用	132 960	
其中：利息费用	108 670	
利息收入	3 850	
加：其他收益		
投资收益（损失以"-"号填列）		
其中：对联营企业和合营企业的投资收益		略
以摊余成本计量的金融资产终止确认收益（损失以"-"号填列）		
净敞口套期收益（损失以"-"号填列）		
公允价值变动收益（损失以"-"号填列）		
信用减值损失（损失以"-"号填列）		
资产减值损失（损失以"-"号填列）		
资产处置收益（损失以"-"号填列）	-68 530	
二、营业利润（亏损以"-"号填列）	782 000	
加：营业外收入	12 000	
减：营业外支出	3 500	
三、利润总额（亏损总额以"-"号填列）	790 500	
减：所得税费用	198 500	
四、净利润（净亏损以"-"号填列）	592 000	
（一）持续经营净利润（净亏损以"-"号填列）	592 000	
（二）终止经营净利润（净亏损以"-"号填列）		
五、其他综合收益的税后净额		
（一）不能重分类进损益的其他综合收益		

续表

项目	本期金额	上期金额
1. 重新计量设定受益计划变动额		
2. 权益法下不能转损益的其他综合收益		
3. 其他权益工具投资公允价值变动		
4. 企业自身信用风险公允价值变动		
（二）将重分类进损益的其他综合收益		
1. 权益法下可转损益的其他综合收益		略
2. 其他债权投资公允价值变动		
3. 金融资产重分类计入其他综合收益的金额		
4. 其他债权投资信用减值准备		
5. 现金流量套期储备		
6. 外币财务报表折算差额		
六、综合收益总额	592 000	
七、每股收益	0.029 6	
（一）基本每股收益	0.029 6	
（二）稀释每股收益	0.029 6	

资料二：晋江先海百货2024年2月审核无误的损益类账户资料（见图12-38～图12-49）。

总　账　　　　　　　　　　　　　　　分第＿＿页 总第＿＿页

科目：主营业务收入

2024年		记账凭证		摘要	借方金额									核对号	贷方金额									借或贷	余额								
月	日	种类	号数		百	十	万	千	百	十	元	角	分		百	十	万	千	百	十	元	角	分		百	十	万	千	百	十	元	角	分
1	31	汇		汇总过入		2	3	5	4	2	0	0	0	√		2	3	5	4	2	0	0	0	平									0
2	28	汇		汇总过入		2	1	3	6	8	0	0	0	√		2	1	3	6	8	0	0	0	平									0

图12-38　总账1

总　账　　　　　　　　　　　　　　　分第＿＿页 总第＿＿页

科目：其他业务收入

2024年		记账凭证		摘要	借方金额									核对号	贷方金额									借或贷	余额								
月	日	种类	号数		百	十	万	千	百	十	元	角	分		百	十	万	千	百	十	元	角	分		百	十	万	千	百	十	元	角	分
1	31	汇		汇总过入			2	4	3	1	0	0	0	√			2	4	3	1	0	0	0	平									0
2	28	汇		汇总过入			1	1	7	6	9	0	0	√			1	1	7	6	9	0	0	平									0

图12-39　总账2

总　账

分第＿＿页 总第＿＿页

科目：主营业务成本

2024年		记账凭证		摘要	借方金额									核对号	贷方金额									借或贷	余额								
月	日	种类	号数		百	十	万	千	百	十	元	角	分		百	十	万	千	百	十	元	角	分		百	十	万	千	百	十	元	角	分
1	31	汇		汇总过入		1	2	8	4	2	0	0	0	√		1	2	8	4	2	0	0	0	平									0
2	28	汇		汇总过入		1	1	6	5	4	0	0	0	√		1	1	6	5	4	0	0	0	平									0

图 12-40　总账 3

总　账

分第＿＿页 总第＿＿页

科目：其他业务成本

2024年		记账凭证		摘要	借方金额									核对号	贷方金额									借或贷	余额								
月	日	种类	号数		百	十	万	千	百	十	元	角	分		百	十	万	千	百	十	元	角	分		百	十	万	千	百	十	元	角	分
1	31	汇		汇总过入			1	2	4	0	0	0	0	√			1	2	4	0	0	0	0	平									0
2	28	汇		汇总过入				7	3	2	0	0	0	√				7	3	2	0	0	0	平									0

图 12-41　总账 4

总　账

分第＿＿页 总第＿＿页

科目：税金及附加

2024年		记账凭证		摘要	借方金额									核对号	贷方金额									借或贷	余额								
月	日	种类	号数		百	十	万	千	百	十	元	角	分		百	十	万	千	百	十	元	角	分		百	十	万	千	百	十	元	角	分
1	31	汇		汇总过入				9	3	1	6	0	0	√				9	3	1	6	0	0	平									0
2	28	汇		汇总过入				7	6	3	4	0	0	√				7	6	3	4	0	0	平									0

图 12-42　总账 5

总　账

分第＿＿页 总第＿＿页

科目：销售费用

2024年		记账凭证		摘要	借方金额									核对号	贷方金额									借或贷	余额								
月	日	种类	号数		百	十	万	千	百	十	元	角	分		百	十	万	千	百	十	元	角	分		百	十	万	千	百	十	元	角	分
1	31	汇		汇总过入				3	2	4	0	0	0	√				3	2	4	0	0	0	平									0
2	28	汇		汇总过入				2	1	3	0	0	0	√				2	1	3	0	0	0	平									0

图 12-43　总账 6

总　账

分第＿＿页 总第＿＿页

科目：管理费用

2024年		记账凭证		摘要	借方金额									核对号	贷方金额									借或贷	余额								
月	日	种类	号数		百	十	万	千	百	十	元	角	分		百	十	万	千	百	十	元	角	分		百	十	万	千	百	十	元	角	分
1	31	汇		汇总过入			2	8	9	3	7	0	0	√			2	8	9	3	7	0	0	平									0
2	28	汇		汇总过入			2	6	3	4	6	0	0	√			2	6	3	4	6	0	0	平									0

注：1月的研发费用为 65 250 元；2月的研发费用为 54 350 元。

图 12-44　总账 7

总 账

科目：财务费用

分第____页 总第____页

2024年		记账凭证		摘要	借方金额								核对号	贷方金额								借或贷	余额							
月	日	种类	号数		百	十	万	千	百	十	元	角	分		百	十	万	千	百	十	元	角	分		百	十	万	千	百	十	元	角	分
1	31	汇		汇总过入				4	3	8	0	0	0	√										平									0
2	28	汇		汇总过入				5	2	7	0	0	0	√					5	2	7	0	0	平									0

注：1月的利息费用为45 380元，利息收入为1 500元；2月的利息费用为54 350元，利息收入为1 650元。

图 12-45 总账 8

总 账

科目：资产处置收益

分第____页 总第____页

2024年		记账凭证		摘要	借方金额									核对号	贷方金额									借或贷	余额								
月	日	种类	号数		百	十	万	千	百	十	元	角	分		百	十	万	千	百	十	元	角	分		百	十	万	千	百	十	元	角	分
2	28	汇		汇总过入				1	4	0	0	0	0	√				1	4	0	0	0	0	平									0

注：2月出售不需用固定资产，获得净收益14 000元。

图 12-46 总账 9

总 账

科目：营业外收入

分第____页 总第____页

2024年		记账凭证		摘要	借方金额									核对号	贷方金额									借或贷	余额								
月	日	种类	号数		百	十	万	千	百	十	元	角	分		百	十	万	千	百	十	元	角	分		百	十	万	千	百	十	元	角	分
2	28	汇		汇总过入					4	0	0	0	0	√					4	0	0	0	0	平									0

图 12-47 总账 10

总 账

科目：营业外支出

分第____页 总第____页

2024年		记账凭证		摘要	借方金额									核对号	贷方金额									借或贷	余额								
月	日	种类	号数		百	十	万	千	百	十	元	角	分		百	十	万	千	百	十	元	角	分		百	十	万	千	百	十	元	角	分
1	31	汇		汇总过入					3	0	0	0	0	√					3	0	0	0	0	平									0
2	28	汇		汇总过入					2	3	7	0	0	√					2	3	7	0	0	平									0

图 12-48 总账 11

总 账

科目：所得税费用

分第____页 总第____页

2024年		记账凭证		摘要	借方金额									核对号	贷方金额									借或贷	余额								
月	日	种类	号数		百	十	万	千	百	十	元	角	分		百	十	万	千	百	十	元	角	分		百	十	万	千	百	十	元	角	分
1	31	汇		汇总过入				9	6	3	5	0	0	√				9	6	3	5	0	0	平									0
2	28	汇		汇总过入			1	1	2	1	5	0	0	√			1	1	2	1	5	0	0	平									0

图 12-49 总账 12

【知识准备】

利润表的具体编制方法如下。

（1）"上期金额"栏根据上年同期利润表中的"本期金额"栏中所列的数据填列。

（2）"本期金额"栏应按当年1月1日至编制报表月份的月末的累计数填列。

利润表各项目的填列说明如表12-7所示。

表12-7　利润表各项目的填列说明

项目	填列说明
①营业收入	根据"主营业务收入""其他业务收入"科目的发生额分析计算填列
②营业成本	根据"主营业务成本""其他业务成本"科目的发生额分析计算填列
③税金及附加	根据"税金及附加"科目的发生额填列
④销售费用	根据"销售费用"科目的发生额填列
⑤管理费用	根据"管理费用"科目的发生额，减去"研发费用"科目的发生额、"无形资产摊销"科目的发生额分析计算填列
⑥研发费用	根据"管理费用"科目下"研发费用"明细科目的发生额，以及"管理费用"科目下"无形资产摊销"明细科目的发生额分析填列
⑦财务费用	根据"财务费用"科目的发生额分析计算填列。若为收益，则以负数填列
利息费用	根据"财务费用"科目的相关明细科目的发生额分析填列，以正数填列
利息收入	根据"财务费用"科目的相关明细科目的发生额分析填列，以正数填列
⑧其他收益	根据"其他收益"科目的发生额填列。企业根据《中华人民共和国个人所得税法》收到的扣缴税款手续费，应在本项目填列
⑨投资收益	根据"投资收益"科目的发生额填列。若为投资净亏损，则以负数填列
对联营企业和合营企业的投资收益	根据"投资收益"科目的相关明细科目的发生额分析填列，投资收益以正数填列，投资净亏损以负数填列
以摊余成本计量的金融资产终止确认收益	根据"投资收益"科目的相关明细科目的发生额分析填列，投资收益以正数填列，投资净亏损以负数填列
⑩净敞口套期收益	根据"净敞口套期收益"科目的发生额分析填列。若为套期损失，则以负数填列
⑪公允价值变动收益	根据"公允价值变动收益"科目的发生额分析填列。若为变动损失，则以负数填列
⑫信用减值损失	根据"信用减值损失"科目的发生额分析填列
⑬资产减值损失	根据"资产减值损失"科目的发生额分析填列
⑭资产处置收益	根据"资产处置损益"科目的发生额分析填列。若为资产处置损失，则以负数填列
营业利润	本项目的填列金额=①-②-③-④-⑤-⑥-⑦±⑧±⑨±⑩±⑪-⑫-⑬±⑭
营业外收入	根据"营业外收入"科目的发生额分析填列
营业外支出	根据"营业外支出"科目的发生额分析填列
利润总额	本项目的填列金额=营业利润+营业外收入-营业外支出
所得税费用	根据"所得税费用"科目的发生额分析填列
净利润	企业盈利：净利润=利润总额-所得税费用 企业亏损：净利润=利润总额
持续经营净利润	企业在持续经营期间，则将净利润项目的金额填入本项目
终止经营净利润	企业在终止经营期间，则将净利润项目的金额填入本项目

续表

项目	填列说明
其他综合收益的税后净额	本项目的填列金额＝不能重分类进损益的其他综合收益＋将重分类进损益的其他综合收益
不能重分类进损益的其他综合收益	本项目的填列金额＝（1）＋（2）＋（3）＋（4）
（1）重新计量设定受益计划变动额	根据"其他综合收益"科目的相关明细科目的发生额分析计算填列
（2）权益法下不能转损益的其他综合收益	根据"其他综合收益"科目的相关明细科目的发生额分析计算填列
（3）其他权益工具投资公允价值变动	根据"其他综合收益"科目的相关明细科目的发生额分析计算填列
（4）企业自身信用风险公允价值变动	根据"其他综合收益"科目的相关明细科目的发生额分析计算填列
将重分类进损益的其他综合收益	本项目的填列金额＝（1）＋（2）＋（3）＋（4）＋（5）＋（6）
（1）权益法下可转损益的其他综合收益	根据"其他综合收益"科目的相关明细科目的发生额分析计算填列
（2）其他债权投资公允价值变动	根据"其他综合收益"科目的相关明细科目的发生额分析计算填列
（3）金融资产重分类计入其他综合收益的金额	根据"其他综合收益"科目的相关明细科目的发生额分析计算填列
（4）其他债权投资信用减值准备	根据"其他综合收益"科目下"信用减值准备"明细科目的发生额分析计算填列
（5）现金流量套期储备	根据"其他综合收益"科目下"套期储备"明细科目的发生额分析计算填列
（6）外币财务报表折算差额	根据"其他综合收益"科目的相关明细科目的发生额分析计算填列
综合收益总额	本项目的填列金额＝净利润＋其他综合收益的税后净额
每股收益	本项目的填列金额＝综合收益净额/企业的股份数
基本每股收益	本项目的填列金额＝归属于普通股东的净利润/发行在外的普通股加权平均数
稀释每股收益	存在稀释性潜在普通股的，应分别调整归属于普通股股东的当期净利润和发行在外普通股的加权平均数，并据以计算稀释每股收益

【任务完成】

（1）晋江先海百货2024年2月的利润表的"上期金额"栏根据该公司2023年2月的利润表的"本期金额"栏所列的数据填列。

（2）根据晋江先海百货2024年1—2月损益类账户资料，计算该公司2024年1—2月损益类账户累计发生额，如表12-8所示。

（3）根据晋江先海百货2024年1—2月损益类账户累计发生额及相关资料分析计算填列该公司2024年2月的利润表的"本期金额"栏，如表12-9所示。

表12-8 晋江先海百货2024年1—2月损益类账户累计发生额

账户名称	借方累计发生额	贷方累计发生额	账户名称	借方累计发生额	贷方累计发生额
主营业务收入	4 491 000	4 491 000	财务费用	128 000	128 000
其他业务收入	361 000	361 000	其中：利息费用	99 730	99 730
主营业务成本	2 449 600	2 449 600	利息收入	3 150	3 150
其他业务成本	197 200	197 200	资产处置收益	140 000	140 000
税金及附加	169 500	169 500	营业外收入	4 000	4 000
销售费用	537 000	537 000	营业外支出	5 370	5 370
管理费用 其中：研发费用	552 830 119 600	552 830 119 600	所得税费用	208 500	208 500

表12-9 利润表（简表）

编制单位：晋江先海百货　　　　　　　　　　　2024年2月　　　　　　　　　　　会企02表　单位：元

项目	本期金额	上期金额
一、营业收入	4 852 000	4 584 650
减：营业成本	2 646 800	2 385 400
税金及附加	169 500	188 000
销售费用	537 000	515 230
管理费用	433 230	443 180
研发费用	119 600	69 350
财务费用	128 000	132 960
其中：利息费用	99 730	108 670
利息收入	3 150	3 850
加：其他收益		
投资收益（损失以"-"号填列）		
其中：对联营企业和合营企业的投资收益		
以摊余成本计量的金融资产终止确认收益（损失以"-"号填列）		
净敞口套期收益（损失以"-"号填列）		
公允价值变动收益（损失以"-"号填列）		
信用减值损失（损失以"-"号填列）		
资产减值损失（损失以"-"号填列）		
资产处置收益（损失以"-"号填列）	14 000	-68 530
二、营业利润（亏损以"-"号填列）	831 870	782 000
加：营业外收入	4 000	12 000
减：营业外支出	5 370	3 500
三、利润总额（亏损总额以"-"号填列）	830 500	790 500
减：所得税费用	208 500	198 500
四、净利润（净亏损以"-"号填列）	622 000	592 000
（一）持续经营净利润（净亏损以"-"号填列）	622 000	592 000
（二）终止经营净利润（净亏损以"-"号填列）		
五、其他综合收益的税后净额		
六、综合收益总额	622 000	592 000
七、每股收益	0.031 1	0.029 6
（一）基本每股收益	0.031 1	0.029 6
（二）稀释每股收益	0.031 1	0.029 6

注：本公司没有潜在普通股，所以基本每股收益等于稀释每股收益。

任务四　现金流量表的编制

问题导入

现金流量表在企业的经营管理，以及企业与财务报告使用者的交流与沟通中，可以发挥哪些积极作用？

【知识准备】

一、现金流量表的含义

现金流量表是以现金为基础所编制的呈现现金来源和运用的会计报表。它可以向财务报告使用者提供企业在一定会计期间内现金及现金等价物的流入和流出信息。

二、现金流量表的编制基础

现金流量表的编制基础是现金及现金等价物。这里的现金是指货币资金，包括库存现金、银行存款和其他货币资金；现金等价物是指期限短、流动性强且易于变现的投资，如自投资日起 3 个月到期的国库券、货币市场基金等。

现金流量表本质上是向财务报告使用者提供的一份以收付实现制为基础编制的会计报表，是对以权责发生制为基础编制的会计报表（资产负债表和利润表）的补充。

三、现金流量表的结构

现金流量表包括基本报表和补充资料两大部分。

1. 基本报表

基本报表包括以下 3 个方面的内容。
（1）经营活动产生的现金流量。
（2）投资活动产生的现金流量。
（3）筹资活动产生的现金流量。

2. 补充资料

补充资料包括以下 3 个方面的内容。
（1）以净利润为起点，将净利润调整为企业经营活动所产生的现金流量。
（2）披露一定期间影响资产或负债，但不形成该期现金收支的所有投资和筹资活动信息。
（3）将现金及现金等价物的期末余额与期初余额相减，得出现金及现金等价物的净增加额，以核对是否与现金流量表的金额相符。

四、现金流量表的编制方法

根据《企业会计准则》的规定，企业采用直接法编制现金流量表，但要在附注中披露用间接法计算的经营活动产生的现金流量。

【问题解答】

现金流量表是企业的主表之一，在企业的经营管理，以及企业与财务报告使用者的交流与沟通中发挥着重要作用。

首先，现金流量表反映了企业一定会计期间的现金流入和流出情况及其原因。财务会计报告使用者通过进行数据分析，可以进一步了解企业偿还债务、支付投资利润的能力，以及预测企业未来产生现金净流量的能力。

其次，现金流量表不仅反映了现金投资与融资，还反映了非现金投资与融资。财务会计报告使用者通过进行数据分析，可以全面且谨慎地判断企业的经营状况和资金实力。

最后，现金流量表既能反映企业的管理部门是否合理取得并有效地使用了现金，又能为管理部门编制现金预算提供依据。

任务驱动 1

福建晋江金景新零售股份有限公司 2024 年 4 月的库存现金日记账、银行存款日记账分别如图 12-50、图 12-51 所示。

提示：晋江金景新零售股份有限公司 2024 年 4 月的经济业务不涉及其他货币资金，也不涉及现金等价物。

库存现金日记账

2024年		凭证号数	摘 要	借方金额								核对	贷方金额								余 额								核对
月	日			百	十	万	千	百	十	元	角	分		百	十	万	千	百	十	元	角	分	百	十	万	千	百	十	元	角	分	
			期初余额																							6	0	0	0	0	0	
4	2	现付1	预借差旅费										√					5	0	0	0	0				1	0	0	0	0	0	
4	6	银付4	从银行提取现金				5	0	0	0	0	0	√													6	0	0	0	0	0	
4	10	现付2	支付职工困难补助										√					2	0	0	0	0				4	0	0	0	0	0	
4	15	现付3	购买办公用品										√						9	0	0	0	0			3	1	0	0	0	0	
4	25	现收1	员工违规罚款					4	0	0	0	0	√													3	5	0	0	0	0	
4	30	现收2	出售旧电视机10台				4	0	0	0	0	0	√													7	5	0	0	0	0	
4	30	现付4	将现金存入银行										√				4	0	0	0	0	0				3	5	0	0	0	0	
			本月合计				9	4	0	0	0	0	√				1	1	9	0	0	0	0				3	5	0	0	0	0	

图 12-50 库存现金日记账

银行存款日记账

2024年		凭证号数	摘要	借方金额									核对	贷方金额									余额									核对
月	日			百	十	万	千	百	十	元	角	分		百	十	万	千	百	十	元	角	分	百	十	万	千	百	十	元	角	分	
			期初余额																					1	6	3	0	0	0	0	0	
4	2	银收1	销售男牛仔裤		1	5	0	0	0	0	0	0	√											3	1	3	0	0	0	0	0	
4	3	银付1	支付电费										√			3	0	0	0	0	0	0		2	8	3	0	0	0	0	0	
4	4	银付2	支付现金股利										√		1	8	0	0	0	0	0	0		1	0	3	0	0	0	0	0	
4	5	银付3	支付职工薪酬										√			9	4	0	0	0	0	0			9	0	0	0	0	0	0	
4	6	银付4	从银行提取现金										√				5	0	0	0	0	0			4	0	0	0	0	0	0	
4	10	银收2	销售女皮夹克		1	4	6	0	0	0	0	0	√											1	5	0	0	0	0	0	0	
4	15	银付5	预缴本月所得税										√			1	6	5	0	0	0	0		1	3	3	5	0	0	0	0	
4	18	银收3	收到投资款		4	0	0	0	0	0	0	0	√											5	3	3	5	0	0	0	0	
4	21	银付6	支付电视广告费										√			8	9	0	0	0	0	0		4	4	4	5	0	0	0	0	
4	27	银付7	购买材料										√		1	7	5	0	0	0	0	0		2	6	9	5	0	0	0	0	
4	29	银收4	销售材料				1	0	0	0	0	0	√											2	7	9	5	0	0	0	0	
4	30	银付8	支付本月电信费										√				1	0	0	0	0	0		2	6	9	5	0	0	0	0	
4	30	现付4	现金存入银行				4	0	0	0	0	0												2	7	3	5	0	0	0	0	
			本月合计		7	1	0	0	0	0	0	0	√		5	9	9	5	0	0	0	0		2	7	3	5	0	0	0	0	

图 12-51 银行存款日记账

提示：要编制好现金流量表，除了要学习理论知识，还应掌握具体的编制方法。企业会计主管应当教会出纳员如何填写库存现金日记账、银行存款日记账、其他货币资金明细账、现金等价物所涉及明细账的摘要，将摘要的描述和现金流量表的项目内容有机地结合起来。现金流量表的编制人员可根据库存现金日记账、银行存款日记账、其他货币资金明细账、现金等价物所涉及明细账的摘要，分析企业收付的每一笔货币现金应当填入现金流量表中的哪个项目。

请采用直接法编制福建晋江金景新零售股份有限公司2024年4月的现金流量表。

【知识准备】

一、直接法的含义

直接法通过现金收入和支出的主要类别列示经营活动产生的现金流量。直接法一般以利润表中的营业收入为起算点，对影响经营活动产生的现金流量的相关项目进行调整，最终算出经营活动产生的现金流量。直接法可以采用工作底稿，也可以采用T型账户编制现金流量表；对于业务简单的，还可以根据有关账户记录在进行分析后填列。

二、经营活动产生的现金流量

1. 销售商品、提供劳务收到的现金

本项目应填列的金额＝营业收入×(1+增值税税率)+(应收账款的期初余额－期末余额)

+（应收票据的期初余额－期末余额）+（预收账款的期末余额－期初余额）+本期转回多提的坏账准备－本期提取的坏账准备。

提示：若对营业收入中的一部分征收增值税，对另一部分不征收增值税，则应分别计算；应收账款取自报表项目余额（应收账款净额），而非账户余额。

2. 收到的税费返还

本项目根据实际收到的增值税、消费税、所得税、城市维护建设税及教育费附加等税费返还款填列。

3. 收到的其他与经营活动有关的现金

本项目反映除销售商品、提供劳务、税费返还以外的与经营活动有关的现金流入，如收到罚款收入、收到出借包装物押金、收到银行存款利息收入等。

经营活动现金流入小计 =1+2+3。

4. 购买商品、接受劳务支付的现金

本项目应填列的金额 = [营业成本+（存货的期末余额－期初余额）]×（1+增值税税率）+（应付票据的期初余额－期末余额）+（应付账款的期初余额－期末余额）+（预付账款的期末余额－期初余额）。

提示：若对营业成本中的一部分征收增值税，对另一部分不征收增值税，则应分别计算。

5. 支付职工薪酬及为职工支付的现金

本项目是指企业付给生产和经营人员的工资、奖金、各项补贴、养老及失业保险金等。企业若有在建工程，则应将这部分人员的工资性支出计入投资活动产生的现金流量中。

6. 支付的各项税费

本项目包括本期发生并支付的税费、本期支付以前各期发生的税费及预缴的税费，但本项目不扣减税费返还款。本项目包括的税费种类有增值税、消费税、教育费附加、城市维护建设税、关税、印花税、车船税、房产税、土地增值税、矿产资源补偿费、所得税等，但不包括实际支付并计入固定资产价值的有关税金，如耕地占用税，车辆购置税，购买固定资产的契税、印花税，进口固定资产的关税、消费税等。

7. 支付的其他与经营活动有关的现金

本项目包括企业支付的办公费、差旅费、保险费、通信费、广告费、业务招待费、金融机构结算手续费、研究开发费、代垫运费、捐赠款、罚款、违约金、滞纳金、押金、经营租赁租金等。

经营活动现金流出小计 =4+5+6+7。

经营活动产生的现金流量净额 =（1+2+3）-（4+5+6+7）。

三、投资活动产生的现金流量

1. 收回投资收到的现金

本项目应填列的金额 = 交易性金融资产（期初余额－期末余额）+ 其他债权投资（期初余额－期末余额）+长期股权投资（期初余额－期末余额）+债权投资（期初余额－期末余额）。

提示：本项目不包括收到的现金股利和利息；若期初余额小于期末余额，则在投资支付的现金项目中核算。

2. 取得投资收益收到的现金

本项目应填列的金额 = 利润表所列的投资收益 - 应收利息（期末余额 - 期初余额）- 应收股利（期末余额 - 期初余额）。

3. 处置固定资产、无形资产和其他长期资产收回的现金净额

本项目应填列的金额 = 企业处置固定资产、无形资产和其他长期资产收到的现金（含保险理赔款等）- 企业为处置这些长期资产而发生的付现费用。

4. 处置子公司及其他营业单位收到的现金净额

本项目根据企业处置子公司及其他营业单位收到的现金减去相关税费以后的净额填列。

5. 收到的其他与投资活动有关的现金

本项目反映除上述各项目以外，收到的其他与投资活动有关的现金流入，应根据"银行存款"账户、"库存现金"账户和其他有关账户记录分析填列，其中收回融资租赁设备本金也在本项目填列。

投资活动现金流入小计 =1+2+3+4+5。

6. 购建固定资产、无形资产和其他长期资产支付的现金

本项目反映企业购建固定资产、购买无形资产和其他长期资产支付的现金，不包括资本化的借款利息、融资租入固定资产所支付的租赁费及分期付款购建固定资产除第一期以外的其他各期费用。

7. 投资支付的现金

本项目反映企业进行各种投资支付的现金，不包括在购买股票和债券时，买价中所包含的已宣告但尚未发放的现金股利，或已到付息期但尚未领取的利息等。

本项目应填列的金额 = 交易性金融资产（期末余额 - 期初余额）+ 其他债权投资（期末余额 - 期初余额）+ 长期股权投资（期末余额 - 期初余额）（剔除投资收益或损失）+ 债权投资（期末余额 - 期初余额）（剔除投资收益或损失）。

提示：若期末余额小于期初余额，则在收回投资收到的现金项目中列示。

8. 支付的其他与投资活动有关的现金

本项目反映企业支付的其他与投资活动有关的现金，如在购买股票和债券时，支付的买价中所包含的已宣告但尚未发放的现金股利，或已到付息期但尚未领取的债券利息及未按时支付投资款的罚款等。

投资活动现金流出小计 =6+7+8。

投资活动产生的现金流量净额 =（1+2+3+4+5）-（6+7+8）。

四、筹资活动产生的现金流量

1. 吸收投资收到的现金

本项目反映投资人投入企业的现金，包括发行股票收到的股款净额（发行收入 - 发行

方扣除的发行费用）、发行债券收到的现金（发行收入 - 发行方扣除的发行费用）等。

本项目应填列的金额 =［实收资本（或股本）的期末余额 - 期初余额］+（应付债券的期末余额 - 期初余额）。

提示：由企业支付的股票发行评估费、审计费、咨询费及债券印刷费等发行费用不能从本项目中扣除。

2. 取得借款收到的现金

本项目应填列的金额 =（短期借款的期末余额 - 期初余额）+（长期借款的期末余额 - 期初余额）

提示：若期初余额大于期末余额，则在偿还债务支付的现金项目中反映。

3. 收到的其他与筹资活动有关的现金

本项目反映其他与筹资活动有关的现金，如接受的现金捐赠、收到的投资人未按期缴纳股权的罚款等。

筹资活动现金流入小计 =1+2+3。

4. 偿还债务支付的现金

本项目应填列的金额 =（短期借款的期初余额 - 期末余额）+（长期借款的期初余额 - 期末余额）（剔除利息）+（应付债券的期初余额 - 期末余额）（剔除利息）。

提示：若期末余额大于期初余额，则在取得借款收到的现金项目中反映。

5. 分配股利、利润或偿还利息支付的现金

本项目反映企业实际支付的借款利息、票据贴现利息、债券利息及股利、利润等。

6. 支付的其他与筹资活动有关的现金

本项目反映除上述各项以外，与企业筹资活动有关的现金流出。例如，发行股票、债券所付的审计费和咨询费；融资租赁所支付的现金；减少注册资本所支付的现金（退还联营单位的投资、收购本企业的股票）；分期付款购建固定资产，除首期以外其他各期所支付的现金；对外捐赠的现金等。

筹资活动现金流出小计 =4+5+6。

筹资活动产生的现金流量净额 =（1+2+3）-（4+5+6）。

五、汇率变动对现金及现金等价物的影响

本项目反映外币现金流量发生日所用汇率与期末汇率的差额对现金的影响数额。

六、现金及现金等价物的净增加额

本项目应填列的金额 = 经营活动产生的现金流量净额 + 投资活动产生的现金流量净额 + 筹资活动产生的现金流量净额 + 汇率变动对现金及现金等价物的影响额。

七、期末现金及现金等价物余额

本项目应填列的金额 = 现金及现金等价物的期初余额 + 现金及现金等价物的本期净增

加额。本项目的金额应与企业期末全部货币资金及现金等价物的合计余额相等。

【任务完成】

对福建晋江金景新零售股份有限公司 2024 年 4 月的库存现金日记账和银行存款日记账的摘要进行分析，我们得出如下结论。

1. 经营活动产生的现金流量

（1）销售商品、提供劳务收到的现金如下。

在银行存款日记账中，4 月 2 日销售男牛仔裤收到的款项为 150 000 元。

在银行存款日记账中，4 月 10 日销售女皮夹克收到的款项为 146 000 元。

在银行存款日记账中，4 月 29 日销售材料收到的款项为 10 000 元。

小计：306 000 元。

（2）收到的税费返还（该公司本月无此项业务）。

（3）收到的其他与经营活动有关的现金如下。

在库存现金日记账中，4 月 25 日收到员工违规罚款 400 元。

（4）购买商品、接受劳务支付的现金如下。

在银行存款日记账中，4 月 27 日购买材料支付的款项为 175 000 元。

（5）支付职工薪酬及为职工支付的现金如下。

在银行存款日记账中，4 月 5 日支付职工薪酬 94 000 元。

在库存现金日记账中，4 月 10 日支付职工困难补助 2 000 元。

小计：96 000 元。

（6）支付的各种税费如下。

在银行存款日记账中，4 月 15 日预缴本月所得税 16 500 元。

（7）支付的其他与经营活动有关的现金如下。

在库存现金日记账中，4 月 2 日预借差旅费 5 000 元。

在库存现金日记账中，4 月 15 日购买办公用品 900 元。

在银行存款日记账中，4 月 3 日支付电费 30 000 元。

在银行存款日记账中，4 月 21 日支付电视广告费 89 000 元。

在银行存款日记账中，4 月 30 日支付本月电信费 10 000 元。

小计：134 900。

经营活动产生的现金流量净额 =306 000+400-175 000-96 000-16 500-134 900= -116 000（元）。

2. 投资活动产生的现金流量

在库存现金日记账中，4 月 30 日出售旧电视机 10 台，收到 4 000 元，属于处置固定资产、无形资产和其他长期资产收回的现金净额。

注：本报告期，涉及现金流量的投资活动只有这一项业务。

投资活动产生的现金流量净额 =4 000（元）。

3. 筹资活动产生的现金流量

（1）吸收投资收到的现金。

在银行存款日记账中，4月18日收到投资款400 000元。

（2）取得借款收到的现金（该公司本月无此项业务）。

（3）收到的其他与筹资活动有关的现金（该公司本月无此项业务）。

（4）偿还债务支付的现金（该公司本月无此项业务）。

（5）分配股利、利润或偿还利息支付的现金如下。

在银行存款日记账中，4月4日向投资人支付现金股利180 000元。

（6）支付的其他与筹资活动有关的现金（该公司本月无此项业务）。

筹资活动产生的现金流量净额 = 400 000-180 000 = 220 000（元）。

4. 汇率变动对现金及现金等价物的影响

晋江金景新零售股份有限公司是内资企业，汇率变动对其现金及现金等价物无影响。

5. 现金及现金等价物的净增加额

现金及现金等价物的净增加额 =-116 000+4 000+220 000=108 000（元）。

提示：从银行提取现金，或将现金存入银行不影响企业的现金流量。

根据相关资料编制现金流量表，如表12-10所示。

表 12-10　现金流量表

编制单位：晋江金景新零售股份有限公司　　　　2024年4月　　　　　　　　会企03表
单位：元

项目	行次	金额
一、经营活动产生的现金流量：		
销售商品、提供劳务收到的现金		306 000
收到的税费返还		
收到的其他与经营活动有关的现金		400
经营活动现金流入小计		306 400
购买商品、接受劳务支付的现金		175 000
支付给职工及为职工支付的现金		96 000
支付的各种税费		16 500
支付的其他与经营活动有关的现金		134 900
经营活动现金流出小计		422 400
经营活动产生的现金流量净额		-116 000
二、投资活动产生的现金流量：		
收回投资收到的现金		
取得投资收益收到的现金		
处置固定资产、无形资产和其他长期资产收回的现金净额		4 000
处置子公司及其他营业单位收到的现金净额		
收到的其他与投资活动有关的现金		
投资活动现金流入小计		4 000
购建固定资产、无形资产和其他长期资产支付的现金		
投资支付的现金		

续表

项目	行次	金 额
取得子公司及其他营业单位支付的现金净额		
支付的其他与投资活动有关的现金		
投资活动现金流出小计		
投资活动产生的现金流量净额		4 000
三、筹资活动产生的现金流量：		
吸收投资收到的现金		400 000
取得借款收到的现金		
收到的其他与筹资活动有关的现金		
筹资活动现金流入小计		400 000
偿还债务支付的现金		
分配股利、利润或偿还利息支付的现金		180 000
支付的其他与筹资活动有关的现金		
筹资活动现金流出小计		180 000
筹资活动产生的现金流量净额		220 000
四、汇率变动对现金及现金等价物的影响		0
五、现金及现金等价物的净增加额		108 000
加：期初现金及现金等价物余额		169 000
六、期末现金及现金等价物余额		277 000

任务驱动 2

福建金欧云超市 2023 年的业务如下。

（1）实现净利润 98 000 元。

（2）本年度计提坏账准备 4 800 元。

（3）本年度固定资产折旧为 45 000 元。

（4）本年度摊销无形资产 13 500 元。

（5）出售一台旧设备，收到款项 113 000 元。该设备的原值为 164 000 元，已计提折旧 61 000 元。

（6）盘亏计算机一台，原价为 8 500 元，已计提折旧 6 800 元。

（7）计提短期借款利息 4 000 元、长期借款利息（计入损益）4 500 元，将面值为 118 000 元的票据拿到银行办理贴现，银行扣除贴现息 7 000 元。

（8）对长期股权投资采用成本法，收到现金股利 12 000 元，存入银行并确认为投资收益。

（9）资产负债表中存货项目的期初余额为 1 032 000 元，期末余额为 1 027 400 元。

（10）在资产负债表的经营性应收项目中，应收票据的期初余额为 98 400 元，期末余额为 18 400 元；应收账款的期初余额为 125 000 元，期末余额为 238 000 元；预付账款的期初余额为 80 000 元，期末余额为 42 200 元。其余经营性应收项目，期初余额和期末余额均为 0 元。

（11）在资产负债表的经营性应付项目中，应付票据的期初余额为 80 000 元，期末余额为 50 000 元；应付职工薪酬的期初余额为 43 000 元，期末余额为 75 000 元，期末余额中有 12 500 元为应付工程人员福利费；应交税费的期初余额为 15 640 元，期末余额为 84 730 元，期末余额中有 34 000 元为与在建工程有关的税费。

（12）资产负债表中货币资金的期初余额为 2 354 960 元，期末余额为 2 533 650 元。本企业最近几个报告期均没有发生现金等价物业务。

（13）在本报告期结束之前，本企业融资租入全自动生产线一条，总价为 250 000 元，款项分 4 期在两年内付清，每过半年支付一次，本报告期尚未支付任何相关款项。

请采用间接法编制福建金欧云超市 2023 年的现金流量表补充资料。

【知识准备】

一、间接法的含义

间接法是以企业本期净利润为起算点，调整有关项目，将以权责发生制为基础计算的净利润调整为以收付实现制为基础计算的经营活动产生的现金流量净额的方法。

二、间接法的计算公式

间接法的计算公式如下：

经营活动产生的现金流量净额 = 净利润 + 报告期导致净利润减少而没有现金流出的填列项目 − 报告期导致净利润增加而没有现金流入的填列项目 + 报告期不涉及经营活动的现金支出 − 报告期不涉及经营活动的现金收入

三、现金流量表补充资料各项目的填列

1. 资产减值准备

本项目根据利润表中资产减值损失项目的填列金额直接填列。

2. 信用减值准备

本项目根据利润表中信用减值损失项目的填列金额直接填列。

3. 固定资产折旧、油气资产折耗、生产性生物资产折旧

本项目根据资产负债表及其报表附注中"累计折旧""累计折耗""生产性生物资产累计折旧""使用权资产累计折旧""投资性房地产累计折旧"账户的贷方发生额分析计算填列。

4. 无形资产摊销

本项目根据资产负债表及其报表附注中"累计摊销"账户的贷方发生额分析计算填列。

5. 长期待摊费用摊销

本项目根据资产负债表及其报表附注中"长期待摊费用"账户的贷方发生额分析计算

填列。

6. 处置固定资产、无形资产和其他长期资产的损失（收益以"-"号填列）

处置固定资产（不含固定资产报废的处置）、无形资产和其他长期资产属于投资活动，其形成的损益，无论是否有相应的现金流入、流出，均应全额调整。本项目根据"资产处置损益"账户分析计算填列。

7. 固定资产报废损失（收益以"-"号填列）

固定资产报废的最终计算结果，若是净亏损，则转入"营业外支出——处置非流动资产净损失"账户；若是净盈利，则转入"营业外收入——处置非流动资产净收益"账户。因此，本项目根据"营业外支出"或"营业外收入"账户及其明细账的有关资料分析填列。

8. 公允价值变动损失（收益以"-"号填列）

本项目属于计入净利润项目的投资活动产生的现金流量，可根据利润表中的公允价值变动收益（损失以"-"号填列）项目分析计算填列。

9. 财务费用（收益以"-"号填列）

本项目调整属于投资活动、筹资活动产生的财务费用，以及经营活动产生但没有产生现金流入、流出的财务费用。将财务费用总额减去属于经营活动而且发生了现金流入、流出的财务费用即可得出本项目的填列金额。

各种借款利息属于筹资活动产生的现金流量，应收票据贴现利息、销售现金折扣、材料采购产生的汇兑损益、银行转账手续费等属于经营活动产生的现金流量。

10. 投资损失（收益以"-"号填列）

本项目属于计入净利润项目的投资活动产生的现金流量，可根据利润表中的投资收益（损失以"-"号填列）项目分析计算填列。

11. 递延所得税资产减少（增加以"-"号填列）

本项目属于计入净利润中所得税费用项目的内容，但不构成报告期的现金流量，应根据资产负债表中"递延所得税资产"期末和期初的差额分析计算填列。

12. 递延所得税负债增加（减少以"-"号填列）

本项目属于计入净利润中所得税费用项目的内容，但不构成报告期的现金流量，应根据资产负债表中递延所得税负债项目的期末数和期初数的差额分析计算填列。

13. 存货的减少（增加以"-"号填列）

存货的减少既有属于经营活动产生的现金流量的部分，又可能有属于投资活动或筹资活动产生的现金流量的部分，在填列该项目时，需要分析计算、调整非经营活动产生的现金流量。

本项目可根据资产负债表中存货项目的期末数和期初数的差额，以及报表附注中的存货跌价准备项目的期末数和期初数的差额分析计算填列。

14. 经营性应收项目的减少（增加以"-"号填列）

经营性应收项目包括应收账款、应收票据、预付账款、合同资产、其他应收款和长期应收款等项目中与经营活动有关的部分。

本项目可根据资产负债表中经营性应收项目的期末数和期初数的差额，以及报表附注中坏账准备项目的期末数和期初数的差额分析计算填列。

15. 经营性应付项目的增加（减少以"-"号填列）

经营性应付项目包括应付账款、应付票据、预收账款、合同负债、其他应付款和长期应付款等项目中与经营活动有关的部分。

本项目可根据资产负债表中经营性应付项目的期末数和期初数的差额分析计算填列。

16. 债务转为资本

本项目反映报告期内转为资本的债务金额，根据资产负债表中的应付债券、长期应付款、实收资本（或股本）、资本公积等项目分析计算填列。

17. 一年内到期的可转换公司债券

本项目反映报告期内到期的可转换债券的本息，根据资产负债表中的应付债券——优先股等项目分析计算填列。

18. 融资租入固定资产

本项目反映报告期内融资租入的固定资产，根据资产负债表中的使用权资产、长期应付款、租赁负债等项目分析计算填列。

【任务完成】

根据有关资料编制福建金欧云超市2023年的现金流量表补充资料（简表），如表12-11所示。其中需要列出计算过程或加以说明的项目如下。

（1）处置固定资产、无形资产和其他长期资产的损失（收益以"-"号填列）项目。

金额 =113 000-（164 000-61 000）=10 000（元）。

正数属于收益，所以本项目应填列的金额为"-10 000"。

（2）其他项目。

在现金流量表补充资料中，没有列示固定资产盘亏损失项目，固定资产盘亏损失可在现金流量表补充资料中的其他项目中填列。

金额 =8 500-6 800=1 700（元）。

（3）财务费用（收益以"-"号填列）项目。

金额 =4 000+4 500=8 500（元）。

注：银行贴现利息7 000元属于经营活动产生并付现的财务费用，不包含在本项目内。

（4）经营性应收项目的减少（增加以"-"号填列）项目。

金额 =（18 400-98 400）+（238 000+4 800-125 000）+（42 200-80 000）=0（元）。

（5）经营性应付项目的增加（减少以"-"号填列）项目。

金　额 =（50 000-80 000）+（75 000-43 000）+（84 730-15 640）-12 500-34 000= 24 590（元）。

表 12-11 现金流量表补充资料（简表）

会企 03 表

编制单位：福建金欧云超市　　　　　2023 年年报　　　　　　　　　　　　单位：元

项目	本期金额	上期金额
1. 将净利润调整为经营活动所产生的现金流量		
净利润		98 000
加：资产减值准备		
信用损失准备		4 800
固定资产折旧、油气资产折耗、生产性生物资产折旧		45 000
无形资产摊销		13 500
长期待摊费用摊销		0
处置固定资产、无形资产和其他长期资产的损失（收益以"-"号填列）		-10 000
固定资产报废损失（收益以"-"号填列）		0
公允价值变动损失（收益以"-"号填列）		0
财务费用（收益以"-"号填列）		8 500
投资损失（收益以"-"号填列）		-12 000
递延所得税资产减少（增加以"-"号填列）		0
递延所得税负债增加（减少以"-"号填列）		0
存货的减少（增加以"-"号填列）		4 600
经营性应收项目的减少（增加以"-"号填列）		0
经营性应付项目的增加（减少以"-"号填列）		24 590
其他		1 700
经营活动产生的现金流量净额		178 690
2. 不涉及现金收支的重大投资和筹资活动		
债务转为资本		0
一年内到期的可转换公司债券		0
融资租入固定资产		250 000
3. 现金及现金等价物的净增加情况		
现金的期末余额		2 533 650
减：现金的期初余额		2 354 960
加：现金等价物的期末余额		0
减：现金等价物的期初余额		0
现金及现金等价物的净增加额		178 690

反侵权盗版声明

电子工业出版社依法对本作品享有专有出版权。任何未经权利人书面许可,复制、销售或通过信息网络传播本作品的行为,歪曲、篡改、剽窃本作品的行为,均违反《中华人民共和国著作权法》,其行为人应承担相应的民事责任和行政责任,构成犯罪的,将被依法追究刑事责任。

为了维护市场秩序,保护权利人的合法权益,我社将依法查处和打击侵权盗版的单位和个人。欢迎社会各界人士积极举报侵权盗版行为,本社将奖励举报有功人员,并保证举报人的信息不被泄露。

举报电话:(010)88254396;(010)88258888
传　　真:(010)88254397
E-mail：　dbqq@phei.com.cn
通信地址:北京市海淀区万寿路 173 信箱
　　　　　电子工业出版社总编办公室
邮　　编:100036